下

The Third Plate

Field Notes on the Future of Food

サードフード

エシカルな食の未来を探して

著 ダン・バーバー　訳 小坂恵理

NTT出版

サードフード　下──エシカルな食の未来を探して〈目次〉

第III部

海——心臓はポンプではない

第Ⅳ部

種子——未来の青写真

【上巻目次】

*

◆主要人物紹介

ダン・バーバー　僕。ニューヨーク・ウェストビレッジの〈ブルーヒル〉、ニューヨーク郊外の〈食と農業のためのストーンバーンズセンター〉内〈ブルーヒル・ストーンバーンズ〉のシェフ・共同経営者。食や農業に関する活動家としても活躍。

＊

第Ⅰ部　土

グレン・ロバーツ　穀物関連企業〈アンソンミルズ〉オーナー。稀少な種子の育種家

ジャック・アルジエル　〈ストーンバーンズ〉の野菜栽培担当スタッフ

クラース・マーテンズ　穀物の有機栽培農家

メアリ＝ハウウェル・マーテンズ　クラースの妻。種の専門家でもある

ウェス・ジャクソン　穀類の品種改良の専門家

エリオット・コールマン　著名な有機農家

第Ⅱ部　大地

エドゥアルド・スーザ　スペイン、デエサで自然肥育のフォアグラ作りを行う

ジャン＝ルイ・パラディン　レストラン〈ジャン＝ルイ〉のシェフ。一九七九年に渡米し、仏料理と米国料理を掛け合わせた料理で人気を博す

ジルベール・ル・コーズ　レストラン〈ル・ベルナルダン〉のシェフ

クレイグ・ヘイニー　〈ストーンバーンズ〉の家畜担当スタッフ
リサ・アベンド　「タイム」誌のジャーナリスト。スペイン在住でヨーロッパ史の元教授
プラシド&ロドリゴ・カルデノ　ハモンイベリコの老舗メーカー〈カルデノ〉経営者
イジー・ヤネイ　米国のフォアグラメーカー〈ハドソンバレー・フォアグラ〉オーナー

第Ⅲ部　海

アンヘル・レオン　レストラン〈アポニエンテ〉のシェフ。シーフードに特化した独創的な料理に定評がある
ミゲル・メディアルデア　スペインの養殖場〈ヴェタ・ラ・パルマ〉の生物学者
カール・サフィナ　海洋保全活動家。『海の歌――人と魚の物語』著者
ディエゴ・クレスポ・セビージャ　スペイン伝統のマグロ漁「アルマドラバ漁」の船長

第Ⅳ部　種子

グレン・ロバーツ　穀物関連企業〈アンソンミルズ〉オーナー。希少な種子の育種家
スティーブ・ジョーンズ　ワシントン州立大学の育種家。小麦の品種改良を行う
クラース・マーテンズ　穀物の有機栽培農家
メアリ＝ハウウェル・マーテンズ　クラースの妻

第Ⅲ部

海

——心臓はポンプではない

第14章 マグロを食べさせるなんて

自然には「エッジ効果」と呼ばれる現象がある。エッジとは異なるふたつの要素の出会いが豊かな自然を育んでいる場所で、大陸の海岸線はその一例だ。広大な海が海岸と出合うところは最も肥沃で、海洋生物の多様な生息地である。エッジはエネルギーや物質が頻繁に行き交うゾーンであり、深海や大地など比べものにならないほど豊かな生命に満ちあふれている。「脆弱な生態系」などと呼ばれることも多いが、これはやや誤解を招く表現だ。脆弱とみなされるのは、生命に満ちあふれているからである。

ではつぎに、広い草原の辺縁部、すなわち鬱蒼とした森が始まる間際の場所について考えてみよう。この狭い土地では、生物の活動や繁殖は制約にとらわれない。結果として混乱状態がもたらされ、決して美しい場所とは言えない。藪、イバラ、やたらに大きなシダがはびこり、緑の草原の絵のような美しさとはいかにも対照的だ。しかし、見かけは悪いかもしれないが、この細長い回廊は生産的で多様性に富んでいる。

僕が初めてエッジ効果に注目したのは〈ブルーヒルファーム〉で過ごした少年時代のことで、ちょうどマッセイ・ファーガソン〔農耕用トラクターの著名なブランド〕のトラクターの運転席から牧草地を観察していたときだった。新しい牧草地の草刈りは、周囲をていねいに刈り取っていくところから始める。この作業はずいぶん時間をとられるが、その分、エッジゾーンをじっくり観察することができた。干し草用に刈り取られる草は柔らかくて香しいにおいを放ち、凛とした様子で小ぎれいな印象を受けるが、それに比べて隣の土地は野放し状態だった。まだ森というわけではなく、ツル植物や野生のベリー類が生い茂る荒れ地で、森と牧草地がぶつかり合う場所と言ってもよい。

要するに、この自転車専用路ほどの狭いゾーンは原野の一歩手前だった。このようにふたつの生態系が互いに影響し合って繁栄している場所が、生態学では「推移帯」と呼ばれることを後にクラース・マーテンズは教えてくれた。だが、牧草地の周囲を刈っていた少年の頃の僕には、トラクターの座席から見下ろすその世界で、草と森が生き残りと支配をかけて壮絶な縄張り争いを繰り広げているかのように思えた。

レストランにも推移帯に匹敵する場所はある。厨房とダイニングルームの間の狭い場所で、完成した料理が受け渡し台に並べられている。ここで料理は、エクスペダイター〔総料理長やスーシェフがこの役目を担当することもある〕による最終チェックを受け、合格すれば客のもとに運ばれていく。言うなれば、ここはふたつの対照的な生態系を隔てる「関所」のような場所で、食事客が経験する静けさと厨房の喧騒の境界線の機能を果たしている。

客の注文はまず受け渡し台で待機しているエクスペダイターのもとに届けられ、そこで整理されてから厨房に伝えられる。したがって、ここは緊張感で満ちているときが多く、ある意味、少年の僕が想像したように、生き残りと支配をかけた壮絶な縄張り争いが繰り広げられている。ただしこの場合は牧草地と森ではなく、家の裏側と表側のぶつかり合いである。

グルメの災難

数年前、「グルメ」誌のライターと編集者の一行から〈ブルーヒル・ストーンバーンズ〉にディナーの予約が入った。手ごわいフードライターがこれだけ集まる機会もめずらしい。料理を担当する人間としては楽しみであると同時に恐ろしくもあった。総料理長である僕はエクスペダイターとして、注文を記したオーダーペーパーがウェイターから届けられるのを待ち構え、「グルメ誌」の一行を感動させてやるぞと意気込んでいた。シェフなら当然だろう。同誌の編集者のルース・ライクルは、現代アメリカ料理の女教皇と見なされる人物で、彼女の批評や見解から新世代のシェフやフードライターが世に送り出されてきた。

それまで、〈ブルーヒル・ストーンバーンズ〉はルースに大した印象を与えていなかった。実は彼女はオープン直後に来店していたが、当時は僕たちも方針が定まらず、料理は大胆なアピールに欠けていた。結局、雑誌では取り上げられず、論評もされなかった。もっと農家のような雰囲気の食事がよかったと彼女が話していたと、後に共通の友人から聞いた。都会の高級レストランとは一線を画し、身近に収穫できる食材を生かしたほうがよい結果につながると語ったらしい。食事のあとに厨房を訪れてくれた彼女の様子を見れば、その評価はわざわざ聞かされるまでもなかった。僕たちは御大を興ざめさせてしまった。そして二年後、彼女の代理人を通じて二度目のチャンスが与えられたのである。

〈ブルーヒル・ストーンバーンズ〉がオープンして以来の総支配人であるフィリップ・ゴーゼは、この特別な一行のために四五番テーブルを選んだ。窓からメインの野菜畑がきれいに見渡せる個室になっている。ウェイターに指名したボブは何を仕出かすかわからない人物で、親しみがあって魅力的な反面、風変わりなところがあり、時として突発的な行動をとる。ある晩には、隣り合ったふたつのテーブルの一方を魅了し、もう一方を怒らせてしまった。ひとつはウェストチェスター郡からやって来た年配女性の小グループで、彼女たちには南部の若い男性を演じ、気取った話し方を心がけた。ご婦人たちは大喜びで、チップをはずんだばかりか、パーティーでウェイターをしてくれないかと勧誘までしてきた。一方、隣のテーブルのブルックリンからやって来た若い個性的な二人連れは、ボブがうるさくて食事もろくにできないことに閉口した。ボブがウィリアムズバーグで前衛芸術家として活動していたときの話をやめないので、「お願いだからかまわないでくれないかな。僕たちは静かに食事がしたいんだ」と文句を言ってきた。ボブは素直に従ったものの、最後に勘定をするとき、「ちょっと中庭にこいよ」と言って相手を挑発した。

しかし「グルメ」誌の一行が訪問する晩はスタッフが足りなかったため、ボブが選択肢としてはベストだった。食べものについてはよく知っているし、自信がついてきたせいか、以前よりも奇行が減って気持ちが安定したように見える。万事がスムーズに運ぶよう、その晩はボブの横にフィリップがずっと張り付くことになった。実際、ボブがオーダーペーパーを持ってエクスペダイターである僕のもとにやって来たときには、すぐ後ろにフィリップがシークレットサービスのように付き添っていた。

「大丈夫、みんなもう大喜びですよ」とボブはテーブルの向こう側で小躍りしながら言った。「景色は最高だし、メニューを選ぶ手間もないんですからね。大感激で、何もかも楽しみにしています」

＊

〈ブルーヒル・ストーンバーンズ〉で食事をする客は、食べるものを選ぶ自由を放棄することになる。少なくとも伝統的なスタイルでのメニューは提供されない。かつてクレイグ・ヘイニーの放牧ラムがディナー開始直後に売り切れたことがあったが〔上巻「はじめに」を参照〕、それをきっかけに、客のフラストレーションをなくすためにこの方針をとることにしたのだ。

　僕たちの新しいシステムはアラカルトではなく、日本の寿司店のようなおまかせメニューだ。その日収穫された食材に基づいてシェフがメニューを決めるので、テーブルに運ばれてくるまで何が飛び出すかわからず、少々凝りすぎで高飛車だと思う客も未だに少なくない。今日はこの野菜と肉を食べてみてくださいと提案するのは、寿司職人が入荷したネタから好みのものを勧めるのとはわけが違うというのだ。

　いや、両者にはそんな大きな違いはないだろう。寿司職人は新鮮なネタを握るだけでなく、カウンターに座った客と会話を楽しみながら、相手の好物について分析すると同時に相手にはどんなネタがふさわしいか見当をつけていく。寿司店で日本人の寿司通の隣に座れば、出されるネタの違いにびっくりすることだろう。

　一方、〈ブルーヒル・ストーンバーンズ〉では、ボブのようなキャプテン〔ウェイターの上位職〕が各テーブルの様子を寿司職人のように探る。食材に関する制約はないか、アレルギーはないか確認したうえで、好きなものや食べたくないものを尋ねる。会話がうまく進めば、テーブルの雰囲気をつかむこともできる。たとえば、料理に関して大胆だといっても程度は様々だ。レベル1ならば、ラムのばら肉の蒸し煮ぐらいだと厨房では判断する。レベル3ならば、なんでも試してみたいタイプだろう。こういう客には、ラムの脳みそを出しても大丈夫かもしれない。農家風の素朴なメニューを好むのか、それともぜいたくな食材を求めているか（フォアグラ、ロブスター、キャビアは頭文字をとって「FLC」とオーダーペーパーに記される）、農場でとれたてのニンジンとヒレステーキのどちらを好むタイプか、ウェイターは知恵を絞って聞き出そうとする。

ユニークなアプローチには批判も少なくないし、かつてあるブロガーからは「料理のプロファイリング」だと言われた。ウェイターがその場の印象だけで客の食べたいものを勝手に決めつけているという指摘に一理あるのは事実だ。しかし全体として見れば、メニューを廃止したスタイルは従来のシステムよりも成功を収めている。料理を選ぶ責任から解放された客は、メニューの選び方に失敗したといって後悔する必要がない（なんでサーモンなんか選んだのだろう。ラムにすればよかったという具合に）。たとえコースが期待外れでも自分のせいではないから、まずい選択をしたと言って自分を責めなくてもよい。したがって、客の不満は確実に減少する。

だが、客はリラックスできるかもしれないが、厨房は大混乱だ。たとえば四人のグループで、ひとりはレベル3、ひとりは保守的なタイプ、残りのふたりは甲殻類にアレルギーがあり、しかもそのうちのひとりは肉を好まない（魚のコース、できればサーモンを望む）という展開があり得る。静けさと混乱の境界で待ち構えるエクスペダイターにオーダーペーパーが届けられると、客がどんな食事をいちばん望むのかを予想しながら、新しい料理のメニューを書き込んでいく。緊張状態のなかでインスピレーションを働かせながら、どんな味の組み合わせが喜ばれるか即興で考えていくこともある。特別ゲストのためにしばしば即興でメニューを創造することで知られるシェフのデイヴィッド・ブーレーは、これがおいしい料理にとって「いちばんの近道」だと語っている。時代を超えて好まれる料理は、追い詰められた瞬間に閃くのだという。

しかしなかには、こうしたプレッシャーのなかで咄嗟に選んだ料理が、とんでもない失敗を招くこともある。

＊

「グルメ」誌の一行が訪れた晩には印刷されたメニューを客に見せるやり方をまだ廃止していなかったが、料理のプロファイリングの方向に近づきつつあった。したがって、客に好きなものを選んでもらうのではなく、「シェフにおまかせでもよろしいですか」と、ウェイターが伺いを立てた。

「グルメ」誌のテーブルのオーダーペーパーが手元に届けられたときには、六カ所の空白があり、そこに僕は六種類の食欲をそそるメニューを書き込むことになった。下のほうにはボブが「大胆さ、レベル3。野菜を好む。農場のものなら何でもＯＫ。アレルギーなし。わお！　と感激したがっている」と書き込んでいる。

「わお！　と感激したがっている」という表現がどうも気に入らなくて、僕は釘を刺した。「ボブ、ふざけるなよ。これは真面目な仕事なんだぞ」

「わかってますよ」とボブは抗議すると、目を細めて僕の指摘に不快感を示した。「僕の気持ちは矢のように真っ直ぐですからね」。ボブはそう言うと右手でピューっと宙を切り、ダイニングルームへと消えていった。「矢のように真っ直ぐ」という言葉には南部なまりが感じられた。

僕はオーダーペーパーに料理をつぎつぎと書き込んでいった。七月初旬の蒸し暑い夜だったので、農場のグリーン野菜だけを使ったグリーンのガスパチョから始めることにした。どの野菜を使うかボブに指示すると、彼はそれを忠実にノートにメモしていく。「ジェイドのキュウリ、ゼフィルのズッキーニ、マラバーのホウレンソウ……」。僕は最初の料理からテーマをしっかり表現したいと考えた。当時〈ブルーヒル・ストーンバーンズ〉では、忘れられた品種や味を復活させ、現代の新しい料理に組み込むことに挑戦していた。

「今日は農場づくしだ」とボブに説明する僕の声は、テレビに登場する伝道者のように緊張している。「しかも、僕たちの取り柄がファーム・トゥ・テーブルだけではないところを見せないといけない。ウチでは、世間から忘れられた野菜の復活にも力を入れている。かつて品種改良では、おいしい野菜を作ることが目標だった。ところが巨大なフードチェーンが登場すると、野菜の味はほとんど重視されなくなったんだ」。僕がガスパチョをボウルによそいながら話す言葉を、ボブはすごい勢いで書き留め、スープに使われている自家製野菜を声に出して確認していく。背後に控えているフィリップはその様子に眉をひそめながらも黙って見守っている。

このテーブルで最年長のライターであるキャロライン・ベイツは、月曜日の朝にはディナーについてルースに結果を報告しているだろう。すべての料理が農場や僕たちのメッセージを表現していたと評価されるはずだ。出し惜しみしたなどと、非難されたくはない。

＊

「スープはホームランですよ」とボブは、空っぽのボウルを得意げに持ってきた。「食事の材料がすべて農場の自家製だったらいいのにって、上座の女性が話しています」

つぎはサラダの番だ。主役はレジーナ・デイ・ギアッチョという、アイスバーグレタスのなかでも特に古い品種で、ジャック・アルジエルが種の確保に成功していた。「これが本物のアイスバーグの味だよ」と言いながら、僕は緑の濃いレタスの葉をボブに手渡した。「いまではすっかり白くて味のない野菜になったけれど、これが本来の姿さ」

ボブはおいしいワインを前にしたときと同じようにレタスのにおいを嗅ぎ、口に入れると、考え深げな表情で噛んで感想を言った。「少し苦いな」

「そうさ。ちゃんと説明してくれよ。これが本家本元のアイスバーグなんだ。味に深みがあるだろう。苦いけれど甘い。こういった品種をどんどん復活させたいんだ」

僕はサラダを手にしたボブをテーブルに送り出すとオーダーペーパーに目を向け、額を鉛筆で叩きながら思案した。食事の完成までには、あと四つの料理が必要だ。農場の生みたて卵、クレイグのチキン、つぎにバークシャー豚の肉料理。だが、あとひとつ、魚料理が足りない。

実はこの前日、魚の業者から電話があった。極上のクロマグロのトロが手に入ったのだが、どうかという内容だった。クロマグロは回遊魚で、ロングアイランドの近海に現れる機会は年に一度と限られている。そうだ、この魚には手間暇をかけるだけの価値がある。大事なゲストへの一品に加えてみようと、僕は咄嗟に思いついた。厨房には見事なクロマグロが午前中のうちに届けられていた。

ボブは満面の笑みを浮かべながら、空っぽになったサラダの皿を持ち帰ってきた。「シェフ、みんなが料理に首ったけですよ。すごいや」。ダイニングルームから届けられた注文で、厨房はてんやわんやだ。キャプテンたちは受け渡し台の前に並び、担当のテーブルについて話し合っている。僕は魚料理をマグロと決めて、トロの部分をさばき始めた。

トロはマグロの中央の部分だ。そのなかでも大トロと呼ばれるのは頭に近い部位で、魚の切り身のなかでは世界一値段が高い。極上のハモンイベリコに匹敵すると言ってもよいだろう。まな板の上でスライスした切り身を口に入れると、甘い脂が口のなかでとろけるようだ。

僕はトロの味について「バターのように濃厚だ」という表現をしばしば使ってきたが、ジェフリー・スタインガーテンは、トロを食べたときの瞬間をもっと豊かな言葉でつぎのように表現している。「最初、口のなかに舌がもう一枚生えたような印象を受けた。[★1] ひんやりとした感触に感動していると、次第に味が自己主張を始める。そのまろやかさは肉のようで、とても魚とは思えない。歯ごたえもこれまた素晴らしい。とろけるような柔らかさで、しっとりとした冷たさが口全体に広がっていく。バターやベルベットにたとえられることもあるが、それはおかしい。だって、ベルベットを味わえるだろうか」

僕は赤紫色をした霜降りの部分に切り込みを入れた。切り分けていくうちに、指にこびりついた脂が融けていく。切り身をフライパンでさっと炙り、春玉ネギとエンドウ豆のシンプルな煮込みの上に載せた。主役は魚だが、この一皿で農場も表現したいと考えた。僕は完成した料理を受け渡し台まで持っていくと、「ボブ、地元産のクロマグロだよ」と説明した。

「本当だ、すごいや！」とボブは大声をあげ、興奮でほおを赤く染めた。僕はボブの目をしっかり見据えて繰り返した。「地元産のクロマグロだぞ。それに農場産の初夏の野菜を添えた」

ボブは皿を持ってダイニングルームに勇んで出かけた。ところが、数分後に戻ってきたときは黙り込んで混乱した様子だった。「みんな会話に夢中なんですよ」と平静を装いながら報告すると、彼はいきなり厨房を離れた。そしてマグロの皿を六枚持って再び戻ってきたとき、添え物の野菜はほぼきれいに食べられていたが、マグロにはまったく手が付けられていなかった。そのとき初めて、僕は何がいけなかったのか気づかされたのだ。

厨房からは時として、出してはいけないはずの食材がダイニングルームに送り出されてしまう。火を通しすぎたステーキ、ゼリー状に固まったソース、しなびたグリーン野菜などが、忙しさにまぎれて客のところに運ばれてしまうのだ。このような失敗作が突き返される機会は滅多にないが（むしろそれゆえ）、シェフは夜も安心して眠れない。しかし今回は調理の仕方というよりも、僕の判断ミスが問題だった。馬鹿な間違いと言われても仕方がない。それでも最初は、何かおかしなことや失礼なことを言って客の食欲を奪ったのではないかと、ボブを非難しようとした。しかし「何も言ってませんよ」と彼は潔白を訴えた。そう、この小さな災難はすべて、僕ひとりの責任だった。持続可能性という高い理想を掲げ、忘れられた古いレタスの種を復活させておきながら、クロマグロの料理を作るなんて本末転倒も甚だしい。オオチョウザメやキングサーモンと同じように、僕が一行に出したクロマグロは絶滅の危機に瀕していたからだ。

海の倫理

一九九〇年代半ば、海洋保全活動家のカール・サフィナはクロマグロを世界中の海で追跡し、その消滅を嘆く叙事詩的な本を執筆した。レイチェル・カーソンの『沈黙の春』（新潮文庫、改版一九七四年、青樹簗一訳）に匹敵すると絶賛された彼の画期的な著作は、農薬が環境におよぼす変化の恐ろしさを赤裸々に描いていた。

僕がカールの『海の歌——人と魚の物語』（共同通信社、二〇〇一年、鈴木主悦訳）を読んだのは、ニューヨーク市にあるディヴィッド・ブーレーのレストランでラインクックとして働いていた頃のことだ。この本を読んだのは、環境活動家としての意識が芽生えたからではない。ブーレーのもとで修業していたからだった。ジャン＝ルイ・パラディン、ジルベール・ル・コーズ、ジャン＝ジョルジュ・ヴォンゲリスティンなどのシェフとほぼ同じ範疇に分類されるブーレーは、「ヌーベルキュイジーヌ」のシェフのあいだでも時代遅れで退屈だと評判の悪かった魚料理に新風を吹き込んだ。しかも、水揚げされてからレストランに届けられるまでに魚の鮮度を落とさないよう、実際に販路を築き上げた点が評価された。彼のこだわりに刺激され、僕はシーフードに関する料理本を読み始め、やがて漁業や海についての本も読むようになった。サフィナの『海の歌』で最も印象に残ったのは、海の生物種が全面的に破壊されている実態が説得力のある証拠と共に紹介され、しかもそのほとんどは回避できると指摘していたことだった。理由は色々と挙げられているが、なかでも深刻なのがマグロ、それもトロに対する大きな需要で、そこにはシェフの存在が大きく関わっていた。

クロマグロの個体数がまだ豊かだったのは、それほど昔の話ではない。ところが冷凍空輸サービスの技術が進歩して、シーフードの国際取引が拡大すると状況は変化した。日本人が（一九八〇年代の好景気に支えられて）世界中の海に進出し、マグロに対する底なしの食欲を満たすようになると、漁業はもうかる商売になった。寿司ブームはアメリカにも拡大し、漁業や流通網の進歩が飽くなき需要を支えた。その結果、大西洋のマグロの個体数は九〇パーセントも減少する。[★2] サフィナが紹介する証拠には圧倒される。クロマグロをこのままの勢いで乱獲し続ければ、いまの僕たちが生きているあいだにマグロは一匹もいなくなるかもしれない。僕は彼の本から一通りの知識を手に入れていたから、少なくとも賢明に行動できるはずだった。それなのに自分の厨房で率先してマグロを提供してしまうなんて、どうかしていた。

*

客の熱意が瞬く間にしぼんでいく様子をボブから聞きながら、僕は最後の料理に夢中で取り組もうとした（「シェフ、僕は嘘をつけません。みんな、無言なんですよ」とボブは言った）。料理がすべて終了すると、僕は一行を厨房に招待した。招待を受けてくれたのはキャロライン・ベイツだけで、その彼女からも顔を合わせるなり、「クロマグロを出されるなんて、もうびっくりよ」と言われた。

僕は非難される展開を予想して、素直に謝罪するつもりだった。業者から電話をもらって、深く考えもせずに飛びつき、愚かな判断をしたことについて悔い改める覚悟はできていた。

ところがいざとなると、「あれは地元産のマグロだったんです。ロングアイランドの沖で獲れたんですよ」と思わず口走っていた。絶滅寸前の魚を料理に使っておきながら自己弁護するとは、実に呆れた話だ。これでは、ねえキャロライン、まさかあなたが気づくなんて思わなかったんです……と言っているようなものではないか。

彼女は困惑の表情を浮かべた。「よくわからないわ」

「クロマグロは大西洋を南下します」と僕は説明を始めた（嘘ではない）。「だから地元の漁師にはクロマグロの大群が手に入るんですよ」（おおよそ正しい）。「要するに、一年のある時期にはマグロの大群がやって来るから、漁が許されるんです」（これはほとんど嘘だ）。

「そうなの？」とキャロラインは、今度は怪訝な表情を浮かべた。「本当とは思えないけれど」

「本当ですよ。海洋保全活動家のカール・サフィナって知っていますか。マグロの権威として有名なカールですよ。その人から聞いた話なんですから」と僕は説明した（これも本当の話ではない）。

「カールですって？」とキャロラインはおかしそうに笑った。「カールとはこの間会ったばかりよ。シェフとシーフードの持続可能性の関わりについて本格的なストーリーを書こうと思って、相談に乗ってもらったの。彼がそんなこと言うかしらねえ」

キャロラインは受け渡し台をはさんで呆れた表情を見せている。僕は努めて冷静を装ったが、でも、何を根拠にあんな嘘をついたのだろう。漁業がうまく管理され規制されるためには、小規模漁業者を支援しなければならず、漁獲割当の範囲内での操業を認めるべきだとサフィナは強固に論じていた。それが記憶にあったのだと思うが、彼は決してマグロについて触れていない。

僕はその場に立ちつくし、「シェフとシーフードの持続可能性の関わりについての本格的なストーリー」というキャロラインの言葉を頭のなかで反すうした。厨房はいつもの喧騒に包まれている。僕は厨房の責任者だから、「四番テーブルにトロ！　マグロひとつ！」とウェイターに大声で指示しなければならず、そのたびに心の痛みは増していく。そして、つややかなクロマグロを目にするたび、彼女は怒りを募らせていった。堂々としたクロマグロは、あまりのおいしさゆえ絶滅の危機に瀕している。それが目の前で料理されてつぎつぎと運ばれていくのだから、彼女が腹を立てるのも無理はないだろう。

＊

僕はその夏、「グルメ」誌の記事で酷評されることを覚悟しながら鬱々とした毎日を過ごした。クロマグロを出すシェフはニューヨークで僕ひとりではないし、アメリカのほとんどの寿司店でも多くのトロが提供されている。それを考えると、多少は気持ちが楽になる。でもどのレストランも、僕たちのように、持続可能な食べものの将来に配慮した非営利系の教育センターに所属しているわけではない。

秋になって、「海の変化」というタイトルの記事が掲載された。[★3] ベイツは僕を名指しこそしなかったが、クロマグロはすべてのシェフにとって「やましい楽しみ」であり、かつては自分も愛好者だったが、カール・サフィナの『海の歌』を読んでから（僕と同じだ！）考えを改めたと書いていた。

記事が出たあと、僕はサフィナの本を持ち出してきて読み直し、終わりに近い部分に目を止めた。一〇年近く前、僕は広い範囲にアンダーラインを引いていたのに、すっかり忘れていた。ここでサフィナはアルド・レオポルドについて言及している。レオポルドと言えば、僕がデエサとティエラについて学ぶうえで著書を参考にした人物である。すでに（第12章で）紹介したように、「ティエラ」とはスペイン語で「大地」を意味する（単なる地面ではない）。レオポルドが「土地の倫理」と定義した理念は、環境への取り組みとして斬新な発想だった。それから半世紀のうちに、「土地の倫理」は環境活動の中核的な要素になったが、サフィナはこれをさらに拡大解釈し、大地だけでなく「海」も含めたのである。新たに提唱された「海の倫理」★4について、彼はつぎのように説明している。「保護してやるといった態度をとったり単純視したりせずに、海洋生物を私たち人間と同じ生きものの仲間に加えるだけで、私たちの意識は拡大する。考え方をちょっと変えるだけで、『土地の倫理』から始まった地球に生きる生物としてのこのアプローチを完成できるかもしれない」〔訳書七六八ページ〕

サフィナは『海の歌』の最後をつぎのような言葉で結んでいて、僕はそこにもアンダーラインを引いていた。「ありのままの自然についての率直な疑問は、自分自身や人間の心の綾についての洞察を与えてくれる」★5〔訳書七六九ページ〕

そう、そうだったんだ。僕がありのままの自然について率直な問いかけを多少行い、自分自身について多少の洞察を与えられたのは事実だが、残念ながらすべてを十分に理解したわけではなかった。サフィナの著書に若いコックだった僕は啓発され、大きな影響を受けた。シェフには特定の食べものへの需要を創造する力があり、その需要がエコロジーの形成に深く関わっているところまでは理解した。ところが僕はいつのまにか、サフィナが警告している人間、すなわち海の「仲間たち」に配慮しない消費者になってしまった。

サフィナは人間を「海水の入った柔らかい容器」★6という言葉で表現したが、まさにその通りだ。人間の体の成分の三分の二は水でできており、これは地球の表面を水が占める割合と変わらない。「僕たちは体内に海を抱えている」のだ。

ニューヨーク市内の〈ブルーヒル〉は海に面していないし、〈ストーンバーンズ〉は森が茂り牧草地が広がっている。僕はそんな環境にいたせいか、海やその近くで暮らす住人の窮状を他人事のように考えてしまった。自分自身とも、持続可能な農業を掲げる仕事とも、海は無関係な存在になっていた。キャロライン・ベイツの記事は僕を名指しで非難することはせず、おかげで命拾いした。でも僕が怠慢にも長年、海の現状と真摯に向き合おうとしなかったのは事実だ。その償いをしていこうと、このとき僕は心に誓った。

第15章　海の資源は無尽蔵ではない

早くからダーウィンの熱心な擁護者だったイギリス人生物学者のトーマス・ヘンリー・ハクスリーは、一八八三年につぎのように記している。「人類の行動によって魚の個体数が深刻な影響を受けることはない[★7]」。なんとも高圧的な発言で、驚いてしまう。今日、魚の個体数が激減しているのは、彼の暴言に自然が反発したからではないかとも思えてしまう。

もうひとつ驚くのは、これが遠い昔の発言ではないことだ。これは由々しき事態だろう。あまりにも短期間のうちに、地球の三分の二を占める場所が多くの災難に見舞われた。ここまでのダメージを予測できたのは、よほど大袈裟な人間だけだろう。クロマグロの激減は、世界全体で進行する漁業衰退のほんの一部にすぎない。

乱獲される魚たち

漁業の衰退については三つのストーリーがある。

最初のストーリーは漁業の観点に立っている。この六〇年間、人類は海からたくさんの魚を獲りすぎた。[★8] 一九五〇年には一九〇〇万トンだった年間漁獲高が二〇〇五年には四倍以上に増え、八七〇〇万トンに達した。要するに、魚の生殖能力を上回る勢いで海から魚を奪い取ったわけだ。その結果、一九八八年に入ると漁獲高は一年に五〇万トンずつ減りはじめていく。いまでは世界の魚資源の実に八五パーセント以上が、十分または過剰に利用され、なかには枯渇したもの、枯渇から回復段階にあるものも含まれる。

最も深刻なダメージの始まりは、第二次世界大戦後にアメリカの農業が工業化された時期と重なる。第二次世界大戦以前にしても、海が十分に尊重され管理されていたわけではない。古代から農業が新しい技術によって自然を破壊してきたように、漁師はずっと昔から一部の魚の個体数を減少させてきた。[★9] ただし第二次世界大戦以前には、人類の食欲を満たすために海全体を征服するのはほぼ不可能で、そのような行為は特定の種類の魚や地理的場所に限られていた。

第二次世界大戦中に建設された軍需工場は、戦後になると農薬や肥料の大量生産工場に転換された。そこから単一栽培への道が始まり、ジャーナリストのマイケル・ポーランはこれを農業の「原罪」だと非難している。それと同様に、戦時中の技術は海の環境も様変わりさせてしまった。現代の海洋漁業で単一栽培に匹敵する弊害は、魚を追跡するためのソナーの使用だろう（ソナーとは水中を伝播する音波などを用いて、水中の物体などを探知したり測ったりする装置。この装置は、もともと海で敵の居場所を確認するために開発されたものだ）。この技術のおかげで魚の大群を容易に追跡できるようになると、漁獲高も利益もたちまち大きく膨らんだ。サフィナの記述によれば、このような技術が進歩する以前、漁獲量は自然に抑制されていた。一部の海洋生物が「あまりにも遠く、あまりにも深い★10」場所に生息していたからだ。ところがレーダーの登場と時を同じくして漁船が頑丈になり、以前は到達できなかった地域にまで人間が漁に出かけるようになり、水揚げされた魚はその日のうちに船内で冷凍され保存されるようになった。

従来の制約からすっかり解放された漁業は、海をより効率的に活用する方法をつぎつぎと考案し、それは際限なく続くように思えた。時として環境に配慮した農業が行われるように、進歩も限界をわきまえていればよいのだが、漁業は（そして工業化された農業も）そうはいかなかった。十分な基礎知識がなく、やたら征服欲の強い人間が技術的なノウハウを手に入れてしまうと、理にかなったアイデアが極端に解釈されるまでに時間はかからない。

たとえば、底引き網漁の一種であるトロール漁は一三〇〇年も昔から存在してきたが、いまでは魚に致命的な被害をおよぼしている。今日の底引き網はサッカー場ほどの大きさがあり、海底から資源を根こそぎかき集めることができるので、海を支える多様なコミュニティは混乱状態に陥ってしまう。定期的なトロール漁によって海の生物の多くが平穏を乱され痛めつけられた結果、海の再生能力はすっかり損なわれてしまった。海底に焦土戦術が採用されたのだ。

「ハンターたちがアフリカの平原の上に一〜二キロメートルにおよぶ網を広げ、それを両側から二台の全地形対応車がスピードを出して引っ張っていくところを想像してほしい」とチャールズ・クローバーは著書『飽食の海――世界からSUSHIが消える日』（岩波書店、二〇〇六年、脇山真木訳）で指摘している。「この途方もない網は……途中にあるすべてのものをすくい取ってしまう。ライオンやチーターのような捕食者も、サイや象のように動きが鈍くて絶滅が危惧される草食動物も、インパラやアンテロープの群れも、イボイノシシやリカオンの家族も……巨大な鉄格子をサバンナの上にかぶせて引っ張れば、地面に露出しているもののすべてが破壊され、木や藪や、花を咲かせる植物は根こそぎにされ、鳥は一斉に空中へと飛び立つ。[★11] あとに残されるのは無残に引っ掻き回された景観で、鋤で耕された畑にも似ている。

底引き網によるトロール漁は水中の生息環境を破壊するが、ほかにも厄介な結果をもたらす。漁獲対象の魚と一緒に、別の種類の魚が水揚げされた後、大量に海へと投棄されるのだ。この「混獲」についての評価は様々に異なるが、[★12] 全体量は一八〇〇万トンから四〇〇〇万トンと推定され、海で捕獲される魚の約四分の一にのぼる。なぜ四分の一もの魚を廃棄するのだろう。理由は、誰も買わないからだ。船上で魚を加工するスペースと時間は限られていて（政府による規制や漁獲割当の影響もある）、売れない魚を持ち帰れば、売れる魚を残してくることになる。だから必要とされない魚は死んでいても死にそうでも、海に戻すほうが安上がりなのだ。さもなければ飼料用に粉末にするしかない。

数年前、マグロ漁の網にかかって溺れたイルカの惨状が報道され、混獲について国際的な関心が高まった。この憂慮すべきニュースは、イルカが世界の人気者だったため一層の不安を掻き立てた（たとえばイルカはナマコよりも写真うつりがよい）。その結果、イルカを逃がす方法が改良され、それ以外にも、大型漁業による魚の大量死を減らすための進歩が見られた。しかし混獲の問題は解消されていない。破壊的な漁業技術が非合法化され、利用価値のない魚の市場が創造されないかぎり、いつまでも問題は残されたままだ。

＊

二番目のストーリーは環境の観点に立っている。その昔、ハクスリーの時代の通念によれば――いまではそうでないことが判明しているが――海はとてつもなく広いので、魚を獲りすぎるということはあり得なかった。さらにかつては――これも真実ではないが――人間が創造した廃棄物の負担に海が耐えられなくなることも、あり得ないと思われていた。要するに海の抱える問題は、僕たちが海からかき集めてくるものだけでなく、海に投棄するものにも関わっているのだ。

僕たちの単一栽培を支える肥料や農薬は、最終的に海に集まる。ゴルフコース――一八ホールの単一文化――や裏庭を管理するために使われる化学物質も例外ではない。僕たちが陸で使用する有毒物質の多くは、最後は海に流出していく。

そしてこれは様々な問題を引き起こす。たとえばチェサピーク湾やバルト海などの海では、四〇〇キロメートル以上にわたってデッドゾーン（酸欠海域）が出現した。★13 大量発生した藻類が、水中の余分な窒素やリンを貪欲に食べあさって抑制がきかなくなったのだ。クラース・マーテンズが自宅近くのセネカ湖で目撃した窒素による被害と同じだ。藻類が最終的に死んで分解されれば、水中の酸素が枯渇して水中の生物はゆっくりと窒息していく。

なかでも最も悪名高いのが、八〇〇〇平方キロメートルにわたって広がるメキシコ湾のデッドゾーンだ。この場所にデッドゾーンが生まれたのは決して偶然ではない。ミシシッピ川の河口に当たるこの場所には、グレインベルトの単一栽培を支える化学物質がすべて流れ込んでくるのだ。毎年夏になると、藻類はニュージャージー州に匹敵する面積を覆い尽くす。ほとんどの魚やエビは酸素レベルの変化を感じ取り、安全な水域へと逃げていく。あとに残されるのは砂漠のような状態で、地元の漁業は操業不能になり、たとえばカニやムラサキイガイのように機動力に乏しい生物は運に見放されてしまう。ルイジアナ大学の海洋生物学者のナンシー・ラバライスはこの地域の研究を三〇年近く続けてきたが、この酸素の乏しい場所でのスキューバダイビングの経験をこう語っている。「魚は一匹も見えない。ばらばらになった死体だけが沈殿している[14]」

しかし、海の生物に脅威をもたらすのは、海に投棄されるものだけではない。空に放出されるものが引き起こす気候変動も関わっており、それが環境に関するストーリーのべつの側面を構成している。気候変動についての生物学的見地からの研究は始まったばかりだ。

気候変動の影響を確認するためには、大昔からの海の主役、すなわち植物プランクトンに注目するのもひとつの方法だ。植物プランクトンは、水中に漂う微小植物であり、微小動物である動物プランクトンとは対照的だ。小さすぎて姿は見えないが、群れになるとその存在を確認することができる。水が緑色であるほど、植物プランクトンはたくさん存在している。この植物プランクトンは海の生物にとっては貴重な贈り物で、微生物の豊富な土壌にも匹敵する。鼻にツンとくる海の香りやシーフード独特の風味は、植物プランクトンの発する硫黄化合物が源だ。実際、海洋植物のネットワークは植物プランクトンから始まり、ほかのすべての海の生物は植物プランクトンに支えられながら、直接間接に関わり合っている。[★15] 要するに植物プランクトンはすべての水中生物のエンジンであり、（動物プランクトンのような）微生物も、（クジラのような）超大型の生物も、そのあいだに存在するあらゆる生物も支えているのだ（草食魚は植物プランクトンを、肉食魚は動物プランクトンを食べるという具合に、食物連鎖は続いていく）。

どんな植物にも成長に欠かせない自然環境というものがあり、植物プランクトンも例外ではない。だから生態系を底辺で支える植物プランクトンの未来について予測が明るくないのは、環境問題の観点から憂慮すべき事態なのだ。最近の調査によれば、地球温暖化の影響で植物プランクトンは一九五〇年から四〇パーセントも減少しており、[★16] それによる深刻な影響が懸念される。科学者のなかにはこれを、地球最大の変化と指摘する声もある。

たとえばエルニーニョなどの影響で[★17] 植物プランクトンの数が激減すると、海鳥や海の哺乳類が餌不足で大量死することはすでに明らかにされている。しかし、植物プランクトンの役割は海に限定されない。植物プランクトンが放出する硫黄化合物は海の独特の香りのもとになるだけでなく、雲の形成にも貢献し、ひいては日射量を減少させてくれる。そして、僕たちが呼吸する酸素の多くはプランクトンによって作られている。木や草と同じく、植物プランクトンは太陽のエネルギーを利用して光合成を行い、二酸化炭素と水から酸素や水素などの有機物を作り出す。実際、地球上の酸素の半分はプランクトンが作り出したものだ。まだある。植物プランクトンは炭素循環においても重要な役割を果たしている。最も危険な温室効果ガスである二酸化炭素が、最終的に大気に放出される量を調整してくれるのだ。

科学者はしばしば海を巨大なシンクにたとえる。大気から二酸化炭素を取り去り、炭素を長期間にわたって貯留してくれるからだ。おかげで炭素は何千年も、邪魔されることなく眠り続けることができる。そしてシンクとしての海の機能は、植物プランクトンによって支えられている。だからその数が四〇パーセント減少すれば、熱帯雨林の破壊などとは比較にならないほどの深刻な影響が引き起こされる。炭素の貯留に役立つ植物プランクトンが少なくなれば、地球温暖化が緩和されなくなってしまう。暖かくなれば植物プランクトンが減少し、大気から吸収される二酸化炭素の量が減り、温室効果によって水面の温度がさらに上昇し、悪循環は際限なく続いていく。*

＊

そして最後に三番目として、シェフのストーリーが関わってくる。なぜなら、一九七〇年代からアメリカで魚の消費が増加した現象の一部には（一部分にすぎないとはいえ）、シェフが加担しているからだ。アメリカで食べられるシーフードの三分の一はレストランで提供されるし、★19 量ではなくて総支出で見ればそれは三分の二にのぼる。シェフは海から収穫されるものをコントロールしていると言ってもよい。

しかも僕たちシェフは魚の選び方を間違っている。僕たちは海の産物のなかから、サケ、オヒョウ、タラなど大型の魚、すなわち栄養段階が最高レベルのものを要求する。栄養段階とは、魚が食物連鎖のなかで占める位置の指標で、大きな肉食魚ほどレベルが高くて環境を消耗させる。言うなれば、ステーキを食べて自家用車を三台持っているアメリカ人のような存在だ。しかも僕たちは、それでもまだ十分に食べ足りないようだ。ノースウエスト漁業科学センター（ＮＷＦＳＣ）は過去一二五年間に出版された料理本についての研究に取り組み、その結果を最近発表したが、それによると、魚のレシピで栄養段階の高い魚が使われる機会が増えているという[★20]。

シェフは悪循環を促していると言われても仕方ないだろう。大きな魚を料理に使い、長所を宣伝して人気をあおり、それが需要の増加と価格の上昇を招く。価格の高い魚は食事客にとって価値が高く、需要はさらに増加して、プレッシャーを感じたシェフは同じメニューをたくさん提供しようとする。大型種の多く――サケ、オヒョウ、メカジキ、タラ、ハタ、ガンギエイ、カレイ、そしてもちろんマグロ――の個体数がわずか数十年で九〇パーセントも減少したのも当然だろう。

「これは問題なのだろうか[★21]」とクローバーは『飽食の海』のなかで問いかけ、魚の枯渇にシェフがおよぼした影響について言及している。

もちろん、私は問題だと思う。なぜなら、世間で注目される人間の態度は流行の出発点になるからだ。化学業界の経営者たちは、海洋生物にとって有害な廃水をわずか数グラム垂れ流し、海の環境を汚染した責任を問われる。一方、シェフは絶滅危惧種の魚の死体を毎晩いくつものテーブルに提供していながら、まったく非難されない。これは一体どういうことだろう。

＊　ほかにも二酸化炭素レベルの上昇は[★18]、特定の海洋生物に直接的な危険をもたらす。海に溶け出した二酸化炭素によって酸性化が進み、時間の経過と共に蓄積されると海のpHが低下する。今日、この酸性化は未曾有のペースで進行している。サンゴ、甲殻類、軟体動物など、骨格の形成をカルシウムに依存している生物にとって、腐食の進んだ海は生息不能な場所になってしまう。

たとえばイワシは決して卑しい魚ではなく（栄養段階と価格が低いだけだ）、実際、海で最もおいしい魚のひとつに数えられる。チキンの胸肉よりも砂嚢のほうがおいしいと言われるのと同じで、獲れたての新鮮なイワシはマグロの厚切りよりも味が優れている。

では、砂嚢と同様にイワシがメニューであまり取り上げられないのはなぜか。アメリカの食事には長年の習慣が定着しているからだ。厚切りのマグロ（ツナ）をグリルにしたステーキは、ビーフと同じように好まれる。

しかしシェフにも責任の一端はある。結局、僕たちシェフは味の決定権を握っている。何が最高の食材か決めることは、料理の技術においても欠かせない要素だ。今日、海は様々な複雑な問題に直面している。なかでも乱獲、特に栄養段階の高い魚の乱獲の問題は深刻化しているが、同時に、これは最も修正が容易な部分ではないだろうか。漁業が海の資源を枯渇させたのは人間が貪欲だからで、カール・サフィナに言わせれば「海の倫理」の欠如が影響している。そしてそこに想像力の欠如したシェフが加わったことで、問題はさらに深刻化しているのだ。

第16章　魚に首ったけのシェフ

「好きな料理は何ですか？　あなたにとって特別な料理をひとつ教えてください」。僕はそう尋ねられる機会が多いが、いつも答えるのに苦労する。質問する相手によって答えが異なるからだ。たとえば喉の炎症がひどいときには、叔母が湯煎で作るスクランブルエッグが何よりもありがたい。トロトロの卵が喉元をゆっくりと下っていくにつれ、痛みから解放されていく。パリのレストランで一年間の厳しい修業を積んだ後、モナコにあるアラン・デュカスのレストラン〈ル・ルイ・キャーンズ〉で食べた料理もよかった。つぎつぎと出される料理はどれも見事で、涙が出てきたほどだ。このふたつをどのように比べればよいだろう。あるいは、エドゥアルド・スーザの天然フォアグラはどうだろう。食に対する僕の考え方をがらりと変えてくれたレバーである。天然のフォアグラなんて無理だと世界中の人たちが決めつけていたが、いや、決めつけていたからこそ、僕は大きな感銘を受けたのだった。

結局僕は、最高の料理は比較できないという結論にたどり着いた。ひとつだけ際立った料理などないし、異なった料理を比較する目安となる完璧な基準も存在しない。でも、影響力が半端ではない料理なら思い浮かぶのではないか。独創的であり前例がなく、食べた途端に食に向き合う姿勢が永遠に変わってしまった経験は誰にでも一度はあるはずだ。ここでは僕のそんな経験を紹介しよう。

「海のシェフ」アンヘル・レオン

エドゥアルドの農場への二度目の訪問の途中、僕はリサと一緒に〈アポニエンテ〉まで一種の聖地もうでを計画した。ここはイベリア半島の南西の突端に位置するエルプエルト・デ・サンタマリア市のレストランで、ジブラルタル海峡にほど近い、三〇席ほどの小さな店だ。このレストランの持ち主であるアンヘル・レオンは、しばしば「海のシェフ」と呼ばれる。この呼び名にふさわしい実績の持ち主だが、そう言われると本人は恥ずかしそうに笑う。

かつてアンヘルはニューヨークで、ひと癖ある都会のシェフたちを相手にトークショーを行い、一同を唖然とさせたことがあった。このとき一瞬だが、僕は初対面を果たしている。彼は世間ではそれほど知られていないが、料理の世界ではかなりの有名人で、料理の壁を大胆に破るシェフとして定評があった。異なる食材を意外な形で組み合わせ、びっくりするような化学反応を引き出すからではない。自然、特に海の産物へのこだわりが強く、独創的な調理法を考案するからだ。その成果には驚かされる。たとえば、彼のメニューで魚のソースにとろみをつけるための材料はバターではない。魚の目玉（ほとんどのシェフは廃棄する）をピュレーにして使うので、海の香りが加わる。有名な「ストーンスープ」の作り方も風変わりで、海底の石にこびりついた藻類や海草を材料にしている。

その日のトークショーでアンヘルが披露した最新の発明は、乾燥わかめの粉末で、見たところは砂のようだ。これをスープのだしに使うと、加熱しなくてもよい味が出るばかりか、驚くなかれ、いっさいの材料の味が逃げていかない。二時間のデモンストレーションのあいだ、彼は海の窮状について少々とりとめなく語ったかと思うと、一部のマグロ漁を擁護して出席者たちを混乱させた。しかしアンヘルの見事な創作料理を目の前にすると、愛情をこめて美しく表現されたその世界に素直に引き込まれてしまう。

実際に彼の料理を食べたことがなかった僕は、〈アポニエンテ〉に到着したときは期待に胸を膨らませていた。ここを訪れたのはアンヘルと彼の創作料理に興味があったからだが、「グルメ」誌のキャロライン・ベイツの影響もあった。クロマグロでの大失態をなんとか挽回しなければいけない。その手始めとして、海の生態系をきちんと理解しているシェフから魚の料理法を学ぶのは最高ではないか。意外にもアンヘル本人が僕たちのテーブルに合流し、ランチを一緒に食べることになった。

ここで少し説明しておかなければならないが、通常これはあり得ない展開だ。たとえばコンサートの最中に指揮者が観客席に座らないのと同じで、シェフは客が食事をしているダイニングルームで食事をとらない。アンヘルがのこのこやって来たときはとまどったが、よく見ると僕たち以外に誰ひとりとしてランチの予約客はいない。南部の沿岸都市の例に漏れず、エルプエルト・デ・サンタマリアは夏の避暑地として知られる。七月と八月には人口が一〇倍に膨れ上がり、〈アポニエンテ〉の売り上げも八〇パーセントがこの時期に集中している。それ以外の時期、特に僕が訪れた三月は、商売あがったりなのだ。

「魚についての知識は、すべておやじから学んだ」とアンヘルは、ウェイターの到着を待つあいだ、フォークをもてあそびながら話した（彼は英語を話さないので、リサがここでも橋渡し役になってくれた）。「ある日、おやじとふたりきりで海に出てね、ハタ漁の絶好のスポットを見つけたんだ。とにかくすごくて、ハタが全部で一トンも獲れた。一日のうちに五回も網にかかった。大漁さ」と言ってタバコの煙をゆっくりと時間をかけて吸い込み、アンヘルはなつかしい思い出に浸った。「でもね、その場所は偶然に見つけたわけじゃないんだ。おやじと漁に出て魚が獲れるとかならず、腹を裂いてみろと言われる。そのときマテガイや甲殻類が入っていたら、こいつらの繁殖が確認されている場所まで船を移動して、そこで漁を始めるんだよ。当時のおれはまだ八歳、いや九歳だったかな。難しいことなんかわからないから、『すごい。こうやって魚を獲る場所を見つけるんだ』って感心しただけさ。でも実際、おやじは下調べをしていたわけだよね。ドクター刑事クインシー〔アメリカのテレビドラマの登場人物〕みたいに。本当に楽しかったよ。魚についての知識も学んだし、シェフとしての原点にもなった。自分の食べるものは何を食べているのか、そこに注目するようになったのさ」。彼は話をやめるとタバコをもみ消し、厨房から料理を運んでくるよう手で合図した。

（この数年後、僕はアンヘルの弟のカルロスに会った。カルロスの話では、兄弟の仲は非常によいが、父親と漁に出かけるときだけは例外だったという。「三人で漁をするでしょう。でも兄きは水揚げされた魚を僕に触らせないんです。『だめーっ。触るな！』って叫ぶんだから。大事な証拠を改ざんされたくないというか、僕の指紋がついて、魚が汚れたりするのが心配だったんだろうね。船の隅のほうに移動して、魚をゆっくりと慎重に解体していたな。それから僕のところに持ってきて、『ほら、わかるだろう』って言うんだ。『え、何が？』って尋ねると、『ストレスだよ』ってね。でも僕には、死んだ魚はどれも同じようにしか見えなかった。兄きには、僕にはわからないものが見え始めていたんだろうね」）

アンヘルは姿勢を正して話を続けた。「それで大漁の翌朝は五時に起きて、同じ場所まで漁に出かけた。おやじはわくわくしていたなあ。ところが到着してみると、底引き網がセットされていて、なかには魚が入っている。魚を根こそぎ奪われたんだ！　おやじは怒ったなんてもんじゃない。すごい剣幕で、あんなときは絶対に近寄りたくないね」。アンヘルは眉を吊り上げ、記憶を呼び起こしながら言った。「それでどうしたと思う？　おやじは大きなナイフを取り出して、網を切り始めたんだ。ザク、ザク、ザクってね」。アンヘルは宙でこぶしを垂直に動かし、真似をしてみせた。

「その網の持ち主は離れた場所にある船から、おれたちのことを双眼鏡で眺めていた。かなりの大型船で、船尾には大きなモーターがついている。そしてしばらくすると、おれたちを追いかけ始めたのさ。おやじは冷静だったけれど、おれと弟に早く漕げとはっぱをかけ続け、ようやく陸の近くまでたどり着いた。顛末を知ったおふくろはかんかんで、しばらくはアンヘルを漁に連れ出さないでとおやじを怒った。おれが殺されると思ったんだね。でもおやじに言わせれば、『あんなに獲りすぎちゃいけない』んだ。少なくともその意味はおれにも理解できた」

アンヘルは海の専門家を自称している。三〇代のガッチリした体格の持ち主で、首は太く、落ち窪んだ眼窩から黒い瞳が輝いている。立ち居振る舞いから判断するかぎり、簡単に心を開くタイプではなく、うっかり変なことを言うとたちまち怒り出しそうな雰囲気を漂わせている。

フィノを飲んだあと、温かいパンが出された。濃い緑色で、海の香りに圧倒される。「プランクトンのパンです」とウェイターから説明されたが、このアンヘルの名物のパンについてはすでに聞いていた。彼が実験的に育てている植物プランクトンを使った自家製のパンだ。「イーストにプランクトンを混ぜると、生地の膨らみ方が七〇パーセントも改善される」のだという。

〈アポニエンテ〉をオープンしたとき、アンヘルはパンを出したいとは思わなかったという（「必要ない」と考えた）。自分が表現したい料理にとって意味がなかったからだ。しかし、客からパンはないのかと尋ねられて、頑なな気持ちが和らいだ。「客にはこう話した。『わかりました、パンを始めましょう。でも、最初にお断りしておきますが、うちのパンは海の味がしますよ。僕は海を表現したいから、何よりも海の香りを味わってほしいと考えています』」

二番目の料理でも海の世界が繊細に表現されていた。皿にあるのは二枚貝がひとつだけで、特に名前のない品種だ。ほとんど香りがないと思われているから人気がないのだとアンヘルが説明した。さっと生ゆでにして、植物プランクトンのソースのなかに浮かべられている。僕は液体状の植物プランクトンを温かい植物プランクトンブレッドですくい取り、海の香りを思いっきり吸い込んだ。

「この皿にはごく基本的な要素が含まれている。見かけは質素だけれど、実はすごいものを食べているんだ。ここには海がある。海の大切な成分、生命の起源が含まれているんだよ」。そう言って一息つくと、こう続けた。「どんな食事も生命の起源から始めるべきだと思わない？　生命の起源で料理を創作できるなんて、おれはすごい幸運だね」

生命の起源を実験室で作るようになったいきさつについて、僕はアンヘルに尋ねた。「おれは生命の大もとをどうしても料理に使いたかった。スターウォーズの冒険みたいにすごいじゃないか。でも、誰も相手にしてくれない。だから話すのはやめたけど、夢はあきらめなかった」

とうとう彼はカディス大学を訪れ、そこで耳よりの情報を手に入れた。この大学では海洋汚染のテストをするために、ジブラルタル海峡で特殊な網を使って植物プランクトンを捕獲していたのだ。「うん、これだって思ったよ。こうすれば、厨房で使うプランクトンが手に入るんだ」。そこでアンヘルは海に出て、網を四時間引いてまわり、およそ二グラムのプランクトンを集めた。小さなパンを一斤作るにはそれで十分だった。その後プランクトンを調べてみると、たった二グラムのなかに元素周期表のほぼすべての成分が含まれていることがわかった。

「ねっ、すごいだろう。おれが夢中になるのは間違っていないことが確認されたんだ。ますますのめり込んでいったよ。海の近くに住んでいるのは幸運だった。海に詳しい人間に囲まれていたからね」。科学者のグループと協力しながら、アンヘルは一種の養殖場を創造した。特注の照明装置と高濃度の過酸化水素水を使い、汚染されていないプランクトンの飼育に成功したのである。群れはぎっしり密集していた。いまでは五カ月ごとに二〇キログラムのプランクトンを集めることができる。

皿が片づけられたあとも、植物プランクトンの香りがいつまでも残っていることに僕は驚き、そのことをアンヘルに伝えると、彼は満足げにうなずいた。「味と香りが一緒に残る。それがおれの目標なんだ。食事が終わるまで、ずっと残っていてほしい。魚じゃなくて、本質にずばりと切り込むのさ。植物プランクトンがいなければ、生命は存在しないことをわかってもらいたい」

＊

つぎの料理はアジのわさびゴマ風味のレモンキャビア添えで、それを巻き寿司のように海苔で巻いてある。アジは骨を取り除き、押しつぶしてヒレ肉のように整えられ、表面を飾る海草は魚の皮膚を思わせる。アンヘルの話では、魚はその日の朝に水揚げされたばかりで、かなり傷んでいるものをわざわざ選んで購入していた。優れたシーフードにこだわりと知識を持っているシェフのこの意外な行動は、僕をびっくりさせた。普通、わざわざキズモノを購入するだろうか。

しかしアンヘルからはこう言われた。「もちろん買うさ。おれが買うことを知っているから、みんなわざわざ持って来てくれる。だって当然じゃないか。キズモノじゃない魚なんてないさ。人間もそうだろう。それで価値が下がるわけじゃないのに、漁師はこだわるんだよ」

キズモノのアジを押しつぶして巻き寿司のように仕上げれば、本来は捨てられてしまう食材を上手に活用することができる。漁師にとって無駄に思えるものの市場を創造したいと、アンヘルは並々ならぬ意欲を語った。

このレストランで食事をする客は高い料金を支払うのに、キズモノの食材を使うのは矛盾していないか？　僕が穏やかにそう尋ねると、アンヘルはすかさず答えた。「それがシェフの役目じゃないか？　半分しか利用価値がないものでおいしい料理を作るのがおれたちの仕事だろう」

つぎの料理はトナソという、僕は聞いたことのない魚を使った料理で、アンヘルの説明では使える部分が半分もない。文字通りの雑魚で、サメと混獲されることも多い。普通はすりつぶして魚粉にするか、彼と付き合いのある漁師は海に戻してしまう。しかし日頃の関係がものを言うのだろう、漁師たちは少しでも状態のよいものを残し、アンヘルのもとに届けてくれる。

蒸して薄くスライスされた魚は、豆腐のように滑らかでカスタードクリームのような感触だ。発酵黒ニンニク、それにエビの殻と魚の骨を煮詰めて浸出させたエキスが、仕上げのソースの材料として使われている。この豊かな風味のソースにはバターもオイルも使われていない。有名な魚の目玉のピュレーでこってり感を出しているのだろうと見当をつけたが、そうではなかった。時間をかけてじっくり煮込んだおかげで、力強く濃厚な香りが創造されるのだという。強烈な香りには、実際に食べる前から惹きつけられてしまう。僕が若いラインクックの頃にロサンゼルスのパラディンのもとで調理したソースと似ていなくもない。トナソ自体は淡白な味だが、豆腐と同じように、ソースを味わうための完璧な媒介になっている。かつてパラディンは絶妙な味のソースを使うことによって、肉のなかでも評価が低くて廃棄される部位を見事な一品に仕上げた。そしてアンヘルが熟練の技を駆使したおかげで、雑魚はスポットライトを浴びるようになったのである。

トナソ以外にも、アンヘルのメニューには僕など注目もしないような魚がたくさん載っている。彼はそれを大型船に乗り込んで、混獲された魚のなかから見つけた。いまの船はアンヘルが子どもの頃に乗っていたものより大きいが、漁船団の船のように大きいわけではなく、底引き網で海底の資源を獲り尽くすわけではない。もう少し人道的な方法が使われる。それでも、アンヘルには大事な資源が破壊され無駄にされているとしか思えず、未だに胸を痛めている。

「ようやく船に乗せてもらったときは、とにかく嬉しかったね」と、トナソを食べたあとの皿をウェイターが片づけているあいだ、アンヘルは話を続けた。「何カ月も頼み続けたんだけれど、漁師はよそ者と一緒に漁をやりたがらない。何度も拝み倒して、ようやく許可が出たんだ。ところが漁に出て二日目、おぞましい光景にぞっとした。魚が一トン獲れたとしたら、水揚げされるのはどのくらいだと思う?」と尋ね、僕が想像する間もなく答えを言った。「六〇〇キログラムだよ! 残りは死んでいようが傷ついていようが、そのまま海に戻される」。そしてもう一本、タバコに火をつけて続けた。「このとき心に誓った。これからの人生で何をしようとも、たとえ大したことはできなくても、捨てられる四〇〇キログラムを大切にする人間になるんだってね」

アンヘルは船長に談判し、シェフとして一定期間雇ってもらうことになった。そしてある日、海に投棄する魚で料理を作ってもかまわないかと尋ねた。「おいしいって感激してくれたけれど、驚いてはいなかった。とっくに知っていたんだ。誰も買わなかっただけなんだよ」。以後数年間、アンヘルはいくつかの漁船でシェフとして働き、漁業についての知識を学んだ。

魚の声の代弁者

先ほど聞かされた少年時代の経験を考えれば、大人になってからのアンヘルの行動は意外な感じも受ける。あのとき父親は人間の貪欲さから魚を解放するため、ふたりの息子の命を危険にさらした。ところがアンヘルは直接対決する代わりに、船に入りこんで乗員の態度を内部から変化させようとした。いや、それでは彼の人生観に対する読みが浅い。エルプエルト・デ・サンタマリアで生まれ育ったアンヘルは、漁師たちの最大の擁護者である。

「おれはね、魚よりも漁師の味方なんだ」とアンヘルは言った。そして、仕事するうえで何か方針はあるのかと僕が尋ねると、テーブルの上で手をひらひら動かして、「いや、感情の問題だよ」と答えてから、独善的な傾向を修正するかのように補足した。「漁師たちが泣きながら魚を海に戻しているところを見ていると、いたたまれない気持ちが込み上げてくる。でも、売り物にならないのがわかっているから仕方ないのさ」

アンヘルは漁師たちにとって、ちょっとしたヒーローになった。そして〈アポニエンテ〉がオープンすると、口コミでこんな話が広がる。この町の住人で、世界的に有名なシェフになった男が、キズモノで需要のない魚を喜んで購入してくれるらしい。名前も持たない雑魚を引き取ってくれる。アンヘルは、名もない魚にだって金を払う価値があることを客にわからせようとしたが、それは予想外に難航した。

「魚の食べ方がこれまでの習慣と矛盾するんだ。みんなが食べたがるのは魅力的で、きちんと名前も付けられた魚さ」とアンヘルは続けた。「いや、正式な名前じゃないこともある。市場で売るために付けられた名前もあるんだ。海は地球の表面の七〇パーセントを占めている。ところがおれたちは、まるでこの世に二〇種類程度の魚しか存在していないような食べ方をするだろう。それを変えていきたいのさ」

つぎの料理の前に化粧室へ行く途中、フォトショップで加工したアンヘルの写真が壁に飾られていた。イカの群れのなかからアンヘルが大きな図体を海坊主のように覗かせており、その笑顔はいかにも楽しそうだ。そしてちょうど反対側にある厨房への入口の左側には、小さなシルバーの銘板があって、船長は支配者で、船員は命令に従わなければいけないと記されている。これは、シェフは支配者で、その下にいるラインクックは命令に従わなければならないという厨房内のヒエラルキーに関するアンヘルの信条ともとれた。しかしアンヘルは、これを食事客にも応用したいのではないか。なぜなら、厨房の入口に飾っておけば、誰の目にも入る。

アンヘルにとって食事客は、同乗している船員のような存在なのだ。〈アポニエンテ〉で食事をすれば海に身を委ねることになる。〈ブルーヒル・ストーンバーンズ〉ではメニューを廃止して、周囲の自然から提供されるものに身を委ねてもらうが、それとよく似ている。ヌーベルキュイジーヌのシェフは高級料理店の伝統的なレシピや習慣を断ち切り、「禁じることを禁じる」流派を料理の世界で確立したが、海の豊かな贈り物を存分に活用しているアンヘルも目指すものは変わらない。彼の船の船員になった客は、よく知られた二〇種類の魚のいずれかが登場することを期待してはいけない。

*

つぎの料理は「小さな食材のノーズ・トゥ・テイルです」とウェイターから説明があった。小ぶりの車エビが三匹、甲殻類のビスク〔クリームベースの滑らかで濃厚な味わいのあるフランスのスープ。本来は裏ごしした甲殻類をベースとして作られる〕に浮かんでいて、そのエビの殻は軽くいぶしてから油で揚げてある。小さじ一杯のアイオリソースでトッピングされた植物プランクトンのクラッカーが、料理の皿にアクセントを添えている。

「ノーズ・トゥ・テイル」とは生き物をまるごと食べることで、持続可能な料理では決まり文句のように使われる。それを考えると、この一品には意図的に皮肉が込められているとしか思えない。皿の上の風変わりな食材を見た僕は、思わず苦笑してしまった。普通はエビと言えばやたらと大きな車エビを連想するが、この皿に載せられたエビはずいぶんと小ぶりで、はっきり言って魅力に欠ける。殻のフライにも食欲をそそられない（この部分が「尻尾」に匹敵するのだろうか）。おいしそうな料理というより、一種の政治声明のような印象を受ける。

アンヘルの話によると、この車エビは混獲されたもので、網を引き揚げる際に頭の部分が切り落とされてしまったのだという。一般に、海の幸の品質を確認するためには頭を見るのがいちばんだと言われ、スペインの伝統料理でも頭付きのエビが使われてきた。ところが、アンヘルはそれをあえて拒んだのだ。かねてより疑問に感じていたことの正しさが、カディス大学の研究所との共同調査によって証明されたからである。実は、スペインで獲れる甲殻類の八〇パーセント以上はホウ酸に汚染されており、頭が真っ赤になっているのはそのせいだった。決して新鮮だったわけではない。

「ホウ酸で真っ赤になった頭なんて必要ないだろう」とアンヘルは言った。だから彼は、頭のとれたエビを通常よりも安く購入することにした。キズモノで、通常はすりつぶして魚粉にしてしまうものだ。「おれの料理の食材はほとんどが醜い。全身を見せられる代物じゃないさ。でも、外見は気にしないことにしたんだ。もちろんきれいな料理に仕上げたいとは思うけれど、見た目の美しさは味ほど大切じゃない」

僕たちは小さな車エビを食べた。うん、たしかにおいしい。「店をオープンして以来、魚を届けてくれる船があるんだ。九日にいっぺんぐらいかな、頭のとれたエビとか、ほかにも色んな甲殻類をまとめて持ってきてくれる。使えないものも多いし、かなりひどい状態だよ。でも、そういうものはビスクの材料になる」

目の前の洗練されたスープを「ビスク」に分類してよいものだろうか。いや、これは「スープ」でもない。むしろ「ヴルーテ」〔フランス料理の四つの基本ソースのひとつ〕に近いような印象だ。こってりとした豊かな味わいは、最高のヴルーテに通じるところがある。僕にはとても表現できないような風味をシーフードからうまく引き出し、バターやクリームを使わずに滑らかで口触りよく仕上げるアンヘルの腕前は、見事としか言いようがない。

「煮汁は有名な魚の目玉のピュレーでコクをつけているの?」と僕が尋ねると、彼はこう言った。「実はこれも研究所で思いついたアイデアなんだ。魚の目玉は六七パーセントがたんぱく質だったことを学んだ。たしかに以前は粘り気を増すために目玉を使ったよ」と説明するその口調には、おれと同じことを知ったら、同じように行動するだろうねという意味が、暗に込められているようにも聞こえた。「メディアからずいぶん注目されたのはよかったんだけれど、でもやめたんだ。だって、水揚げされてから数時間以内に使わないと、目玉はいい仕事をしてくれないからね。食材が届けられたら、シェフ全員が大急ぎで目玉を料理しなければならないなんて、馬鹿馬鹿しいじゃないか。結局、おれも現実主義者なのさ」とアンヘルは言った。いまではビスクの粘り気を増すために混獲された魚のたんぱく質が使われているが、おいしさは変わらないという。

アンヘルはこのスープのような料理を作ることをずっと夢見てきたのだという。「いつも空想にふけっていた。ガキの頃からずっとさ。頭のなかであれこれ考えて想像してばかりだったから、ずいぶんトラブルも多かった。おやじとおふくろをずいぶん困らせたし、学校生活もうまくいかなかった。それに、じっとしているのが嫌いでね。いや正確には、じっとしていられなかったんだ。おやじは怒ってさ、おれを食卓の椅子に縛りつけてこう言った。『勉強しないのは仕方ない。でも、じっと座っていろ』ってね」

ところが一〇歳になったある日、アンヘルは自宅の外にチリンギート、すなわち海辺の屋台を作り、料理を始めた。様々な魚や甲殻類を使って料理を完成させては、道行く人に売りさばいたのだ。レモネードスタンドのアンヘル・バージョンである。

「こうしておれは料理の世界に救われた。想像力をふくらませることができる場所が見つかったんだ。とりあえずしばらくはね」

やがて一二歳になると、アンヘルは初めて注意欠陥・多動性障害（ADHD）と診断される。「それからは物事がずっとうまく進むようになった。おやじもおふくろも病理学者だったから、おれがただの馬鹿じゃないことの証拠を見つけようと必死だった。それがようやくわかったんだ。おれが抱えている問題を理解できるようになったし、おれだって解放された気分だったよ。よい子を演じる必要がなくなって、ありのままの自分を見せても大丈夫になったんだ」

＊

最後の料理は鯛で、これまでの素朴な雰囲気とは打って変わった一品である。小さな切り身がふたつ、植物プランクトンのソースを少々垂らした皿に載せられていて、その表面には網の模様がくっきりと付けられ、焼印を押したように見える。鯛は「オリーブオイルで香りづけしています」とウェイターが説明してくれた。

鯛は柔らかな白身が好まれ、ヨーロッパで人気の高い魚だ。乱獲の恐れのない数少ない品種のひとつで、だからメニューに載せているのかと尋ねると、アンヘルは肩をすくめて言った。「鯛にはおやじの思い出があるんだ。よく一緒に釣りに出かけた。でもね、鯛は利口ですごく敏感な魚だから、鯛を釣るために、おやじはルールを決めたのさ。船の上で話さない、音も立てちゃいけない、釣り糸を垂れるときは最低でも一五〇メートルの長さが必要だってね。それよりちょっとでも短くちゃいけない。鯛がどんなに利口かわかっていたから、すごく細かいルールだった」

「この鯛は良い香りがするね。まるでオリーブオイルの海で泳いでいたみたいだ」と僕が言うと、オリーブの種炭を使っていることをアンヘルは教えてくれた。スペイン人にとって、オリーブはハモンに次いで文化を支える最も基本的な産物である。「するとどうなるかわかる?」と僕に尋ね、またもやこちらが答える間もなく答えを言った。「食卓が種の香りで満たされるんだ」

木炭を作るためには木を炭化させるが、それと同じように、アンヘルはオリーブの種を炭化させる。完成したオリーブの種炭は、普通の木炭よりもずっと高い温度で燃える。ヘアドライヤーを使えば、温度は摂氏七五度から一〇〇度にまで上昇するので、魚はあっという間に焼ける。「皮はパリパリに、なかはしっとりと仕上げたいじゃないか」。だから鯛をグリルするときは、温度を七五度に抑える。「バランスが難しいんだ。オイルの風味と煙のにおいと、どちらも染み込ませないといけない」

皿が片づけられると、アンヘルは椅子によりかかって最後のタバコに火をつけた。鯛を食べると、お父さんと漁をした思い出がよみがえるの?　と僕が尋ねると、こう語った。「最近では、何をやってもおやじのことを思い出すよ。いちばん最初の記憶のなかでは、おやじはヒーローだった。片方の耳が聞こえないから、船に酔わなかったんだ。荒れた海に出かけても、けろりとしている。特に海が大荒れのときがあってね。船にいたやつらは全員、一〇人ぐらいいたかな、みんなそこらじゅうでゲロゲロやり出して、のべつまくなしに吐き続けた。ところがおやじのほうを見たら、笑顔でビールをゆっくり飲んでいるんだ。そんなことが少年時代には何度かあったね。不思議だったよ。鼓膜のなかの液体がバランス感覚を支配しているなんて、知らなかったからね。この人はスーパーマンだとしか思えなかった」

アンヘルは時計を確認していきなり立ち上がった。「要するに、不可能はないってことをおやじから教えられたんだ」

＊

そろそろ午後五時になろうとする頃、僕は厨房の外でアンヘルと別れた。彼が夜のメニューに取りかかりたくてうずうずしている様子だったので、邪魔したくなかったのだ。また近いうちの再会を約束した。

ウェイターがバッグを持ってきてくれるのを待つあいだ、僕はイカに囲まれているアンヘルの写真をもう一度見ておこうと思った。この写真は何を問いかけているのだろう。僕は〈ストーンバーンズ〉に戻ってからもしばらく考え続けた。アメリカのシーフード・レストランに飾ってあるものといえば——テーブルに白いリネンがかけられているところでも、あるいはチェック模様のビニールのテーブルクロスがかけられているところでも——シェフやオーナーがメカジキや巨大なシマスズキなどの戦利品の横でポーズをとっている写真と相場が決まっている。意気揚々たる写真からは、人間の傲慢さが伝わってくる。海が多くの生物で満ちあふれ、魚がいくらでも獲れた時代には、無理もなかったのだろう。

一方、アンヘルの写真は少々安っぽいものの、印象がかなり異なる。はっきりとは表現されていないが、大事なメッセージを感じ取ることができる。彼は巨大イカ（あるいはこれまでの生涯でつかまえた何千匹とは言わなくても、何百匹もの魚）に対して威張り散らしているようには見えない。群れの中心から現れ、文字通りイカと一体になっているそのイメージは威圧的でも得意げでもない。実に慎み深いその姿はアンヘルの謙虚な料理に通じるところがあるばかりか、クラースの控えめな態度や、デエサに対するエドゥアルドの静かな敬意を連想させられる。この写真からは、海へのあふれんばかりの敬意と愛情が痛いほど伝わってくる。料理だけでなく写真からも、アンヘルが魚の代弁者であることは十分に理解することができた。

第17章 環境にやさしい養殖

〈アポニエンテ〉で斬新な食事を経験してからほどなく、〈ブルーヒル・ストーンバーンズ〉に戻った僕は業者から届けられた魚を点検していた。ドライバーのハワードは、いつもトラックを受取口の近くまでバックして止め、僕はそのトラック内のほかのレストランに配達される魚を調べてみるのが習慣になっていた。その日は僕たちが最後の配達先で、タラの頭と骨が入った大きな容器が隅に山積みされていた。

「チャイナタウンに行くんです」とハワードは笑いながら、僕が質問することを期待している様子だった。「頭を売るの?」と尋ねると、「まさか。僕が捨てるんです」という答えが返ってきた。

僕は思わずアンヘルを見倣い、気がつくと「よし、全部もらった」という言葉が口をついて出た。それ以来、僕たちはタラの頭を蒸した一品をレパートリーに加え、ふたりで一皿をシェアしてもらうようにしている。海にはもはやタラが残っていないことを伝えるための政治的な声明としてとらえる客もいるが、なかには気分を害する客もいる。わざわざ料金を払って、こんなものを食べさせるのかと憤慨したり、「侮辱だよ」というコメントもあった。でも、魚の頭は積極的に提供している。なんと言っても おいしいし、コラーゲンもたっぷり含まれているから、調理しすぎてまずくなる心配もない。配達されるたびに、こんなに大きくておいしい部位を捨てるなんて、侮辱以外の何物でもないという思いを新たにしている。

アメリカ人は肉と同じような形で魚を消費する。チキンやポークを注文するのと同じように、レストランではスズキやサケやタラを注文し、七オンス(二〇〇グラム)のヒレを食べるところを想像し、期待に胸を膨らませる(しかも、いつでも好きなときに食べられると信じて疑わない)。つまり僕たちはいちばんぜいたくな部位を食べているわけで、これは豚のいちばん良い部位だけをむやみやたらに食べているのと変わらず罪深い行動である。

好きなときに好きな部位を食べられるというのは、実は誤解だ。税金によって補助金が提供されると産業の効率が高まり、アメリカでは、肉は無尽蔵に提供できるものという幻想が生まれ、その結果、人気のない部位は簡単に捨てられるようになった(あるいはチキンフィンガーやドッグフードに加工される)。それと同じで、僕たちがシーフードをぜいたくに食べるのは、無尽蔵に提供されるものだと勘違いしているからだ。そしてもうひとつ、ほかのたんぱく源のようにいまでは養殖されているからだ。

＊

養殖の歴史は古く、中国で紀元前五世紀頃から始められていた。[★22] しかしこの半世紀、養殖業界は空前のブームに沸いている。一九八〇年代以降、平均すると年間八・八パーセントというかなりの成長を記録しているが、それでもとどまるところを知らない食欲をかろうじて満たす程度でしかない（需要に応えるためには、今世紀半ばまでに生産量を倍増させなければならない）。魚の未来は養殖にかかっていると信じる専門家は増えている。最近の予測によれば、二〇一八年には食卓にのぼるシーフードの半分以上が養殖魚になる可能性が高いという。

水産養殖に対しては批判も多い。そもそも、ほとんどの養殖場は海岸の近くに位置している。穏やかでアクセスしやすい場所の水で魚を育てるのは環境によさそうで、経済的にも理に適っているような印象を受ける。しかしエコロジーの観点からは、ほとんどが理に適っていない。生命がクモの巣のように複雑に入り混じっている海岸線は、エッジ効果が際立っている。そんなところで養殖を行えば、繊細な生物多様性の宝庫に単一栽培の要素がごっそり導入され、深刻な影響をおよぼす。たとえば家畜の肥育場と同じで、養殖場では病気を防ぐために抗生物質がほぼコンスタントに供給される。しかも濃縮された化学物質が海岸線を汚染するなど、破壊効果も半端ではない。

しかし、なかでも問題なのは、養殖の効率の悪さだろう。市場に出荷できる魚の体重を短期間で確保して利益をあげるためには、体重の二倍から五倍の量の天然の魚を餌として与えなければいけない。この飼料要求率（FCRとしても知られ、体重に対する消化飼料重量を指数で表したもの）から判断するかぎり、養殖魚を育てるためには天然の魚の資源が枯渇してしまう。これでは海の生産能力に頼りすぎている現状は変わらない。ポールに支払うためピーターに借金するようなもので、最近では魚粉の価格上昇を受けて、穀物や油糧種子が魚の餌として使われるようになっている。[★23] しかしそれが穀物価格の上昇を引き起こし、畜産業者との競争につながれば（農業システムの不備も災いし）、結局のところ代替策も持続可能ではなくなる。

多くのシェフが養殖魚を提供するのは、安くて豊富で供給にバラツキがないからだ。しかしだからと言って、尊敬されているシェフのなかで、養殖魚を奨励する人物はひとりも知らない。たとえば、コンピュータがどんなに素晴らしい音響効果を生み出しても大抵のミュージシャンはもてはやさないように、僕たちシェフも天然の魚を好む。

魚に恋して

〈アポニエンテ〉での食事からほどなく、リサ・アベンドから連絡があった。つい最近、食に関する会議に出席した折、スペインのマルベーリャ出身の若いシェフ、ダニ・ガルシアから面白い話を聞いたという。おいしい養殖魚のスズキを見つけた、自分が使っている天然魚と比べて味に遜色はないというのだ。相手も本気で言ったわけじゃないよ、あまり真剣に考えないほうがいいんじゃないかと僕は忠告した。

しかし、リサはよい話を見つけてくる嗅覚が鋭い。僕の忠告など聞き流し、勝手に調査を進めた。そしてつぎに話したときはテンションが最高潮に達していた。「例の養殖場は〈ヴェタ・ラ・パルマ〉って言うんだけれど、持続可能な生産のモデルなのよ。環境や魚に悪影響を与えない形で魚が育てられているの。実際にそこの魚を食べてみたらおいしいし、これなら道徳から外れないわ」と一気にまくしたてたのである。

何カ月にもわたって申請を繰り返したすえ、リサはようやく施設の見学を認められた。ちょうどその頃、僕はシェフの会議でスペインを訪問し、その後エドゥアルドとガチョウたちに再会する予定だった。どちらも〈ヴェタ・ラ・パルマ〉からは車ですぐ近くの距離にある。予定を増やすのはやめようと思ったが、リサはエドゥアルドとの橋渡しとして貴重な存在だ（エドゥアルドは彼女の電話だけに応じる）。そこで思い切って訪問を決断し、エドゥアルドに会う前にリサと一緒に〈ヴェタ・ラ・パルマ〉の養殖場を訪れることにした。

今回の会議の開催地はセビリアだった。その晩、僕のプレゼンテーションが終わると、町の中心に新しくオープンしたレストランへみんなで繰り出した。リサはその店のメニューに〈ヴェタ・ラ・パルマ〉のスズキを見つけた。翌日訪問するのだから、僕はこれを注文することにした。

ウェイターが目の前にスズキを置いたときの光景は忘れられない。ダークグリーンのハーブソースの上に載せられた真っ白な魚肉は美しく輝き、コバルトブラックの皮が全体を引き締めている。さっとソテーしてからオーブンで焼いた魚をフォークの先でつつくと割れ目が入り、目の覚めるような白い身が姿を現したが、どうみてもこれは調理しすぎだ。そもそもジューシー感がほとんど見られないし、たんぱく質は凝固している。フォークの先から伝わる感触は力こぶのようで、調理するときの温度が高すぎたのか、時間が長すぎたのか、あるいはその両方だろう。

フォークで皮を剝き、まずこちらを賞味してみた。不思議な感じだ。本来、僕は魚の皮を好まない。タールのような苦味は口に合わないし、柔らかな身と一緒にわざわざパリパリの皮を出す必要があるとも思わない。実際、〈ブルーヒル〉では魚の皮をほとんど料理に使わない。ところが、このスズキの皮は薄くてパリパリしていて、しかもそれがおいしい。そして皮と身の境の部分も絶妙の味だ。気がついてみると、チッパーに丸太を放り込むように、皮をせっせと口に運んでいた。

おいしいのは皮だけではない。調理しすぎて硬くなっているのに——加熱しすぎた切り身に対してラインクックが使うDOA（「到着時すでに死亡」）という表現がぴったりだったが——口のなかは豊かな潤いに包まれた。味に深みがあり、じっくり調理したラムの肩肉や牛のあばら肉の蒸し煮と比べても遜色ない。スズキがこんなにおいしいとは知らなかった。

＊

翌朝、僕たちは〈ヴェタ・ラ・パルマ〉に到着した。ミゲル・メディアルデアという生物学者が、イスラ・マヨールの町のバルで僕たちを出迎えてくれた。この施設は六万二〇〇〇エーカー（一エーカー＝四〇四七平方メートル）の広大なドニャーナ国立公園のすぐ郊外にある。

ミゲルはジーンズを履き、フランネルのシャツの袖をまくりあげ、ワークブーツはすり切れている。エドゥアルドと同じで、農民のような雰囲気を漂わせている。用心深くて寡黙で、物腰は牧場主のようだ。町の目抜き通りの誰もいないバルに立っている姿からは、まわりに風が吹いて草がそよぐ場面が目に浮かぶようだ。

みんなでエスプレッソを注文すると、ミゲルは歓迎の言葉を繰り返した。実は〈ヴェタ・ラ・パルマ〉で養殖場の見学が認められるようになったのは、つい最近だという。オーナー企業のペスケリアス・イスラマヨールは、それまで見学者をほとんど受け付けてこなかった（おそらく誰もリサのようにしつこくなかったのだろう)。僕たちも見学を楽しみにしていたが、むしろ訪問者を受け入れるミゲルのほうが楽しそうに見えた。

エスプレッソをテキーラのように流し込むと、ミゲルは養殖場の歴史を簡単に説明し始めた。一九六〇年代から一九八〇年代にかけて、この土地はアルゼンチンのコングロマリットが所有していた。そしてその間、一九二〇年代にイギリス人が建設していた運河網を再建して拡大させた。さらに水害フェンスを強化して排水路を拡充し、最終的には湿地から水を取り除いて牧草地を創り、牛の放牧を大々的にはじめた。しかし、どう見てもこの計画は失敗だった。利益は出なかったし、環境は破壊され、たとえば鳥類は九〇パーセントも減少してしまった。ここはスペインの南端に位置するので、多くの鳥がアフリカに渡る際の最終的な立ち寄り先になっていたのだ。おまけにコングロマリットとスペイン政府の関係が悪化して、政治問題に発展する。一九八二年、スペイン政府による乗っ取りを恐れたアルゼンチン企業は、投げ売りも同然でこの土地を売却し、かくして〈ヴェタ・ラ・パルマ〉の誕生となったのである。★24

養殖場の周辺のツアーが始まり、ミゲルはミニバンを運転しながら話を続けた。「もともとは大西洋に水を流すための運河だったけれど、その流れを逆にしたんですよ」と言って、単純な発想である点を強調するかのように、手を時計と反対回りに動かした。運河から水を抜くのではなく、河口を水で満たし、四五の池を作り、八〇〇〇エーカー〔東京ドーム約七〇〇個分〕の養殖場を創造したのだ。

一九八九年になると、ドニャーナ国立公園を管理するようになっていたスペイン政府と協力しながら、ペスケリアス社は利益の確保と環境保護の両立を目指した。

「環境を経済的にうまく活用しながら、同時に保護していくわけです」と舗装されていない道で車を走らせながらミゲルは語った。道の両側には、平らな湿地帯のあちこちに細長い運河が張り巡らされている。「人間の活動が支える国立公園ってところかな」

リサがミゲルとスペイン語で話しているあいだ、後部座席の僕は果てしなく続く湿地を窓から眺めていた。ほこりが宙を舞い、きらきらと輝いている。遠くのほうで、べつのでこぼこ道を何台かの車が土煙を巻き上げながら走っているのだ。広大な景色を移動していく車の窓には、南国スペインの強い日差しが反射している。まるで砂漠の真ん中にいるようだが、砂漠と違って青々とした草や植物に囲まれ、いたるところに運河から水が引き込まれている。

しかし、この穏やかな景色は全体像の一部でしかない。この湿地帯にはまったくべつの一面、べつのストーリーが存在しており、それがこの養殖場にさらなる強みを与えている。実のところ、ここは陸と海のふたつの生態系が出合う場所で、そのおかげで豊かな生命活動が営まれている。表面は穏やかだが、そのすぐ下では盛んな活動が進行しているのだ。

＊

海辺と言うと、普通は陸と海の境界線を連想する。波に浸食される陸が、しだいに陣地を明け渡していくようなイメージが浮かぶ。しかし、海の干潮線は厳密に存在するわけではない。陸がいきなり終わらないことは、シュノーケリングやダイビングの経験者ならよくわかるだろう。大陸棚はゆるやかな下り坂となって海中に伸びてゆき、何百キロメートルも行ったところでようやく終わりとなる。

海の縁は「大昔から陸と海の要素が出合う場所であり、妥協と衝突と絶え間ない変化が進行している」[25]とレイチェル・カーソンは語っている。当初、英文学を専攻していた彼女は、後に海洋動物学者となり、『沈黙の春』を執筆した。カーソンと言えばDDT禁止の立役者で、アメリカの環境運動の火付け役として有名だが、ほかの分野にも人生の大半を捧げていた。それは海である。『沈黙の春』が出版される以前、カーソンは海に関する三冊の本を著し、いずれもベストセラーになっている。そのひとつ、『海辺——生命のふるさと』（平河出版社、一九八七年、上遠恵子訳）では、海外線とそのすぐ先にある世界に読者を誘っている。

カーソンの自宅はメイン州の海岸にあって、そこは彼女にとってフィールドワークの観測所であり執筆場所でもあった。『海辺』の序文のなかで、海洋学者のスー・ハッベルはつぎのように解説している。カーソンは長年、海岸で見つけられるものについて紹介するフィールドガイドの執筆に取り組んできたが、作業は思うようにはかどらなかった。そのため苦しみ、作家としてぶつかった壁について編集者への手紙で「間違った本を書こうとしていた」[26]と訴えた。何かを守ってやりたいと読者に思わせるためには、その何かと感情的なつながりを持てるような工夫をしなければいけなかったのだ。そこでフィールドガイドという当初の計画をやめ、生物同士の相互作用に専念することにしたのだという。「関係性について書くほうが面白いという事実に、彼女はまもなく気づいたのだ」とハッベルは書いている。

生物同士の相互作用について、〈ヴェタ・ラ・パルマ〉は貴重な教訓を提供してくれるユニークな存在である。内陸に数キロメートル入ったところで、海と陸はすでにせめぎ合いを繰り広げており、生命に満ちあふれ、エッジ効果が際立っている。このダイナミックな生態系の利点を引き出す環境を創造すること。それがミゲルの仕事だ。

＊

僕たちは車を止めて運河沿いに歩き、池を観察した。ミゲルは湿地帯のなかをクロコダイル・ダンディー〔一九八六年製作の同名のオーストラリア映画の主人公〕のように迷うことなくやすやすと進む。茂みのなかでも隣家の芝生を歩くような軽快な足取りだ。僕など、かき分けなければ進めないほど藪は繁っているし、見えないだけで、水のなかにも豊かな緑があふれている。ミゲルは途中でめずらしい鳥や水生植物を見かけると指さしながら、「〈ヴェタ・ラ・パルマ〉は生物資源が豊かでしょう。だからこそ水産養殖施設が健全な形で運営されるんです」と説明してくれる。結局のところ、養殖される魚の数や品質は生態系に影響してくるのだ。魚の数が多すぎると、自然の餌の密度がうんと小さくなってしまうのだという。

「自然の餌って?」

「たとえば植物プランクトンです」

「スズキは植物プランクトンを食べないでしょう」

「でも、小エビを食べるじゃないですか。そして小エビはプランクトンを食べます」

僕たちは生まれてまもない小エビでいっぱいの池のほとりにかがみ込んだ。食べてみませんかとミゲルから言われて、コメ粒ぐらいの小さなエビを数匹、口に放り込んで味を確かめてみる。濃厚で甘く、前の晩に食べたスズキと同じで味がしっかりしている。これはミゲルに感動を伝えなければ。

「びっくりするほどおいしいね、ミゲル。感動したよ。でも、きみはスズキにどんな餌をやるの」

飲み込みの悪い僕にミゲルは根気強く説明を続けた。「ダン、餌はやらないんです。少なくとも一年のこの時期にはね。養殖場は自然の生産性がすごく高いから、魚に餌をやる必要はないんです。八月と九月は乾燥が激しいから、たしかに生産性も落ちます。だから餌を補うけれど、これだって、ほしければ自分で食べにこなくちゃいけない。何もしないで餌を確保できるわけじゃありません」

「自然が豊かになるほど、養殖場の生産性は向上します。切り離すことはできない。自然は驚くほど協力的で、良いパートナーです」とミゲルは言った。

ミゲルは運河の縁で立ち止まり、リサに視線を向けた。彼女は自分が設計を担当したかのように、この養殖場を直感的に理解しているようだ。ミゲルは棒きれで地面にバツ印をつけて、「ここが僕たちのいる場所です」と言った。それからスペインのおおよその地図を描いていくが、こうして描いてみるとスペインは人間の心臓にも似ている。さらに彼は、南東からグアダルキビール川を大動脈のようにくねくねと描き、最後は南西にある僕たちの現在地で終わった。

「グアダルキビール川は私たちの生命線です。国土を横断するように流れ、ここで海に注ぎます」と言って、泥が小さく盛り上がった部分を指し、そこにアルファベットのAを描いた。大西洋（アトランティック）の頭文字だ。「ここからは、海の水が入ってきます」と言いながら、棒切れを使い、大西洋のところと最初に付けたバツ印のあいだを直線で結んだ。「そしてここにポンプ場があります」と言って、ミゲルはすぐ近くにもうひとつバツ印を付けた。「ここに集まった水が、養殖場全体に送られていくんです」

養殖場の水にはふたつの供給源がある。ひとつは海からで、満潮時に入ってくる海水がポンプでシステム全体に送られる。そしてもうひとつの水源がグアダルキビール川で、そうなると塩水と淡水が混じり合い、河口の水は汽水域になる。そこには微小藻類や半透明の小エビが豊富に含まれ、それが養殖魚の餌として提供される。そして養殖魚には、河口を生息地とする種類の魚が選ばれる。ボラ、小エビ、ウナギ、シタビラメ、鯛、そして僕がレストランで惚れ込んだスズキなど、総計一二〇〇トンの魚が育てられている。ミゲルの話では、スズキが半分以上を占めるという。

敷地がこれだけ広いと、魚が過密にならない。怪我、病気、寄生虫など、養殖に伴う問題とも無縁だ〈ヴェタ・ラ・パルマ〉では、病気で失われる魚は全体の一パーセント。一方、業界の平均は一〇パーセント以上になる）。さらに、運河が巧妙に張り巡らされているので、水がうまく循環して汚染されない。

ミゲルはどんどん説明を続けようとするが、少しはこちらの話も聞いてもらいたかった。それに、なぜスズキがこれほど見事に成長するのか、僕はどうしても知りたかった。そこで、さりげない口調でこう尋ねた。

「スズキが出荷できる体重になるまでには、どのくらいかかるのかな」

するとミゲルは、池から小さな網を引き揚げている少人数のグループを指さした。引き揚げられた網のなかには、大きくて堂々とした体格のスズキが三匹。なんとか逃げようと必死の抵抗を試みている。その巨大さに圧倒された僕は質問するのも忘れ、見事だなあと感嘆の声をもらした。

「三〇カ月かな」とミゲルは、誰にともなくつぶやいた。

「三〇カ月も！　スズキを二年半かけて育てるの？」

「そうです。普通の水産養殖の平均の二倍以上かけています」

「それで商売になるのかな？」

「いまのところは利益をあげています。それでも自然から目いっぱいの資源を搾り取っているわけではなく、最適なレベルで活用しています」

ミゲルはそこで言葉を切ると、僕たちの目の前で進行している儀式に敬意を表した。網にかかった魚を手に持って、ひとりの男が池からあがってきた。そして、氷で冷やした海水を入れたポリバケツのなかに、スズキを頭から突っ込む。魚は冷たい水のなかで激しく抵抗しながら、のたうち回っていたが、じきにおとなしくなり、一瞬で眠りについた。

「魚を殺す方法としては、これが最も人道的なんですよ。苦しまずに意識が失われていく。魚のおいしさは、殺すときの方法と大いに関係があります」。ミゲルの話を聞いてリサがにやりとしたのは、エドゥアルドがガスを使ってガチョウを殺すときの様子を思い浮かべたからだろう。

「僕はすごくツイているんです」とミゲルは言って、会社の方針について語った。「自然の能力を超えられないこと、超えてはいけないことを、上層部の人たちはわかっています。だから生産を低く抑え、自然の生態系の限界を超えないように工夫しているんです」

「でもね、ミゲル」と僕は、あちこちに広がっている運河を見回しながら、こう言わずにはいられなかった。「これって本当は自然じゃないよね」。シェフ特有のやや傍若無人な話し方を唐突にしたせいか、こちらが思っている以上に相手は皮肉な発言として受け止めたようだ。

「人工的でも健全なシステムですよ。もちろん人工的です。でも、いまさら自然もないでしょう」

関わり合いについて学ぶ

車に戻っても、養殖場の圧倒的な広さへの感動は一向に冷めない。本当に美しい景色だねと再び感想を述べると、ミゲルは相槌を打った。

ミゲルはカリフォルニアの人間のようにゆっくり話す癖があって、言葉を口に出すまでに時間がかかる。静かな情熱が感じられないわけではないが、それは表面から見えないところでとぐろを巻き、いざというときの行動に備えている。少しのあいだ沈黙が続いたので、話は終わりだと思っていると、彼は突然話し出した。「時々、いまいるような場所を車で走っていると、窓の外にシマウマや象の姿が見えるような気がして、それを振り払うのに苦労します。アフリカには圧倒されますよ。ほら、『アフリカの水を飲んだら、またアフリカに帰ってくる』って言うでしょう」。実は彼は、長くタンザニアに留学した経験があった。

「タンザニアでどんな水産養殖を学んだの？」と僕は尋ねた。

「いいえ、魚じゃありません。ミクミ国立公園でキリンの集団化のパターンを勉強しました」

「キリン？」

彼はうなずいた。「キリンは科学的な見地からあまり知られていない動物です。でも実にりりしくて美しい。惚れ込んだんです。しかもずっと観察してわかったのですが、群れのメンバー同士はほとんど交流しないんです。不思議でしょう？　キリンは群れで生活し、移動し、餌を食べて眠るのに、お互いに交わらないなんて。交流に熱心じゃないんですよ。なぜだろう。防御行動なのかな、それとも、このほうが不経済じゃないし、エネルギーが節約できるから、大昔に群れを作らなかった頃の習性が残されているのかもしれない」

ここまで言うと、ミゲルは話をやめた。しばらくの間、先ほどとはべつの運河沿いに走る車が砂利を蹴り上げていく音だけが聞こえた。彼は空想にふけっているようだ。「どうして魚の専門家になったの」と僕は尋ねた。

「魚?」と彼は、バックミラーを通して僕を困惑気に眺めた。「ここに来たとき、僕は魚について何も知らなかった。僕は関わり合いについての専門家だから雇われたんです」

＊

ミゲルの信条には強い印象を受けたが、僕は現実的な質問をしないわけにはいかなかった。この場所ですべて順調に進んでいることがどうしてわかるの? このとき僕はエドゥアルドのことを思い出していた。レバーの大きさが自然の恵みを判断する目安になると彼は確信していた。

「ミゲル、こんなに自然な場所で、何を基準に成功を判断するの」

ミゲルはこの質問を待っていたかのようにうなずいて、(信じられないほど)完璧なタイミングで浅い堤防に車を横付けにして止めた。僕たちの眼前には何千羽ものピンクのフラミンゴがいて、見渡す限りピンクのカーペットが敷き詰められているようだ。

「あれが成功の目安ですよ。腹を見てください」と言ってミゲルは指さした。「ご馳走を楽しんでいるでしょう」

僕はすっかり混乱した。「ご馳走？　食べているのはここの魚だろう」

「そうです！」と、ミゲルはこの日いちばんの誇らしげな口ぶりだ。リサと僕は声を立てて笑ったが、彼はそれを無視してフラミンゴに目を向けた。「ここには三万羽のフラミンゴがいます。この鳥たちは、魚の卵と稚魚の二〇パーセントを食べるんですよ」

「でもミゲル、鳥の繁殖は養殖場にとって何よりも困るんじゃないの？」

ミゲルはゆっくりと首を振った。ガチョウの卵の半分をワシに食べられてしまうエドゥアルドと同じで、現実を静かに受け入れている様子が伝わってくる。「養殖は広範囲に行われています。部分的に集中していません。要するに、生態系のネットワークだと考えてください。フラミンゴが小エビを食べるけど、その小エビは植物プランクトンを食べます。だから腹のピンク色が濃いほど、システムがうまく機能している証拠なんですよ」。こうした関わり合いのほうが、漁獲高よりも重要なのだ。

しかもフラミンゴは、ここで繁殖している鳥類のほんの一部にすぎない。現在、〈ヴェタ・ラ・パルマ〉にはおよそ五〇万羽の鳥が生息している。運河が水を海に吐き出し、アルゼンチン企業の肉牛のための牧草地を整備していた一九八二年、鳥は全部で五〇種類もいなかったが、いまでは二五〇種類以上にまで増えた。ミゲルは鳥の避難所となるルシオ・デル・ボコンという七四〇エーカーの沼まで造ったが、そこではいっさいの漁が許されない。水鳥のための私有地としては、ヨーロッパで最も重要な存在になっている。★27

普通なら、僕の言い分は正しい。三万羽というのは、フラミンゴの生息地としては世界有数の規模で、養殖場にとっては何より迷惑な存在だろう。しかし〈ヴェタ・ラ・パルマ〉は単なる養殖場ではない。ミゲルは「広範囲」という言葉を最も広い意味で使っていて、僕はそれをふたつの側面から理解するようになった。

ひとつは現実的な側面だ。魚の排泄物は窒素を生み出す。植物プランクトンと動物プランクトンと微小な無脊椎動物はこの窒素を食べてから、魚やろ過摂食動物、たとえばフラミンゴの餌になる。この健全なシステムは魚や鳥の餌を十分すぎるほど生み出しているが、実際のところ、鳥がいなければ深刻な問題の発生は回避できない。たとえば、トウモロコシの栽培では大量の窒素肥料を使うが、過剰な窒素はミシシッピ川に流れ込み、最後はメキシコ湾に流れ出し（結果として大繁殖した藻がデッドゾーンを形成し）、取り返しのつかないダメージを引き起こしている。同様に大河グアダルキビールもスペインの心臓部から大西洋にまで窒素を運んでいくが、途中で〈ヴェタ・ラ・パルマ〉を通過する。ろ過摂食動物である鳥たちが余分な窒素をすくい取ってくれるから、システムのバランスや純度が保たれているのだ。

ろ過摂食以外に、ここの鳥にはどんな役目があるの？　僕が質問すると、ミゲルはさらに謙虚な口ぶりになった。「〈ヴェタ・ラ・パルマ〉の生物種のあいだで交わされている事柄の九〇パーセントは、目に見えません。でも、このシステムの味方であることは確実です」

要するに、生命について考えるときにはあらゆる生命のことを考えなければいけない。クラースが健康な土壌の大切さを訴えるように、何かを育てるときは目に見えない部分にまで配慮する姿勢が大切なのだ。

鳥瞰図

株式市場指数の読み方を知っていれば、市場全体の弾力性を理解するうえで小さな手がかりになるものだ。農業も同じで、たとえばクラースの畑では雑草が土壌の健康の指数になる。雑草が伝えようとしている言葉を理解すれば、土壌のバランスを修正するため、ひいては食べものを改善するための第一歩にもなるだろう。

では、鳥もひとつの指数として利用できるだろうか。ミゲルと出会う前だったら、答えはノーだっただろう。子どもの頃の記憶を手繰り寄せても、イエスという答えには結びつかない。かつて、コネチカット州コーンウォールにある友人ジョン・エリスの自宅のポーチで、少年の頃の僕はディナーを食べていた。ジョンの父親は熱心なガーデナーで、鳥の鳴き声を一通り記憶していた。食事のあいだ、鳥がチーチー、ピーピーさえずる声が聞こえると、ジョンの父親のエリス氏は眉を上げたり指さしたりしながら、「ウグイスだ」とか「アオカケスだよ」と、名前を教えてくれたものだ。食事が終わるまで説明はずっと続き、みんなが議論に熱中していようと、静かに食休みしていようとお構いなしで、さえずりが聞こえるとすかさず鳥の名前を口にする。正直なところ、やや奇妙に感じたのは事実だ。後にジョンは、女の子の気を引くために父親と同じ手を使ったという（ただし彼は鳥の名前をでっち上げた）。しかし振り返ってみれば、エリス氏のやっていることは的外れではない。自然の世界について理解しているほうが、世界は楽しい場所になることを子どもたちに教えたかったのだ。

シェフの例に漏れず、僕は自分が環境に関心を抱いていると常に考えてきた。「環境保護に関心のない食通は愚かだ」★28と、かつてスローフードの創始者のカルロ・ペトリーニは言ったが、僕もその通りだと思う。僕たちシェフの仕事は、最高の食材を選ぶところから始まる。おいしい食材はよい農場で作られるが、その一方、よい農場は健康な環境を創造する。管理の悪い農場からよい食材が提供されることはない。だからシェフには食通だけでなく、環境保護にも熱心な人が多い。

しかし、〈ヴェタ・ラ・パルマ〉のような場所は、「環境保護活動家」（そして「シェフ」）の定義をさらに拡大しており、生態系の健康は周囲の生態系の健康によって決定されることがよくわかる。大地を潤す水が清潔でなければ、大地の健康がどうして守られるだろう。どんな農場も大きな生態系――レオポルドが「土地」と呼び、僕たちが環境と呼ぶもの――と密接に関わっている。「広範囲に」農業を行えば、周囲の世界との関わりが生まれる。

そう考えると、鳥は環境の指標になり得るだろう。植物プランクトンは海や気候の状態を知る手がかりになるし、雑草から土壌の状態を理解できることはクラースが教えてくれた。では、鳥は具体的に何の指標になるのか？　すべてだ。結局のところ鳥は、農地にも牧草地にも、森にも都市にも、そして中間の場所にも、ありとあらゆるところに生息している。これほど異なった生態系で繁殖している生物種はまずいない。だから鳥は、最高の環境バロメーターだと言ってもよいだろう。そして実際、あらゆる基準から判断して、鳥の生息数は大きく落ち込んでいる。

今日、特に欧米諸国では、鳥にとっての最大の脅威は狩りや捕食者ではない。最大の敵は、容赦ない集約型農業である。肥料、農薬、新しく開発された種《たね》、機械化が自然の景観を様変わりさせた結果、鳥の餌が少なくなり（昆虫も、雑草の種も減った）、巣作りできる場所が減少しただけでなく、面積も狭くなってしまった（禁猟地や未開墾地が消滅し、作物は立て続けに収穫され、鳥の移動場所がなくなった）。一九八〇年以来、ヨーロッパだけでも鳥の生息数は半減している。[★29] 最も絶滅が危惧される鳥の種類は北米を中心に若干の改善が見られるが、未来の展望は暗い。農業の集約化も生息地の喪失も進み、鳥は少なくなっている。[*]

さらに深刻なのが、魚の乱獲のために世界の鳥が直面している問題である。海鳥の健康が獲物の数に影響されることは調査によって確認ずみで、[★30] 両者のあいだには明らかな関連性が存在している。そして、最近は乱獲によるダメージが予想外に深刻化しているのか、世界の海鳥の生息数はほぼ半減している。

動物の個体数、それも特に鳥の個体数の減少は、工業型農業が始まるずっと以前から進行していた。[★31] 結局のところ、自然を破壊するために技術は必要ではない（漁業の歴史を見ればわかる）。しかし環境問題に熱心な作家のコリン・タッジは、自然の破壊を歴史的な観点からとらえている。彼の試算によれば、かつて地球上には一五万種類の鳥が生息していたが、そのうちの一三万九五〇〇種が一億四〇〇〇万年のあいだに絶滅している。平均すると、一〇〇〇年に一種類の割合ということになる。ところが「近代の記録はまったく対照的で、この四〇〇年間で少なくとも八〇種類の鳥が絶滅しており、五年に一種類の割合である」[★32] という。

タッジの悲観的な予測はほかの科学者によっても立証されている。たとえばスペインの著名な鳥類学者ミゲル・フェラーは、地球規模の気候変動が鳥の飛行パターンに大混乱を引き起こすと主張して、実際にその影響ですでに二〇〇億羽の鳥が従来の移動パターンを変えたと推定している。これは、「ほぼすべての鳥の行動に連鎖反応を引き起こす。[★33] 繁殖や食餌の習性、遺伝的多様性、さらには食物連鎖でつながっているほかの生物にまで影響は広がる」。秋になってもエドゥアルドのガチョウの食欲が芳しくなかったのは、その一例である。

ジョナサン・ローセンの著書『*The Life of the Skies*（空の命）』は、鳥の住みかがひとつではないことを教えてくれる。アメリカのバードウォッチャーなら誰でも知っているが、ほとんどの渡り鳥は北の快適な場所で巣作りを行い、時期が来ると南へ移動を始め、途中の森や草原（や農場）で羽をやすめながら、中南米に到着して冬を過ごす。

ウォールデンの空を飛ぶ鳥は、ソローにとって地元の鳥に見えるが、[★34] ここに到着するまでに五〇〇キロメートル以上離れた場所から飛んできたかもしれない。鳥には様々なストーリーがある。裏庭で野鳥を観察しても、結局は何のためにもならない。鳥はソローが語った空中の楼閣のような存在

＊ アメリカで最も有名な環境保護活動家になる以前のレイチェル・カーソンは、鳥類学者だった。友人のロジャー・トリー・ピーターソンと頻繁にバードウォッチングツアーを行っていた。ピーターソンは『*A Field Guide to the Birds*（鳥のフィールドガイド）』（一九三四年）でバードウォッチングに革命をもたらした人物である。このときのバードウォッチングの経験は、カーソンが一九五八年、マサチューセッツ州ダックスベリーにある鳥類保護区のオーナーから手紙を受け取ったときに役立った。その手紙には、強力なDDTを散布したあとの鳥の死亡率について記されていた。このときまでカーソンの予感にすぎなかったものを裏付ける証拠が、この手紙によって与えられたことの意味は大きい。殺虫剤や除草剤を無制限に散布すると、人間や動物だけでなく環境にも長期的なダメージがおよぶのではないかと、カーソンは疑っていたのだ。彼女はこの手紙をきっかけにDDTの問題を追及し、データを集めて様々な事実を結びつけ、驚愕の発見をまとめ上げた。それが『沈黙の春』という革命的な本だった。

だから、まず土台を築いてやる必要がある。ガイドブックを手にバードウォッチングをするだけでは十分ではなく、環境保護にまで目を向けなければならない。大地をしっかり補強しておかないと、空から鳥はいなくなってしまうだろう。

そうなると、僕たちが作る料理の皿は将来もっと味気ないものになってしまうかもしれない。鳥と健康な食べものとの関係について僕は十分理解しているとは言えないかもしれないが、〈ヴェタ・ラ・パルマ〉でミゲルも語ったように、鳥が健全なシステムの味方であることは間違いない。

その証拠が、あの三万羽のフラミンゴの鮮やかなピンク色の腹だ。もともと〈ヴェタ・ラ・パルマ〉はフラミンゴの生息場所ではなかった。フラミンゴはマラガ県のフエンテ・デピエドラという村で産卵する。ここは養殖場から一五〇キロメートル以上離れているが、土壌が巣作りには最適なのだ。フラミンゴは毎朝〈ヴェタ・ラ・パルマ〉を目指し、夜にはヒナの待つマラガへと戻っていく。雄がやって来た翌日には雌が訪れる。

では、どのようにして養殖場を見つけるのか？　ミゲルの話によると、科学者が飛行パターンを研究し、フラミンゴたちがハイウェイA――九二号線の黄色いラインを目印にしていることを突き止めた。そしてこれこそまさに、〈ヴェタ・ラ・パルマ〉とマラガを直線で結ぶ最短距離だったのだ。

この事実に感動した僕は、なぜ毎日何百キロメートルもの距離を飛んでくるのだろうかとミゲルに尋ねた。

「これはやっぱり、子どものためなのかな？」

僕を見る顔には、答えはわかりきっているじゃないのというような困惑の表情が浮かんでいた。

「それは食べものがおいしいからでしょう」

第18章 シェフが変えた魚の世界

二〇年ほど前の初夏の日のこと、午後の忙しい時間に厨房に現れたディヴィッド・ブーレーは、運送会社のUPSから配達された大きな包みを手に興奮を隠しきれなかった。それからまもなく彼のもとで働き始めた僕は、当時スー・シェフだったブライアン・ビストロングからこのときの情景について話を聞いた。「厨房の端から端まで、ずっと笑顔を絶やさず歩きながら、ペラペラまくし立てていたよ」

ブーレーは部下のコックたちに講義するのが大好きだった。彼の講義はよくフルトン魚市場の開始を待つあいだ、チャイナタウンでブラックペッパーシュリンプやピーナッツヌードルを食べながら行われた。一種の問答形式で進められ、料理に関する逸話や厨房での経験を交えた話は、若い料理人を啓発し導こうという気概にあふれていた。だからこのときも、彼が新聞紙にくるまれた魚を箱から取り出すと、早速まわりに小さな輪ができた。

ブーレーは魚について紹介をはじめた。アラスカのコッパーリバー産のサーモンで、脂が乗った肉厚の身に定評がある。海を何千キロメートルも移動したのち、再び生まれた場所を目指して川を遡っていく習性が有名で、淡水の川に戻る頃には何も食べず、生まれ故郷で産卵することだけに集中する。ブーレーの説明によれば、コッパーリバー産サーモンの味は脂肪の量に左右されるが、それは捕獲される時期によって異なるという。いちばんよいのは川に戻った直後で、ちょうど晩秋の頃のエドゥアルドのガチョウと同じく、脂肪がたっぷりと付いている（川を遡るために大変なエネルギーが必要とされるからだ）。ブーレーはこのサーモンが捕獲された翌日には届くように指示していたが、それは当時としてはめずらしかった。

「ここに到着したときは、水揚げされてから一六時間ぐらい経過していた」とブライアンは言った。

サーモンの包みをほどくと、ブーレーはまだ新鮮で目玉も透き通っている魚を取り出し、テーブルの上に一列に並べた。コックたちは持ち場に戻ったが、ブーレーは魚をじっと見下ろしながら、体を揺っている。彼はその生涯を通じ、見事な魚をたくさん見る機会に恵まれた。ハイアニスの港から海に繰り出したこともあれば、水揚げされたばかりの魚を求めてメイン州から飛行機をチャーターしたこともあり、その当時、世界最高のシーフードが彼の厨房に届けられていた。そんなブーレーが、テーブルの上の魚を、まるで王家の古文書のように眺めている。

ブライアンによれば、ブーレーの唇は静かに動き、体が揺れている様子は地下水脈を探知するための占い棒のようにも見えた「誰もがみんな、びっくりして見とれていた。だって本当にすごかったんだよ」

新鮮な魚

シェフは新鮮な魚にこだわる。魚には二四の魔法がかけられていると言われるが、一時間経過するごとにひとつずつ失われていく。だから、獲れたての新鮮な魚がアメリカで重宝されるようになったのはごく最近のことで、ベテランのシェフでさえ、ついそのことを忘れてしまう。かつて新鮮な魚とは乾燥やスモークや冷凍処理を施されていないシーフードを指し、半世紀以上前から全米の多くの地域でシェフの手に入るようになり始め、一般大衆にも少しずつ入手できるようになった。しかし今日の基準では、かつての鮮魚は新鮮な味についての基準を満たさない。

「魚はよりどりみどりだったよ」とアラン・セルアックは言う。彼は一九七〇年代に四ツ星を獲得したシェフで、現在は〈インターナショナル・カリナリーセンター〉の副所長を務めている。「種類は問題じゃないのさ。問題なのは、鮮度の基準がなかったことだよ。たとえばフエダイを注文するだろう。ものすごく新鮮でおいしい魚が届く日もあれば、信じられないほどまずい日もある。届いてみないとわからないんだ」

今日では新鮮な魚が簡単に手に入るようになったので、わずか四〇年前にそれが不可能だったことをつい忘れてしまう。大きな流通網は存在せず、翌日配達などのオプションはなかったし、アメリカ人はいまほどシーフードを食べなかった（今日、アメリカ人一人当たりのシーフード消費量は平均すると約七キログラムで、四〇年前に比べて二〇パーセント以上増えている）[★35]。結局、どちらが先でどちらが後だったのか。需要が小さかったからシーフードの種類が少なかったのか、それともシーフードが少ないから需要が小さくなったのか、どちらだろう。

　そもそも当時、魚はしょせん魚でしかなく、「新鮮な」魚という定義は曖昧だった。目当ての魚が確保できれば十分で、業界では鮮度にこだわる習慣がなかった。高級レストランへの供給業者として評価の高い〈ブルーリボン・シーフード〉の四代目オーナーのデイヴ・サミュエルスからは、一九八〇年代はじめまで鮮度には等級分けなど存在しなかったと聞かされた。「いつでも『最高級』と呼べるものはあった。港に戻る直前に獲れた魚だよ。これには数セント高い値段がつけられる。でもほとんどいつも、海の男たちはタラやカレイなどの魚をつかまえては、十把一絡げにして売りさばいていた」

　魚市場も大差ない。たとえばマサチューセッツ州のグロスターやニューベッドフォードなど大手の魚流通センターでは、一括購入方式しか認められてこなかった。新鮮な魚やシーフードを手に取って吟味したうえで購入するやり方が導入されたのは、一九八六年になってからだ。第一号はメイン州ポートランドのポートランド魚市場だった。

「シカゴのピットを想像してもらえばいい。商品を競売で競り落とす。以前はそんな形だった」とサミュエルスは、有名なシカゴ取引所の立会場にたとえた。

　デイヴ・サミュエルスのように業界の歴史を語れるシーフード流通業者は滅多にいないが、それでも数十年前に延縄《はえなわ》漁業の時代が到来して以来、業界が大きく変化したことはほとんどの関係者が認めている。「子ども時代の思い出としてよみがえってくるのは、『この魚をどうすれば全部処理できるだろう』という父親の言葉さ」とサミュエルスは昔を回想した。「私が一九八〇年代に父の跡を継いだ頃も同じようだった。ところがその後、なんともはや、天と地があべこべになってしまったみたいで、突然みんながイキのよい魚への出費をいとわなくなったんだ。いきなり需要が増えたんだから驚いたよ。いままではどうすればその需要に応えられるか、頭が痛い。就寝前は中世の暗黒時代だったのに、目が覚めたら啓蒙時代にワープしていたような、そんな感じだ。市場が様変わりしてしまった」

変化はたくさんの理由によって引き起こされた。漁業技術が進歩し、シーフードが健康によいという事実も認知されるようになった。新鮮な魚を好む文化や料理に触れる機会が増えたことも大きい。しかし何よりも、一握りのシェフの料理が与えた影響は大きい。たった数人の力でシーフード業界に激震を走らせたといっても過言ではないが、ニューヨークの〈ル・ベルナルダン〉のシェフ、ジルベール・ル・コーズの影響力には誰もかなわない。

ル・コーズはジャン＝ルイ・パラディンと同じく、ヌーベルキュイジーヌの偉大なパイオニアたちのもとで修業を積んだ。ポール・ボキューズ、アラン・シャペル、トロワグロ兄弟など、味がさっぱりしてシンプルな雰囲気を重視するシェフたちで、彼らは仕事のプロセスを通じて古典的なフランス料理の近代化を進め、食材を提供する農家とそれを求めるレストランとのあいだに直接のルートを確立することに成功した。パラディンはアメリカの天然資源を尊重する姿勢が際立っていたが、ル・コーズも同様の姿勢が最大の成果として評価されている。アメリカの自然はどんなものを提供できる能力を秘めているか見極めたうえで、供給する食材を劇的に変化させた。パラディンもル・コーズも目標をしっかり定めたが、ル・コーズの場合、それは魚だった。

サミュエルスはつぎのように語った。「ジルベールがフルトン魚市場に初めてやって来た朝のことは決して忘れない。市場のなかを歩き回っているあいだ、こぼれ落ちそうなほど大きく目を見開いていた。これまで見たこともない大きな菓子屋を訪れた少年みたいだった」。これは一九八六年の話で、パリの店を移転したル・コーズは、妹のマギーと共同でシーフード専門のレストラン〈ル・ベルナルダン〉をオープンしたばかりだった。シーフードに造詣が深いのは少年時代の影響で、少年のル・コーズは漁師だった祖父の仕事ぶりを眺め、ブルターニュの海岸沿いの小さなホテルのレストランで父親の仕事を手伝って過ごした。

「あちこち回って、ジルベールは最後に私のところにやって来た。自己紹介をごく簡単にすませると、私のことなどそっちのけで、ガンギエイを入れた大きな容器に鼻を突っ込んだ。本当に突っ込んだんだよ。ガンギエイは水揚げされたばかりで、まだ泥が残っているほど新鮮だった。ところが彼はそれをしげしげと眺め、こんなくずはだめだってつぶやき、呆れた気持ちを体じゅうで表現するんだ。何だ、こいつって思ったよ」とサミュエルスは回想を続けた。

さらに数分かけてほかの魚も点検してから、ル・コーズはべつの漁師が獲ったガンギエイを入れた容器に注目した。最初のものと同じようにしか見えないが、このときも鼻を表面に近づけ、それからとびきりの笑顔を見せて、手をひらひら振り始めた。「ふたつ目の容器のガンギエイは極上だと判断したんだ。なぜって？　私にはわからない。彼は英語を一言も話さなかったけれど、すごく嬉しそうだったね。笑顔だけでは喜びを表現できないと思ったのか、声を立てて笑い、二番目の容器と同じようなガンギエイをもっともらえないかと尋ねてきた。ほしいものはなんでも準備できるよと答えておいたけれど、二番目の容器と同じようなガンギエイを準備できるかどうか、自信がなかった。だって、相手の真意がわからないんだから。ただのガンギエイじゃないか！　一ポンド数ペニーで売るものだよ。いまこんな話をすると驚くけれど、彼に会うまで、魚の鮮度の違いなんて考えたこともなかった」

まもなくル・コーズは、毎晩ディナーの仕事が終わると魚市場を訪れるようになった。「ある日、兄が興奮してこう言ったの」と妹のマギー・ル・コーズは言った。「『マギー、ヨーロッパから魚を運んでもらう必要がなくなったよ！』兄さんはどうかしちゃったのかと思ったわ。だって当時のニューヨークのシェフは全員、ヨーロッパから魚を輸入していたのよ。それなのに輸入をやめたら魚を店で出せないじゃないの。でも、兄は本気だった。開店したとき、厨房にはめずらしいアンコウやガンギエイやウニが準備されていたけど、そんなもの、お客さんは誰も知らなかった」（マギーは客とのあいだの仲介役になった。「店をオープンしたとき、兄からはふたつのことを要求されたわ。一晩の予約客を八〇人以上に増やさないこと。ひとりでも増やしたらだめなの。そしてもうひとつ、めずらしい魚を客に勧めてほしいと言われた」。魅力的な彼女に巧みな表現で自信たっぷりに説得されると、懐疑的だったニューヨーク市民も心を動かされた）。

〈ル・ベルナルダン〉がオープンしてまもなく、ル・コーズは魚の品ぞろえに関してアメリカのほうが優れていると主張するようになった。生物学的な観点からも、彼の言い分は正しい。東部の海岸線から伸びていく大陸棚は幅が九五キロメートル以上もあり、エッジ効果が広範囲におよぶ。海の生き物の生息場所には事欠かない。これをフランス、いや西海岸と比べても違いは顕著だ。西部では、大陸棚はいきなり太平洋に落ち込んでいる。ル・コーズが驚嘆したのも無理はない。これほどたくさんの種類の魚を見たことはなかったのである。

ほかのシェフなら買おうとしないようなシーフードをル・コーズは買い付けた。彼はガンギエイやウニ、さらには好物であるスズキやアンコウの市場を創造した功績で知られる。当時、これらの魚は評価が低く、洗練された料理にふさわしい味とは見なされなかった。マグロも例外ではない。サミュエルスの説明によれば、一九六〇年代から七〇年代にかけては、クロマグロは斧でめった切りにされ、ツナ缶やキャットフードに使われていた。やがて日本の寿司職人がニューヨークに進出すると、加工食品の材料だったマグロに高い料金を支払うようになった。そしてル・コーズは高級フランス料理のシェフとして初めて、生のマグロをメニューに加えた。彼が考案したマグロのタルタルやカルパッチョは大人気となり、一九八〇年代から九〇年代にかけて全米に広がっていった。

「意外かもしれないけれど」と最近になってビル・テレパンは教えてくれた。ニューヨークを拠点とするシェフのテレパンは思慮深い人物で、ル・コーズの弟子だったこともある。「ル・コーズは寿司に影響を受けたって言われるけれど、実際は逆なんだ。彼が寿司に影響を与えた。寿司があっという間に受け入れられたのは、彼の影響が大きいからなんだ。一九八〇年代にだってニューヨークのあちこちに寿司店があったけれど、ブームは起きていなかった。ル・コーズが登場し、『生魚』をメニューに全面的に取り入れたことがきっかけになった。全米中のシェフがいきなり生魚を提供するようになったんだ。〈ル・ベルナルダン〉がメニューで本格的に紹介し、そこから始まった進歩の延長線上に寿司の成功があるんだよ」

当初、ル・コーズの要求は、一部の供給業者をげんなりさせた。サミュエルスは当時を回想する。「彼の要求に見合うものなんて、ほとんどない。べつに彼と商売しなければやっていけないわけじゃないから、笑って片づけるのは簡単さ。でもね、向こうは我々よりも知識があるんだ」。そこでサミュエルスは漁師たちに会って、ル・コーズが水揚げされた魚をどのように処理してほしいのか説明することにした。たとえばカレイの血抜きをする方法、スズキやアンコウを冷凍する方法などを伝えたのだ。はらわたの処理の仕方について、ル・コーズの指示は特に細かかった。しかも、一年のどの時期にどの魚がほしいのか、脂肪はどんな状態がよいのかという点まで要求は徹底していた。漁師たちはその要求に耳を貸すようになった。新しい市場では、彼の言うとおりに行動すればもうかったからだ。

サミュエルスにとって〈ル・ベルナルダン〉での初めてのディナーは、ル・コーズに関する記憶のなかで最も鮮烈に残っている。席についてドン・ペリニヨンを飲み始めても、メニューは渡されない。その代わり、ル・コーズは様々な魚料理をつぎつぎと厨房から送り出した。サミュエルスはそのときに食べたタラの料理をいまも鮮明に覚えている。「ウチから買った魚だよ。祖父や父が売っていたのと同じ魚だ。でも、初めて見る魚のようだったね。真っ白で、しっとりして繊細で。二口三口と噛みしめて、私は妻にこう言った。『この男は世界を変えるよ』」

シェフと漁師のコネクション

一九八〇年代にはジャン＝ジョルジュ・ヴォンゲリスティンやデイヴィッド・ブーレーがル・コーズに続いて新鮮な魚の市場に参入し、同じように高い品質を追求して新鮮な魚の供給をさらに拡大した。ふたりともデイヴ・サミュエルスの重要な顧客になった。

「あのふたりは魚についての知識が半端じゃなかった。特にブーレーはすごかった。魚をどこでつかまえるかということに、とことんこだわっていた。大西洋のオヒョウとか、そんなレベルじゃない。大西洋のどのへんかを指定するんだ。ほかのシェフへの影響力も絶大だったよ」。温度や海流や季節によって魚の味がどのように左右されるかをブーレーは学び、細かい知識をすべて頭に叩き込んだ。「人の名前は覚えられないくせに、歌の歌詞は一度聴いたら忘れない人間がいるだろう。ブーレーがそうなんだ。魚について一度聞いたことは絶対に忘れない」とサミュエルスは言った。

まもなくブーレーは漁師たちと独自のコネクションを築き上げ、ウェイターやコックを港に派遣して魚を直接購入し始める。ブーレーの小さな赤いピックアップトラックは、仮眠をとる大勢のシェフを荷台に乗せ、船の到着を待った。そして漁師のほうでも、それを期待するようになった。ブーレーは、魚が獲れた場所をメニューに記すほどの徹底ぶりだった。客はサーモンとイカのどちらかではなく、コッパーリバー産のサーモンとロードアイランド産のイカのどちらかを選ばなければいけない。

ケープコッドのある漁師は、つぎのような話を聞かせてくれた。「おれの毎日の仕事は、獲れた魚が腐らないうちに市場まで届けることの繰り返しで、魚の配達みたいなものだった。ところがあるときブーレーが現れ、おれの魚を見て興奮し始めた。すると突然、コックたちがおれのところにやって来るようになって、今度はほかのシェフもおれと商売したがるようになった。ある日、ブーレーの店のメニューを見て驚いたね。『チャタムの漁師が釣ったタラ』とか、そんな料理ばかり並んでいるんだから。この漁師って、おれのことじゃないか。いきなり夜のレディと呼ばれた売春婦の気分だったね」

アリス・ウォータースは「マスモトの桃」と命名して食材の地位を向上させたが、同様にブーレーもそれぞれの魚の由来を強調することによって、魚（そして漁師）の地位を引き上げたのである。

＊

一九九二年の晩、ブーレーはコッパーリバー産のサーモンを受け取ると、一匹は切り刻まず、見事な姿を客に見てもらうことにした。銀のトレーに載せられた魚を持って、ウェイターがダイニングルームを巡り歩き、脂肪や味が最高の状態のときにつかまえられた魚だといって由来を事細かく説明した。スーシェフだったブライアン・ビストロングによれば、その晩は早速、ふたつのテーブルでこのサーモンを使った料理の注文が入った。

サーモンはブーレー自ら調理した。レストランはまだ忙しくなかったので、料理を仕上げていくシェフのまわりにはコックたちが集まり、一挙手一投足を見守った。ブーレーはサーモンを皮つきのままさっとあぶり、しっとりした赤身が損なわれないように低温のオーブンでじっくりと調理した。焼き上がると、ウォータークレス〔クレソンの一種〕入りのクリーミーなライス、それにエンドウ豆のピュレーと煮汁で作ったソースを添える。コックたちがなるほどとうなずいて、「シェフ、素晴らしい料理です」と絶賛すると、ブーレーは見るからに満足げな表情を浮かべた。

ところが料理を出してから五分後、ウェイターが手の付けられていないサーモンの皿を持ち帰ってきた。彼は厨房に入らず、受け渡し台のあたりでうろうろしていたが、とうとうブーレーに見つかってしまう。厨房はいきなり静まり返った。お客さまはサーモンを気に入らなかったみたいで、代わりに小エビの前菜をご希望です、とウェイターは説明した。

「気に入らない？　どういうことだ」と言って、ブーレーは受け渡し台に近づき、サーモンを焼きすぎていないかどうか確認した。料理は完璧だ。テーブルに戻り、事情を尋ねてこいとウェイターは命じられた。彼はその前にサーモンの皿を洗い場に持っていこうとするが、ブーレーは「いいからそこに置いておけ」と指図する。ブーレーの機嫌はみるみる悪くなっていって、独り言をつぶやいたかと思うと、コックたちに当たり散らした。この頃にはダイニングルームも満席になって、完成した料理を受け渡し台に並べていかなければならない。しかしテーブルの中央には、手を付けられていないサーモンの皿がでんと居座っている。結局、そのまわりに完成品の皿を並べていくしかなく、何とも気まずい雰囲気だ。

ウェイターが戻ってきて、ふたり連れの客が小エビのほうを好んでいるという説明を繰り返すと、ブーレーは今度はレストランの支配人のドミニク・サイモンを呼び出し、なぜサーモンを突き返したのか確認するよう命じた。

数分後、彼は回答を持って戻ってきた。「シェフ」とドミニクは、きついフランス語なまりの英語で説明を始めた。「サーモンは新鮮ではないそうです。自分たちは新鮮なサーモンがどういうものかよく知っているが、このサーモンは鮮度が悪いというのです。味が変わっているみたいだと」

「ブーレーはほかの注文の準備で忙しかったけれど、その顔がみるみる赤くなっていくのがわかったよ」とブライアンは言った。『この魚は腐った味がする』って言われました、とドミニクは報告してから相手の反応をじっと待った。でもブーレーは目の前の仕事を黙々と続けるだけで、沈黙が永遠に続くかと思ったよ」

ところがその後、今日のシェフの特権を証明するかのような展開になった。一九六〇年代から七〇年代にかけて、ヌーベルキュイジーヌのシェフが登場するまでは考えられなかったようなことである。ブーレーはドミニクのほうを向くと、「食事はここまでだと伝えろ」と命じた。礼儀正しさと穏やかさの権化のようなドミニクは、一瞬途方に暮れたが、ブーレーは受け渡し台にぶら下げられているオーダーペーパーをつかみ、それを手のなかでしわくちゃにして、仕事に戻っていった。コックたちはどっと歓声をあげた。

問題のふたり連れは横柄な客で、レストランに到着した瞬間から行儀が悪く、やたらと口うるさかった。テーブルに戻ってきた支配人のドミニクから、お引き取り願いたいと言われても、相手が本気だとは受け止めなかった。おかしそうに笑いながら、「ただ小エビを食べたかっただけさ。食事は始まったばかりじゃないか」と抗議した。「ムッシュ、マダム」とドミニクは首を左右に振りながら説明した。「シェフ・ブーレーが終了を宣言したのです。ご了解ください」

第19章　魚の味方、養殖場を訪れる

海洋保全活動家、カール・サフィナ

最初の訪問から半年後、リサと僕は〈ヴェタ・ラ・パルマ〉を再び訪れた。そして今回は、世界最高の海の権威、あの『海の歌』の著者、カール・サフィナが同行している。

海や水産養殖の専門家数人にこの養殖場について話を聞いたうえで、僕はカールとコンタクトをとることにした。前回の訪問以来、〈ヴェタ・ラ・パルマ〉の魚をアメリカのシェフに紹介したいという思いを募らせていた。だが、魚そのものが素晴らしくても、育て方に問題があっては困る。リサに相談してみると、彼女もちょうど〈ヴェタ・ラ・パルマ〉についての記事を「タイム」誌に掲載する準備を進めており、自分もその点は確かめておきたいとのことだった。ところが、電話やeメールで根気強く説明しても、カールは僕の話を素直に信じてくれない。スペイン南部の養殖場が本当に持続可能なシステムで、貴重な時間を割いて検討する価値があると言っても、わかってもらえない。そこで咄嗟に、一緒に訪問しませんか、ご自身の目で確かめてはどうです、と誘ってみたのだ。

〈ヴェタ・ラ・パルマ〉の正面ゲートにレンタカーを止めたとき、僕は自分の成果に鼻高々だった。我ながらよくやったと思う。持続可能な水産養殖としてはヨーロッパ最高のモデルとなっている場所に、持続可能な漁業についての権威を連れてきたのだ。うまくいくだろうと、ちょっぴり期待もしていた。だが、養殖場に入っていくと、自分は間違っていたのではないかという不安が膨らんできた。

僕は前へ進み出て、ミゲルとややぎこちなく抱擁を交わした。こうして抱擁を交わしたのは、半年前のツアーと、それ以後の連絡のやりとりに対する感謝のしるしだったと言いたいところだが……実際には、不安に押しつぶされそうになっていたからだ。いまカールは、〈ヴェタ・ラ・パルマ〉の待合室で待機しながら、養殖場とそのまわりの国立公園を三・六メートルに縮めたレプリカを眺めているだろう。あちこちに際限なく張り巡らされた運河、豊かな湿地帯、四五カ所の養魚池、鳥専用の七四〇エーカーの沼。これらを一瞥しただけで批判したらどうしよう。僕には見えなかった欠点を彼の鋭い眼は見逃さないのではないか。いやそもそも、自分でもまだほとんど何も知らない場所への長旅に、世界最高の海洋保護論者を誘うことのほうが無分別きわまりないのではないか。僕はこの養殖場についての知識が乏しく、何を知らないのかもわかっていない。

教授のように長いポインターを手にレプリカの前に立った生物学者のミゲルは、〈ヴェタ・ラ・パルマ〉のバーチャルツアーに僕たちを誘った。水が養殖場をくまなく流れ、大西洋に注いだ後、ポンプ場の助けによって再び戻ってくるシステムについての説明が始まった。かりにミゲルが自分のライフワークをカール・サフィナに披露することに緊張していたとしても、そんなそぶりは見られなかった。思慮深く博識な印象で、情熱も感じられる。一方、カールは退屈そうで、少々苛立っているようにも見えた。

つぎにミゲルは、肉牛を育てるために、一九六〇年代には運河の水を海に排出させたことを説明し始めた。カールがこれに気分を害するのではないかと案じたが、意外にも行儀よく相槌を打っている。キッチンのシンクの排水について説明を受けているような雰囲気だ。「沼を空っぽにしたのは、病気、特にマラリアの発生源だったからです」

それからミゲルが補足したことは、僕には初耳だった。たとえば養殖場の周囲の草地の一角で放牧牛を育てているという。肉牛は魚にとってどんな恩恵があるの？　と僕は尋ねてみた。ミゲルは根拠もなく行動する人間ではないし、つながりが明らかになればカールに対する印象もよくなるかもしれない。

「何もありません」とミゲルは答えた。「魚とは全然関係がありません。でも結果的には、この土地の北の部分の地価が上昇しました」

「つまり」とカールはかすかな皮肉を込めて指摘した。「生態系の面では関係ないが、金銭的には関係あるというわけだな」

「おっしゃる通りです。おかげで組織の運営が楽になっています。それにこの地域では、牧畜は伝統として深く根付いています。だからこうすれば、生態系にも文化にも配慮した風景が創造されます。ルーツが深いんです」。カールはなるほどというようにうなずいている。僕はミゲルに目を向けた。

「今後は、農業と水産養殖を区別するべきではありません。同じ生態系の一部として考えるべきで、我々はそのつもりでいます」とミゲルは将来の抱負を述べた。〈ヴェタ・ラ・パルマ〉のレプリカを見下ろしながら、僕は、プラシドとロドリゴ兄弟の自宅の屋上からデエサを見渡したときと同じ感覚にとらわれた。そう、すべてはつながっているのだ。

カールはスズキの養魚池のひとつを指さして、「魚の混み具合はどうなっている?」と尋ねた。

「混み合っていません。一立方メートルの水のなかにいる魚の重量は、全部でおよそ四キログラムになります。これなら寄生虫も発生しないし――」

「ちょっと待て、それで大丈夫なのか? ぎゅう詰めじゃないか!」とカールは話をさえぎって、一二立方メートルだと魚の数はどれくらいになるのか、紙に書いて計算していく。ぎゅう詰めという言葉を聞いて、僕はがっかりした。「とてもじゃないが、十分なスペースはないね」。それからカールは、地面におおざっぱな正方形を描き、そのなかに自分が肩を縮めて入り、一二立方メートルがどんなに窮屈かを表現してみせた。まるで籠のなかの鳥だ。僕は身がすくんだ。

ところがミゲルは歩み寄り、カールの計算を穏やかな態度で修正した。一立方メートルは三五立方フィートで、一二立方フィートではありませんと言って、もっと大きな正方形を描いた。カールは満足げにそれを眺めた。「そうか、それなら悪くないな」

養殖場の見学を始めるまで、僕はリラックスした気分になれなかった。というより、養殖場の見学を始めるまでカールがリラックスした様子ではなかったので、結果として僕もそうなってしまったのだ。しかし、外の景色を目の当たりにすると、カールはびっくり仰天した。と言っても、水の豊かな平原に驚いたわけではない。美しい緑がアクセントを添えながら、起伏のない湿地帯はどこまでも広がっているが、それはカールを特に感動させなかった。ポンプ場がどれほど素晴らしい成果をあげているか見せられても、植物プランクトンや微小な無脊椎動物についての話を聞かされても、心を揺さぶられることはなかった。カールを驚嘆させたもの、それは鳥だ。前回訪問したときよりも、数千羽は増えているのではないか。まるでヒチコックの映画のように、無数の鳥が空を埋め尽くしている。

数秒ごとに、カールはべつの方向に首を伸ばし、「これはすごい」と感嘆の声をあげた。「アカアシシギだ」と言ったかと思えば「うわあ、キタヤナギムシクイがいる」と、もう夢中だ。僕は顔に笑みを浮かべ、ミゲルも微笑んでいる。その後、ミゲルはなんとか魚に再び注目してもらおうとしたが、カールは空ばかり見ている。もう夢中で、目を大きく見開き、「いいなあ」としきりに感心し、ミゲルなど眼中にない様子で言った。「カタグロトビじゃないか」

その光景を見ているうちに、かつてジャック・アルジエル〔〈ストーンバーンズ〉の農場の野菜担当スタッフ〕が不満げに話してくれたことを思い出した。〈ストーンバーンズセンター〉には二万三〇〇〇平方フィートの温室があるが、見学者は到着するなり視線を上に向け、コンピュータ制御された灌漑システムや開閉式の屋根が無秩序に広がる情景に感心する。「足元を見てほしいのに付属品にばかり注目するんだ」と不満を漏らし、ジャックは地面を指さした。その下には何十億もの生き物が繁殖している。「ここは、学ぶべきものをすべて教えてくれるのになあ」

カールが空を見上げているのも、学ぶべきものをすべて教えてくれるからに他ならない。

＊

車に戻るとカールは助手席で身を乗り出し、本格的なカメラを準備した。それから、乾期に当たる六月から九月には、鳥の個体数は変化するのかと尋ねた。

「ドニャーナ、国立公園のことです。あそこは乾燥しますが、〈ヴェタ・ラ・パルマ〉は一年を通じて水で潤っています。なにしろ……」とミゲルは、カールが忘れている事実を思い出させるかのように続けた。「ここは養殖場ですから。水鳥が舞い降りて羽を休めることができる場所は、〈ヴェタ・ラ・パルマ〉だけなんです」。カールは窓を開けて、カメラで被写体をとらえた。近くではヘラサギの群れが巣を作っている。

僕たちは養殖場に沿うように車を走らせ、カールのリクエストでポンプ場を目指した。途中、離れた場所でコメを収穫しているトラクターが見えた。ミゲルの話ではセビリア県はコメの産地で、〈ヴェタ・ラ・パルマ〉の周辺にも全部で一〇万エーカー近くの田んぼがあるという。実際、世界有数の生産量を誇り、有機栽培はほとんど行われていない。通常のやり方でそんなに集中的にコメを作ったら、〈ヴェタ・ラ・パルマ〉に影響がおよぶでしょう。僕はそう口走った。

「常に戦いの連続です」とミゲルは言った。「以前、スズキの皮を食べたときの感想を聞かせてくれましたよね。甘くて清潔な味がするって。ということは、すべてが順調に進んでいるんです」。ミゲルの説明によると、魚の皮は汚染に対する最後の砦のような存在なのだという。不純物が体内で害をおよぼさないよう、吸収してしまう機能を進化させている。「でも、ここには不純物はありませんけれどね」

〈ヴェタ・ラ・パルマ〉では、水の栄養水準を継続的に測定している。運河の水は結局のところ、グアダルキビール川から引き込まれている。養殖場をあちこち流れていくとき、川に含まれるものも一緒に運ばれるので、化学汚染物質や農薬の流出に関する情報を常に更新することができる。ただし、ここのシステムはとにかく健康だ。水が常に循環し、植物のバイオマスが豊かで、ろ過摂食する魚や鳥が数多く生息し、もちろんプランクトンも豊富だ。言うなれば、たくさんの生物が篩《ふるい》のように作用している。養殖場に入ってきた水が大西洋に出て行くときには、当初よりもきれいになっているほどだ。

「人工的に管理されている土地の悪い部分を、向かい側にある自然のシステムが吸い取ってくれる。よいお手本だね」とカールは言った。そして〈ヴェタ・ラ・パルマ〉の価値は河口の豊かな生態系によるところが大きいと付け加えた。水深の浅い河口は海のなかで最も生産性の高い地帯で、その値は外洋の二〇倍以上にも達する（アメリカではおよそ一〇〇カ所の河口が確認されているが、残念ながら生産性は大きく衰えているとカールは重苦しい口調で語った）。

そうか、だからこの場所は爆発的に成長しているんだ。僕はようやく理解することができた。海のすべての生物が頼りにしている植物プランクトンは、日光がふんだんに注ぐ場所でなければ成長できない。そして日光が降り注ぐのは海面の近く、海の最上層だけだ。ここはサンライトゾーンと呼ばれ、海の生物の九〇パーセントがここに生息している。土壌の最上層に当たる部分にほとんどの地中生物が暮らしているのと同じだ。生命に乏しい深海が砂漠にたとえられるのも無理はない。太陽も、餌になるプランクトンもそこには存在しない。

プランクトンが必要とするのは日光だけではない。カールによれば、窒素やリンなどの栄養素も必要で、ここで川が重要な役割を果たす。雨が降ると、栄養素を豊富に含む土が川に流入する。ビタミンの浸み込んだ川は大地を流れ、最後は河口にたどり着いて海に栄養を拡散させる。

要するに、川は陸と海を結ぶだけでなく、海にとって栄養補給源のような存在だと言ってもよい。このとき僕は初めて、メキシコ湾が多様な生物に恵まれているのは偉大なるミシシッピ川によるところが大きいのだという事実を理解した。毎年、アメリカの中部地域は肥沃な資源を海にお裾分けしてくれる。そのおかげで、僕たちは小エビやスズキをメニューに載せることができるのだ。ところが最近、大量の肥料が海に流れ出るようになり、栄養過多のせいで、メキシコ湾は広範囲にわたって窒息死寸前の状態だ。カールはかつて、「陸で発生した汚染物を海まで運ぶ重力は海の敵だ★36」と記したが、重力は海の生命線でもある。メキシコ湾を豊かにしてくれる資源の使い方を誤ったために、息の詰まる状態が引き起こされたのである。

カールの呼びかける「海の倫理」は、農地の管理と海の持続可能性を切り離して考えるべきでないことを思い出させてくれる。そして〈ヴェタ・ラ・パルマ〉の真ん中に立ってみると、その通りだと実感できる。この周囲では農薬を使った集約型のコメ栽培が一〇万エーカー近くの規模で営まれ、養殖場にとっての生命線であるグアダルキビール川はここを流れていくうちに汚染される。両者はいやでも——ミゲルなら途方もなく、と表現するところだ——結びついている。

やがてグアダルキビール川の水は〈ヴェタ・ラ・パルマ〉の健康なシステムで浄化されてから、大西洋に注いでいく。ジョナサン・ローセンは鳥には様々な場所でのストーリーがあると書いているが、水にも様々な場所でのストーリーがあるのだ。

心臓はポンプではない

オーストリアの哲学者であり教育者として知られるルドルフ・シュタイナーは、かつて厄介な問題を持ち込まれた。「無機物を主成分とした肥料」、いわゆる化学肥料を使用したある農民グループが警戒感を募らせ、この新しい習慣が土壌の健康を損なうのではないかと不安になって、シュタイナーにアドバイスを求めてきたのである。一九二四年のことだから、ずいぶん先見の明のある農民だった。

シュタイナーは彼らの求めに応じて一連の講義と実習を行った。これは、後に「バイオダイナミック農法」と呼ばれる有機栽培が発達するうえでの土台になった。シュタイナーによれば農地は生命体であり、地球という大きな有機体のなかで活動している。その意味で、すべてはつながっているという言葉を彼は使ったのだ。自然と調和した農業では、種蒔きや収穫の時期を月の位相によって決定すべきだと彼は考えた。おまけに、牛の角で土の状態を整える方法（水晶を砕いて水を加え、牛の角に詰めて土中に埋める）を提案したり、「超感覚的な意識」について論じたりしたものだから、このバイオダイナミック農法の支持者は変わり者でオカルト信者であるかのような印象を与えてしまった。有機食品運動の歴史にはこのような精神的な側面が備わっているのだが、ある農業関係者はそれについてこう語っている。「優秀な有機栽培農家は全員、バイオダイナミック農法の見識に従っている。神秘主義的な部分は取り除いてね」

僕は〈ヴェタ・ラ・パルマ〉の有名なポンプ場の前でミゲルの話を聞きながら、シュタイナーについて考えていた。ポンプは養殖場の敷地の中心的存在で、一日に二億五〇〇〇万ガロン以上の水を動かしているという。水や天候の状態によって、ポンプは全開にすることも一部だけ開けることも、あるいは完全に閉じることもできる。近くで見ると改めてスケールの大きさに圧倒され、ミゲルは熱心に説明するが、僕は少々上の空でべつのことを考えていた。このシステムは水をポンプで送り出すというより、むしろ水の循環を助けているのではないか。何もしなくても、満ち潮になれば水は入ってくるし、引き潮になれば水は海に戻る。自然界に存在する重力のおかげで、水は満ち引きを繰り返す。世界中どこの河口とも変わらない。しかし〈ヴェタ・ラ・パルマ〉では水を灌漑用の運河に引き込み、そこから重力のはたらきによって、水を養殖場まで運ばなければならない。そしてここからがポンプの出番で、水位の変化を確認しながら水の流れを調節し、供給量を決定している。

「水の動きは途切れません。ポンプ場は一日中、そして一年中動いていています」

そうか、だからルドルフ・シュタイナーが思い浮かんだんだ、と僕は悟った。シュタイナーはあるとき生徒のひとりから、人類の向上には何が必要だと思いますか、と尋ねられた。彼は三つの回答を準備したが、僕には最後の答えがずっと頭から離れなかった。人類が向上して真の意味で進歩するためには、心臓はポンプではないことを理解しなければならないとシュタイナーは答えたのである。

この話は何年も前、伝統食の提唱者であるサリー・ファロン・モレルの講義で教えられたものだ。[★37]僕はこのとき聞かされたシュタイナーの答えにふたつの印象を抱いた。まず、本当にその通りだと感心した。大御所の哲学者であるシュタイナーが人類の向上のために行った三つの提案のひとつ——心臓はポンプではない——は、俳句のように明快ではないか。多くの人が抱くイメージと同様に、シュタイナーは独創的で挑発的、そして少々変わり者であるという印象が僕のなかで定着した。

そして、つぎに本当なのかなと驚いた。心臓がポンプのように作用しないならば、何をする器官なのだろう。ファロンに勧められ、僕はトーマス・コーワンの『*The Fourfold Path to Healing*（ヒーリングへの四つの道）』を読んでみた。この問題に二〇年かけて取り組んできたコーワンの分析はシュタイナーの言葉を解読するうえで役に立ったが、[★38] 本当の意味はなかなか理解できなかった。しかし、ポンプ場——ミゲルが「〈ヴェタ・ラ・パルマ〉で鼓動を打つ心臓」と呼んだ場所——に立ったとき、僕はその意味をようやく理解することができた。科学においては「体じゅうに血液を送り出すポンプとして心臓をとらえるが、[★39] これほどおろかな解釈はない。なぜなら、心臓は血液の循環とは無関係なのだから」とシュタイナーは書いている。

シュタイナーの言う通りだとコーワンも言う。そもそも血液の流れるスピードは、心臓に入ってくるときも、心臓から出ていくときも変わらない。心臓から出た血液は、栄養物を運ぶために毛細管へ入るとスピードを落とし、それから静脈系へと向かう。静脈は広いハイウェイのように体を駆け巡り、最後には心臓を目指す。そして心臓に近づくにつれ、血液の流れは再びスピードを増していくのだ。この時点の心臓はポンプというより、ダムのように作用する。血液を心室のなかに閉じ込め、それがいっぱいになるとバルブが開き、一気に放出された血液は循環を再開する。

シュタイナーが説明しているように、「主役は血液の循環である。心臓はリズミカルな鼓動——収縮と拡大——を打ちながら、血液の循環に反応しているにすぎない。血液が心臓を動かしているのであって、逆ではない」。[★40] 心臓が血液をポンプのように運動させているのではなく、血液が心臓を運動させているのだ。

では、心臓は何をしているのか。コーワンによれば耳をすましているのであり、シュタイナーもその点を強調している。心臓は体の主要な感覚器官で、いわば指揮者のように細胞運動のリズムをコントロールしている。科学者が、ホメオスタシス〔体の健康を維持するための働き〕と呼ぶ働きだ。いずれにせよ、心臓が細胞の意に添うように努力するのであって、その逆ではない。

〈ヴェタ・ラ・パルマ〉のポンプ場も同じだ。大西洋の潮汐《ちょうせき》作用や大河グアダルキビール（養殖場に入ってくる最大の静脈であり、毛細管のような何千もの小さな川に支えられている）の求めに応じてこのポンプは活動している。水がシステムのなかを「自分で動いていく」音にじっと耳を傾けている。要するに、ポンプ場は水の流れをコントロールするのではなく、流れに反応するようにプログラムされているのだ。この違いは大きな意味を持っている。

まず、〈ヴェタ・ラ・パルマ〉における技術の追究は、自然のシステムの機能向上を目的としている。後日ミゲルからもらった手紙には「技術と生態系が協力し合っています。この土木プロジェクトがなければ、ここで育てているものはむろん、『付加価値』の生存能力も、我々生物学者は保証することができないでしょう（付加価値とはすなわち、鳥のことです。夏に水のある場所は〈ヴェタ・ラ・パルマ〉しかありません）。一方、生物学や生態学の知識がなければ、エンジニアはあれほど洗練された水力系統を構築できなかったでしょう」とあった。

そしてもうひとつ、シュタイナーの言葉をかりるなら、精神的な要素を重視して、その解読に時間をかけている。シュタイナーは、いわゆる科学への機械論的なアプローチにいち早く疑問を抱いたひとりだ。機械論的なアプローチにおいては、環境の働きをいくつかの部分に分解して考える。ひとつの生命としてではなく、部品を寄せ集めた機械のように見なす。持続可能な農業の専門家であり神学者であり、〈ストーンバーンズセンター〉の理事長でもあるフレッド・キルシェンマンによれば、このような発想は一七世紀の科学革命の際に定着したものだという。自然は意のままに変化できると信じるフランシス・ベーコンや、人間は自然の主人であり所有者だと考えたルネ・デカルトなどの哲学者が率先して主張した。[★41] こうした考え方はいまではあまりにも単純すぎる印象を受けるが、教会の教えが君臨していた時代に、彼らの言動を責めることはできない。当時の科学者たちは今日で言えばシュタイナーのような反動主義者であり、広く受け入れられていた神学の教えに疑問を抱き、最も単純な形に世界を分解したのである。彼らは世界が本当はどのように機能しているのかを、明確に示してみたいと考えた。その発想の中心にあるのは合理性と肉体的衝動だった。

　これに対し、シュタイナーの場合、生物学はもっと複雑だという発想が根底にあり、決して直線的なものとは見なさない。自然のシステムのなかでは、単純な原因と結果は当てはまらないと考えた。ちょうどミゲルと同じように、シュタイナーは関わり合いに注目し、自然の仕組みの流動性を評価した。その意味で、彼は複雑性理論を提唱していると言ってもよい。

「シュタイナーの言葉に耳を貸す準備が、当時の科学コミュニティには整っていなかった」と、かつてフレッドは言った。「自然に対し、ひとつのアイデアやひとつの解決策を押し付けることはできない。そうするとどうしても人間の力が強くなってしまう」。自然を理解するためには、精神性が内在して機能している現実を認識しなければならないのだ。

　この「精神性」という言葉が常に僕にはひっかかっていた。でも、巨大なポンプ場を背景にして〈ヴェタ・ラ・パルマ〉の中枢に立っていると、シュタイナーのメッセージは間違っていないと思えるようになってきた。今日、機械論的な世界観はもはや時代遅れの考え方になってしまった。たとえば、心臓病を治す遺伝子をひとつだけ特定するような研究は行われないし、ほかの病気に関しても同じだ。過去半世紀の大半は、ひとつの遺伝子、ひとつの特徴に注目するのが通説になっていた。遺伝子を特定し、その活動を抑えれば、問題は解決されるというわけだ。しかしいまでは、それが間違いだとわかっている。それぞれの遺伝子の活動は独立していない。遺伝子同士は複雑な関係で結ばれ、その関係次第で遺伝子の情報はスイッチが入ったり切れたりするのだ。この点が何よりも肝心である。

そして、進化しているのは医学だけではない。企業も政府機関も教育者も、部門ごとに管理される縦割組織にこだわる姿勢を改めるようになった。アイデアが結びつき、組み替えられるような環境でイノベーションは栄えるという論拠から、独創性を積極的に奨励している。これは非常に論理的な考え方だ。ただし農業だけは、未だに一七世紀のイデオロギーからほとんど抜け出すことができない。多様性の代わりに専門化が進み、小さな地域を対象にしたネットワークよりも大きな統合体が重視されている。少しでもたくさんの食べものを生産するため、農業はいくつもの部分に分解されてしまった。

しかしシュタイナーは、それは愚かな発想だと考えた。時計を修理するように複数の部分に分解しても、問題が解決されるどころか、まったく間違った方向に進んでしまう。生物系はそのような形で機能しない。これが当てはまるのはコンピュータプログラムぐらいのものだ。

ミゲルやクラースやエドゥアルドと時間を共にしたあと、僕には大切な真実が見えるようになった。自然は複雑で苛立ちを感じるときがあり、敵のように思えることもあるが、そんな自然を取り入れたシステムこそ、成功の秘訣なのだ。たしかに彼らのシステムは「人工的」である（〈ヴェタ・ラ・パルマ〉の河口はポンプにサポートされているし、クラースは作物の栽培を手の込んだ方法でローテーションさせているし、エドゥアルドのデエサは人間によって造られた環境だ）。しかしどのケースも、人間は生態系の意に添った形で介入しており、その逆ではない。三人とも自然の世界の多様性を受け入れている。自然の制約のなかで活動し、その結果として素晴らしい食べものの生産に成功し、恩恵にあずかっている。

僕はしばしば、ミゲルが初対面のときに打ち明けてくれた言葉を思い出す。それは真実であると同時に謙虚で、いまから思えばシュタイナーの発言のような精神性が感じられる。〈ヴェタ・ラ・パルマ〉の生き物たちのあいだで何が起きているか、目で見ることはほとんどできませんと彼は言った。そのあと、「しかし」と前置きして、こう続けた。「どの生き物も間違いなくこのシステムの味方です」

第20章　持続可能なシーフード

生態系への配慮

カールと僕が〈ヴェタ・ラ・パルマ〉を訪問した翌日、リサは〈アポニエンテ〉のシェフのアンヘル・レオンも交えたランチを〈サンパウ〉で企画してくれた。ここはバルセロナに近いサン・ポル・デ・マールのシーフード・レストランだ。アンヘルとの再会に僕は胸を躍らせた。なにより今回は、海の権威であるカール・サフィナが一緒だ。アンヘルにとって、カールはいわばヒーローのような存在ではないか。そしてカールのほうも、自分と同じように海の健康に情熱を抱くシェフとの出会いを楽しむだろう。しかも偶然、リサはカールの著書の大ファンだった。こうして記念すべき集いが設けられた。

ところがメニューを受け取った頃には、なんとも気まずい展開になっていた。あの場面は簡単に忘れることなどできない。実はアンヘルは、カールのことを知らなかったのである。彼は僕の向かい側に座っていたが、顔には興味のなさそうな表情を浮かべている。〈ヴェタ・ラ・パルマ〉に関しては一度ぐらい名前を聞いたことがあるそうだが、彼のレストランからたった一時間ほどの距離なのに訪れた経験がないという。こんなことってあり得るの？　と僕はリサに尋ねた。スペインの海の伝道者が、これほど啓発的な養殖場をサポートしないなんておかしい。レストランから近いし、あれほどおいしい魚が育っているというのに。アンヘルは水産養殖に断固反対なのよとリサが説明しているそのとき、テーブルの向かい側からアンヘルがチャーチルのような口調で宣言した。

「だめだ、だめったらだめなんだ」。そして、黒い瞳を僕のほうにちらりと向けた。〈ヴェタ・ラ・パルマ〉は水が浄化されていて、魚は天然の餌を食べ、鳥たちの楽園なのよとリサが説明し、魚は絶品なんだと僕が補足しても、アンヘルは首を横に振るだけで耳を貸そうとしない。「養殖場のやつらとは話したさ。うちの魚は形も味も統一されていますと全員が話す。『味も見た目も均一な魚だけをお届けします』と言うのさ。そうすれば喜ばれると決めつけているみたいに」。アンヘルの上唇のうえに玉のような汗が浮かんでいる。〈ヴェタ・ラ・パルマ〉は例外なんだからとリサが反論し、餌やりは限られ、水はきれいだし、世界中の養魚場のお手本なのよと説明しても、アンヘルは肩をすくめるだけだ。「もう魚は十分にあるだろう。混獲された魚を料理に使えばいいさ」

アンヘルが電話をかけるために席を外すと、僕は彼のレストラン〈アポニエンテ〉で経験した食事についてカールに語った。名前もない魚が食材に使われ、革新的な調理法が採用されていること、さらに地元の漁師の組合と協力関係を築き、混獲された魚の市場の創造に貢献していることにも言及した。カールはメニューから目を離さずに、僕の話にうなずいた。

「何が問題かと言えば」と切り出したカールは、それからいきなり目を上げ、メガネ越しに僕の顔を覗き込んで言った。「ここにいるきみの友人は、まったく新しい需要を創造しようとしている。雑魚が流行になるのは時間の問題だね」

カール・サフィナはアンヘルの論理をべつの角度からとらえたのだ。新しい品種に注目を集めれば、結局のところ衰退を招いてしまう。「食物連鎖における漁獲対象の低次化は、昔からよくある話でね[★42]」とカールの説明が始まった。「大型魚類を獲り尽くしてしまうと、漁獲の対象が下位の魚へと移行していく。もちろん、この半世紀の技術の進歩は目覚ましく、食物連鎖の上位へもアクセスしやすくなった。まあ、基本的にはどのレベルでも乱獲が進んでいるわけだ」

この状況にカールは胸を痛め、将来の世界は海洋生物のコミュニティがきわめて貧弱になると予測した。クラゲのような単純な生物に海は支配されるというのだ。

ちょうどそのとき、未来の海の主役が二皿目の料理として運ばれてきた。フィデウアというスペインの伝統的なパスタ料理で、シェフのカルメ・ルスカイェーダは通常のシーフードの代わりにクラゲを使っている。独創的なアイデアで味もおいしかったが、このさき海で獲れるものがクラゲだけになっても、美味で独創的な料理として評価されるだろうか。

将来の海に何が残されているかについてカールが予測していたちょうどそのとき、話の内容が聞こえるタイミングでアンヘルが戻ってきた。「だからシェフの存在が大切なんですよ」と彼は話に割り込んだ。「資源が少なくなったら、残されたものでおいしい料理を作るのが我々の仕事じゃないかな」と言って、テーブルの向かい側から僕に意味ありげな視線を投げかけた。カールは酒に酔ったような様子だが、おそらくアンヘルの発言に困惑しているのだろう。

「〈ヴェタ・ラ・パルマ〉のような養殖場がもっと造られないといけないわ」とリサがすかさず、その場の緊張を和らげようと助け舟を出した。

しかしアンヘルはリサに協力する気もなく、近大マグロ〔日本の近畿大学水産研究所が二〇〇二年に完全養殖に成功したマグロ〕について語り始めた。野生のマグロの個体数は減少する一方だが、持続可能な解決策として開発された「完全養殖」の近大マグロは、いまでは市場に数多く出回っている。「あれはまずい」とアンヘルは切り捨てた。「脂肪が多すぎる。一分も手に持っていれば、もう脂でべとべとだよ。食べてみると、これがまたひどくて、考えただけで胃が痛くなる。マグロに対する侮辱だな」。そう捨て台詞を吐いたときの様子はエドゥアルドとそっくりだ。「自然に反するものは全部間違っている。おれは本物の食材だけで料理を作るね」

カールはメガネをきちんとかけ直してアンヘルに目を据えた。「きみはクロマグロを出すの?」アンヘルは思いがけない質問にうろたえた表情を見せ、「あ、ああ、出すよ」と言って、自分が間違っていないことを確かめるためにリサの表情をうかがった。「あれは世界最高の魚だ。もちろん、メニューに載せるのはシーズンのあいだだけさ。大切な魚だからね」

なんとも奇妙な瞬間だった。カールもアンヘルも、どちらも僕に視線を向け、こいつは何者だと言いたげな、同じ表情を浮かべている。相手に対する反発は、カールのほうが強かっただろう。アンヘル・レオンは海の健康やシーフードの持続可能性への配慮が行き届き、先見の明のあるシェフだと僕から説明されていたのだから。ところがなんと、クロマグロはメニューのなかでも賞賛に値すると宣言するではないか。そのクロマグロは個体数が激減し、カールはその保護のために生涯を捧げてきたのだから、アンヘルに反感を抱くのも無理もない。ジェーン・グッダル〔野生チンパンジーの研究者〕に対し、チンパンジーの虐殺は正しいと議論をふっかけるようなものだ。僕は水の入ったグラスを握る手に力をこめた。

気まずい空気が流れ、しばらくしてリサが沈黙をやぶった。「ねえ、あなたのところのマグロは、アルマドラバ漁で捕獲されたものよね」と、スペインで昔から実践されてきた伝統的なマグロ漁について言及した。

「そうさ、アルマドラバのマグロしか料理には使わない。海で最高のマグロだよ」とアンヘルは応じた。

アルマドラバとはスペイン南部のジブラルタル海峡沿岸で行われる定置網漁のことで、〈ヴェタ・ラ・パルマ〉のあたりも対象に含まれている。毎年五月から六月半ばにかけてマグロが大西洋を離れ、産卵のため地中海へと向かう時期、網がしかけられる。ジブラルタル海峡を通過する際、一部のマグロが網に迷い込み、やがて狭い仕切りのなかに隔離され、それを待ち構えていた漁師たちが海面まで引っ張り上げる。魚群探知機を使ったトロール漁は世界中でクロマグロの個体数を激減させたが、それに比べれば穏やかな方法だと言ってよい。おまけにアルマドラバはスペインに昔から深く根づいてきた伝統の漁法でもあり、特にアンヘルの地元にあたるカディスの沿岸地域では崇敬の対象になっている。

しかしこの伝統的な漁はカールの胸に訴えなかった。アルマドラバ漁について聞いたことはあるが、と前置きしたうえで、いまはクロマグロが危機的な状況に追い込まれており、伝統的で穏やかな漁法に頼る程度では個体数を維持できないと論じた。その言葉にアンヘルは身を乗り出した。落ち着きのない目には油断のない、いたずらっぽい表情が浮かんでいる。

そして「ちょっと見せたいものがある」と言うと、ポケットに手を突っ込んで一枚のコインを取り出した。「これが何だかわかるか。本物のフェニキアのコインだ。ほら、ここを見てくれ」と言いながら、さらに身を乗り出して、「フェニキアだよ」と繰り返し、消えかかっているが、アルマドラバの網に絡まっているマグロが描写されている部分を指さした。「すごいだろう。おれはこれを肌身離さず持ち歩いている。アルマドラバでの漁獲量は世界全体の二パーセントにすぎない。だからおれは、この二パーセントを守るための伝道者になるんだ。悪いのはアルマドラバじゃない。魚群探知機を使ったトロール漁のほうだよ」。そう話すアンヘルの言葉には、これを理解できないやつこそ問題だという非難の気持ちが込められていた。

リサは通訳を終えるとうなずき、補足した。「アルマドラバ漁は何千年も昔から続けられてきた伝統です。マグロを乱獲して絶滅の危機に追い込んでいるのは、ほかの漁師たちですよね。それなのに、アルマドラバ漁の伝統を忠実に守ってきた漁師たちに漁をやめろと言うのは、本質的にフェアとは思えないわ。アンヘルの言う通りです。アルマドラバに問題はありません。それって、一部の男性はレイプする恐れがあるから、男性にセックス行為を禁じるようなものですよ」

きみは現実に目を向けていないねとカールは反論し、世界のマグロ不足は実際に深刻なのだと強調した。『悪いのは私たちじゃない』ときみは連呼するけれど、日本人も同じことを言っていたな。これは共有地の悲劇だね。誰もがマグロの減少に責任を持っている、だから誰にも責任はないという発想だ。絶滅に追いやられているものをどんどん獲ってもかまわないなんて、頭がおかしいんじゃないか」

カールの様子を観察していると、問題に関して興奮しているのか、それとも話しているうちに興奮してきて理性を失っているのか、どちらかわからなくなるときがある。そしてこのときは、どちらも当てはまるような印象を受けた。カールの言葉をリサが訳すと、アンヘルは椅子から落ちるのではないかと心配になるほど身を乗り出してきた。ふたりとも顔に怒りの表情を浮かべている。

「いいことを教えてやろう」とアンヘルは強い口調で語った。「アルマドラバの漁師には、マグロの皮を指でこすって、どんな状態か判断できるやつらが大勢いるんだ。特に年長者はすごい」と言って、テーブルクロスを指先でこすると、「こうやって脂肪を嗅ぎ分ける」と言って実際に指を鼻に当てて大げさに息を吸い込んだ。「いいか、こうやって魚の年齢を言い当てて、市場に出すためのランクづけをするんだ。こうやって理解できるようになるまで、何年かけて文化が育まれてきたか想像できるか？」そう言い捨てると、アンヘルは相手の反応を待たず、タバコを吸うために退室した。

カールは静かに食べ終えた。リサは椅子の背にもたれ、首を横に振って僕に視線を向けて言った。「カディスの人たちにマグロを食べるなって言うのは、自分を捨てろと言うことと同じなの。アルマドラバ漁は一年の恒例行事というだけじゃないわ。階級制度、レジャー活動、信仰、料理法、そしておそらく求愛儀式にまで関わっているのよ。調べてみればわかるはず。この地域の重要なしきたりや伝統には欠かせないもので、文化の一部というより、文化そのものなのよね」。リサはウェイターに何やら話しかけた。

カールは僕のほうに身を乗り出してこう言った。「そうだろうな。でも、生態系への配慮なくして文化は存在しないよ」

第21章　魚の流通革命

シェフの責任

アリス・ウォータースやデイヴィッド・ブーレーといったシェフが一九九〇年代はじめに食材の生産者をメニューに登場させるようになると、その斬新さが注目された。しかしメニューへのこだわりはどんどん強くなり、呆れるほど凝った名前があちこちに見られた。たとえば、野菜の由来を神託でもあるかのように仰々しく紹介しているものもある（「ディヴさんがバイオダイナミック農法で生産したカブ」と言った具合に）。あるいは、世の中のためになることがガールスカウト並みの情熱で紹介されていて、見るに堪えないものもある（「私たちは地球によい食材のみを厳選しています」というように）。これでもかというほど長所を強調しているメニューばかりだ。

なぜここでメニューの記述の仕方について考えたのかと言えば、何カ月も議論を重ねたすえ、ミゲルをはじめとする〈ヴェタ・ラ・パルマ〉のスタッフ数人がニューヨーク市を訪問し、養殖魚の営業のためにシーフードの流通業者を回ることを決めたからである。彼らは自分たちの養殖魚をアメリカに輸出したいと考えていた。

たとえばニューヨークの〈ブルーヒル〉は未だに伝統的なアラカルトメニューを採用しているが、そこに〈ヴェタ・ラ・パルマ〉の魚を載せるとしたらどんな言葉で表現すればいいだろう。「スズキ」とだけ記し、余計な説明は加えないほうがよいだろうか。ル・コーズが何年も前に〈ル・ベルナルダン〉で取り上げて以来、スズキの知名度は高くなった。しかし客には、この驚くほどおいしい魚が水産養殖の将来の希望であることも理解してほしい。結局、「持続可能なスズキ」という名前に落ち着いたのは、ゴテゴテ感がいちばん少なく、響きもよかったからだ。

ところが、営業は思うように進まなかった。最初の業者との話し合いを終えたミゲルに問い合わせてみると、順調ですという言葉が返ってきた（もともとミゲルは性格上、他人を貶めるような発言ができない）。だが少し突っこんで聞いてみると、案の定サンプルとしてスペインから持ってきたスズキについては話題にのぼらず、試食もされなかったという。スズキの輸出に向けて前進はあったのかと尋ねると、かりに話が決まっても、出荷の具体的な日にちはわからないと言われた。

今回、僕はミゲルをはじめとする〈ヴェタ・ラ・パルマ〉のスタッフと一緒にランチを予定していた。場所はマンハッタンのミッドタウンにあるシーフード中心のレストランで、シェフのデイヴィッド・パスターナックが経営している。ところがお昼近くになって〈ブルーヒル〉でちょっとした問題が発生し、僕は外出できなくなってしまった。そこでパスターナックに連絡し、どんな人物が訪問するのか説明することにした。

だが、僕が詳しい話に入ろうとする前にさえぎられ、「つまり、養殖魚の売り込みが目的のグループを派遣してくるわけだな」と、アンヘル・レオンと同じように、養殖と聞いただけでパスターナックは攻撃的な姿勢を強めた。ロングアイランド北海岸出身のパスターナックは子どもの頃から釣りに親しみ、よいシーフードに関しては病的なほどのこだわりを持っていた。モントークからファー・ロックウェイにかけての一帯で定期的に魚を釣り、ロングアイランド鉄道でマンハッタンに戻るときは、前日に獲った魚を氷づめにして持ち帰ることで有名だった。

ミゲルが到着するなり、パスターナックはあれこれ探りを入れた。ミゲルは養殖場についての質問に答えると、スズキのサンプルを手渡した。パスターナックは早速それを調理して試食すると、厨房から僕に電話を寄越し、「驚いた、ものすごくおいしい」と、興奮を抑えた低い声で報告した（養殖魚に感銘を受けた事実をスタッフの前で認めたくなかったのだろう）。

その後のパスターナックの行動は素速かった。僕が聞いたところによれば、〈ヴェタ・ラ・パルマ〉のスズキを一口食べただけで、養殖魚をメニューに載せる可能性について「ささやかな啓示を受けた」のだという。そこでミゲルがまだ食事をしているあいだに、メイン州ポートランドの〈ブラウン・トレーディングカンパニー〉のオーナーであるロッド・ミッチェルに連絡をとった。そしてミッチェルに対し、この魚はすぐに輸入するべきだと説得を行ったのである。ミッチェルはアメリカで最も重要なシーフード業者のひとりだ。自分なんてただの「魚の運び屋」だという言葉からは謙虚な印象を受けるが、それはうわべだけの話だ。実はミッチェルはメイン州からカリフォルニア州にかけて、この国で最高のシェフたちに極上の魚を卸している。

ミッチェルにとっては一九八〇年のジャン＝ルイ・パラディンとの出会いが出発点になった。共通の友人を介して、ミッチェルがダイバーであることを知ったパラディンは、当時彼が働いていたメイン州カムデンのワインショップまで足を運んだ。パラディンは店のなかを観察したそうだが、ミッチェルの話では、ずっと窓から外を眺めていたという。

ミッチェルは当時を回想して語った。「カムデンは霧の濃い雨の日が多いけれど、あの日もそうだった。最初、彼は海岸を指さしながら、故郷を思い出す風景だねって話しかけてきた。それから、あそこはホタテガイがよく獲れるんじゃないかって尋ねるから、そうですと答えたんだ」

この時期はホタテガイの旬であることをパラディンは知っていた。大西洋の水が一〇月から一一月にかけて冷たくなると、植物プランクトンは海面から下がって海底に到達する。ガチョウと同じで、ホタテガイは栄養分を十分に食べて身を太らせ、来る冬に備えるのだ。

翌日、ミッチェルは湾のお気に入りのスポットに潜り、ホタテガイを収穫してきた。「それを見たジャン＝ルイは、いまにも泣き出しそうなほど感激した。あの強いフランス語なまりのしゃがれ声で、『ほかには何を獲ってもらえるかな』と話しかけられ、そこから商売が始まったのさ」。パラディンの食材へのこだわりから、ひとつの産業が生まれた瞬間である。パラディンはジョンとスーキーのジャミソン夫妻が牧草で育てたラムの商売を助け、小規模農家の発展に影響を与えた。さらに、趣味でキノコを採集していた人たちをフルタイムで働くように仕向け、小規模の酪農家をチーズ職人へと変身させた。そして趣味でダイビングを楽しんでいたミッチェルを、アメリカで最も重要なシーフード流通業者のひとりに変身させたのである。

ミッチェルは回想を続けた。「いきなり注文が殺到したのさ。シェフ全員が読む朝刊の一面に、ジャン＝ルイが広告でも載せたのかと思ったね。それでダイバーをどんどん雇ったけれど、みんなキツネにつままれたみたいだった。それまでずっと趣味で海に潜ってホタテガイを獲っていただけだったのに、いきなりニューヨークやボストンのシェフが大金を払ってもホタテガイがほしいと言い出したんだからね」

いまでは全米の数えきれないほど多くのレストランのメニューに、ここのホタテガイは掲載されている。「獲れたて」とか「ダイバーのホタテガイ」といった名前で紹介されるこの一品は、甘さも味も際立っており、さらに持続可能性もずば抜けている。ミッチェルがダイバーを雇うようになる以前、ホタテガイは海底を最大一時間もかけて網で回収するケースがほとんどだった。ダイバーによる収穫量は少ないかもしれないが、見るからに品質がよく損傷も少ない。

ホタテガイのシーズンが終わると、ミッチェルはほかにもシェフに売れる魚はないかと物色した。「最高の品質の魚が見つかれば、手当たり次第に購入したよ。だってシェフが、それもアメリカで最高のシェフたちが、極上の切り身にできる魚をたくさんほしがっているんだ。あの人たちの目はごまかせない。だからいつでも最初で最後のチャンスをつかんで競り落とした。いつもだよ。最高の魚を逃す余裕なんてなかった」

ミッチェルによれば、そこから獲れたてシーフードのビジネスが始まったという。ファーマーズマーケットが小規模農家に販売経路を創造したように、これをきっかけに漁師の新たな販売経路が誕生する。やがてミッチェルは、全米五〇州すべてにシーフードを提供するようになった。当初、ジルベール・ル・コーズはミッチェルに会うことに興味を示さなかったが、その彼でさえ、一九九〇年代はじめになると〈ル・ベルナルダン〉に彼を招待した（「ル・コーズは私を自分の厨房に連れてくると、じっとこちらを見据えた。緊張しているときの癖で、右目がピクピク動いていたな。それから『きみが最高の魚を届けられなければ、つまり、水揚げされたばかりの魚に見えなければ、この話はなかったことにしてくれ』って言うんだ」）。まもなくル・コーズのレストランは、〈ブラウン・トレーディングカンパニー〉の最大の顧客となり、今日まで良い関係が続いている。

＊

獲れたてシーフードビジネスによって、アメリカのシェフたちに完璧な魚が提供され、小規模の漁師も発展性のあるビジネスに関われるようになった。しかも、従来の漁業とは異なり、このビジネスでは漁の方法にも配慮が行き届いている。

技術が進歩し、底引き網漁の焦土戦術が採用されるようになると、豊富な海の資源は無尽蔵であるかのような印象が出来上がった。ちょうど、食べ放題のバイキングで山盛りにして出される小エビを思い浮かべてみるとよい。一九八〇年代から九〇年代にかけては魚の乱獲が進み、終わりのない豪華なパーティーの様相を呈した。これはやりすぎだと理解していた人たちのなかには漁師自身も含まれていた。そして漁師たちは将来の問題について警告し、規制を求める者も少なくなかった（しかし漁師が政府の介入を求めると、おかしな展開になってしまう）。

パラディンやル・コーズ――そしてふたりのあとに続いたほかのシェフたち――が獲れたてシーフ

ード市場を創造していなければ、とっくの昔に大型船が海底をきれいにさらっていたはずだとミッチェルは強調する。「未だにその可能性はあるよ。でもシェフのおかげで、よい漁師とそうでない漁師が区別されるようになった。小規模の漁師は悪くない。解決策の一部なんだ。よい時期、つまり魚が太って味がよいときに漁を限定し、まだ若くて味が悪く、生殖能力が発達していないような魚はつかまえない。大型船にはそこまでの配慮ができない」とミッチェルは言った。

でもシェフにも責められる点はある。パラディンやル・コーズは魚の需要を掘り起こし、それが供給網を発展させ、結局は漁業そのものを損なった。この皮肉な展開を理解するのは難しいことではない。シェフが高い品質のシーフードにアクセスしやすくなり、アメリカ人が馴染みのなかった海の幸を楽しめるようになったことについては、このふたりは最大の功労者である。しかし結局それが触媒作用となり、推奨した魚の多くは個体数が減ってしまった（ふたりはこの皮肉な展開を見届けずにこの世を去った。ル・コーズは一九九四年、四九歳のとき心臓発作で急逝し、パラディンは二〇〇二年、五五歳のとき肺ガンで亡くなった）。

誰もこのような展開を予測しなかっただろう。人気のない魚を普及させようと努力するアンヘルに対し、秘められた危険を指摘したカールは例外と言えるかもしれない。しかしそのカールさえ、かつてはたくさん生息していたアンコウやガンギエイが激減したスピードには驚いている。いずれも二〇年前、ル・コーズが世に普及させた魚だ。シェフの影響力は大きく、その傾向は未だに続いている。

最近、ミッチェルはポートランド魚市場を訪問後、僕に連絡をくれた。「いまでは約九トンの漁獲だと、『すごい、今日は大漁だ』って漁師たちは喜ぶ。一九八八年には九〇トンで同じせりふを言ったものだよ」

実際、シェフは深刻な状況に追い込まれている。漁獲高が激減して価格が高騰した結果、新世代のシェフはメニューに魚を載せるために苦労しており、見通しの暗い将来に暗澹たる思いを抱いている。魚をもっと上手に管理できる方法を考案し、それをサポートしていくための解決策はあるのだろうか。あるいは料理に使う魚を減らしたほうがよいのか。地元産の魚を減らすべきか、それとも人気のない魚を増やすべきか。いや、もっと養殖魚に頼るべきなのだろうか。

この二〇年間、僕たちシェフは特定の魚を普及させたりボイコットしたりすることで影響力を示してきた。魚Aには賛成、魚Bには反対という具合に。一九九〇年代末の「メカジキにチャンスを」というキャンペーンはその一例で、これは素晴らしい成果を発揮する。全米で七〇〇人以上のシェフが、人気料理のひとつをメニューから外すことを公約したのだ。その後、さらに何千人ものシェフがその行動を見倣った。

管理の行き届いた特定の漁法（「チャサムさんの獲れたてのタラ」「アラスカのキングサーモン」「メイン州のダイバーが収穫したホタテガイ」「一本釣りのコダラ」「持続可能なスズキ」など）にわざわざ注目するのは、かえって不自然な印象を与えるかもしれない。しかし人びとの意識を高め、正しい漁業を守るためには、これは貴重な第一歩と言える。

だがこうして、おいしくて持続可能な代替品を宣伝すれば、知らないうちにこれらの資源の未来を危険にさらしてしまうのだろうか。答えは容易に見つからない。

第22章　文化の継承と環境保護

リサとカールを交えたランチの席で、アンヘル・レオンはアルマドラバのマグロ漁が古代から受け継がれてきた儀式だと語った。それを聞いて、僕はなかなか面白そうで学ぶ価値がある漁だと思った。だが、それは博物館で重要な展示品を見たときと同じような印象で、わざわざ現地を訪れてみたいとまでは思わなかった。特にアンヘルとカールの激論を聞いて以来、アンヘルに悪気があるわけではないが、アルマドラバについて勘違いしているのではないかという疑念がつきまとっていた。実際に漁を見ないまま、僕はカールの味方をしていた。クロマグロ漁についての彼の見解は難しくないし（だめなものはやらない）、持続可能性についての考え方（生き物は文化に勝る）はわかりやすい。絶滅の危機に瀕している魚の量を法律で禁止することは、理に適っているように思えた。

ところが半年後、アンヘルからリサに連絡があった。すごく面白いプロジェクトを計画していて、ミゲルたちの〈ヴェタ・ラ・パルマ〉とパートナーを組むことにしたというのだ。まさかアンヘルからそんな言葉を聞かされるとは。〈ヴェタ・ラ・パルマ〉なんて訪問するまでもないと考えていたはずではないか。正直なところ、僕はちょっぴり嫉妬に駆られたが、すぐにこのパートナー関係についてもっと詳しく知りたいと思うようになった。アンヘルとミゲルのパートナー関係は、必然の結果かもしれない。互いに足りない部分を補い合えるのではないか。

それからおよそ一週間後、アンヘル本人から連絡があった。「革命的な新プロジェクトについて、世界が知る前に」ぜひ見てもらいたいと言う。また、アルマドラバ漁をする船長にアンヘルのファンがいて、僕に漁を見せてくれるそうだ。

アンヘルの電話を切った直後、リサから電話がかかってきた（彼女も乗船を許されていた）。「部外者にアルマドラバ漁の見学を許すなんて驚いたわ。きわめて異例よ。特に外国人にはね！」

僕は〈ヴェタ・ラ・パルマ〉のミゲルに声をかけてみた。この絶好の機会にどんな反応を示すだろうか。電話の向こうでしばらく沈黙が続いてから、ミゲルはこう言った。「お邪魔にならなければ、ぜひご一緒したいな。アルマドラバ漁の船に乗ることは、僕の夢だったんです」

その週のうちにアンヘルから再び電話をもらったことで、漁を見学する決心がついた。「絶対に来なくちゃ。ローマ人と同じものを見られるんだよ」。そこで僕は、招待を受けることにした。

アルマドラバ——三〇〇〇年の伝統漁

リサとミゲルと僕は、アルマドラバ漁を体験する前夜に打ち合わせをすることにした。場所はスペイン最南端のカディス県のバルバテにあるレストランの〈エルキャンペロ〉。ここは大西洋と地中海のあいだにはさまれ、小さな町や絵のように美しい海岸線がいまもそのまま残されている。高層ビルや安っぽい観光名所が海岸の景観を損ねる以前の、古き良き時代の雰囲気を漂わせている。カディスには暖かさもあるが、それはイベリア半島特有の焼けつくような太陽によるものだけではない。ほかの場所に比べて、ここの人たちは友好的でのんびりした印象を受ける。おそらく、のんびりしすぎているせいか、この数十年間、カディス県の失業率はスペインで最も高い。

アルマドラバ漁が行われる海岸沿いの町のなかでバルバテは最も有名であり、レストラン〈エルキャンペロ〉はクロマグロの中心的存在だ。ブルックリンやバークレーならば、〈エルキャンペロ〉のような場所で出される料理は「ノーズ・トゥ・テイル・ダイニング（丸ごと料理）」と表現されるだろう（それでも控えめかもしれない。ここではマグロの頭、心臓、耳、精液まで注文できる）。しかしこのレストランは明るい雰囲気で奇抜な要素がなく、気取った雰囲気もない。面倒な決まりごとはないし、動物を丸ごと利用する料理につきものの大げさな騒ぎとも無縁だ。

ミゲルを待っているあいだ、ここではクロマグロがいかに生活に密着しているかをリサが説明してくれた。「エスキモーは雪に五〇通りの呼び名をつけているでしょう。それと同じで、バルバテの人たちは、マグロの部位を二五通りの呼び方で表現するの。これは一時的な流行ではないのよ。バルバテの人たちがマグロに対して抱く思いは、ほとんどのスペイン人がハモンイベリコに抱く思いと変わらない。料理の形をとって表現された文化で、地域のアイデンティティと深く結びついているの」

リサの説明を聞きながら、この瞬間まで思い浮かばなかったある事実を僕は認識し始めた。ミゲルと〈ヴェタ・ラ・パルマ〉が（そしてエドゥアルドとデエサが）僕に強烈な印象を与えたのは、少なくとも一部はリサのおかげだった。そもそも彼女が通訳を引き受けてくれなければ、このような形での訪問は実現しなかっただろう。そして何より、彼女が豊かな情報を提供してくれたことはありがたい。料理、歴史、宗教、文化に関する情報をリサから得られなければ、僕の理解はかなり違っていたはずだ。

「ファーム・トゥ・テーブル」を謳った料理にかぎらず、持続可能性に配慮した料理は常においしい食事以上のものを目指す。農家とシェフの関係、コミュニティとエコロジーの結びつき、すなわち料理を背後から支えるストーリーが、料理そのものよりも重要な要素であるとも言える（ハモンは絶妙の味だが、二〇〇〇年ものあいだ守られてきた景観がハムに集約されていると思えば、なおさら味わい深いものになる）。ウェイターはしばしば料理と客のパイプ役となるが、フードライターがそれを務めるときもある。あるいは〈ストーンバーンズ〉では、研修センターが農家とレストランの橋渡し役となっている。しかしここスペインでは、新しい経験の背景に対する理解を助けてくれるのは、言語や文化についての造詣が深い通訳であるリサのような人物だろう。

ミゲルは元気そうな様子でやって来た。これから中国人の女の子を養子に迎える予定で、最近は中国の歴史について学ぶのに忙しい毎日だったという。さらに一年前から中国語の勉強も続けており、難しくて大変だけれども、やりがいがあると考えていた。「もちろん娘はスペイン語を話すようになるでしょう。でも、自分のルーツについてもわかってもらえれば嬉しいなと思って」

美しい午後になった。町全体が太陽の明るい光に包まれている。外のテーブルに移ってもいいかな、と僕はウェイトレスに尋ねた。すると席は全部空いているのに、彼女は当惑した表情を浮かべ、僕たちが移動し終わっても、外に行きたがるなんて信じられないといった面持ちだ。そしてスペイン語で何か早口でつぶやくと、「レバンテ!」と大声で言った。僕が理解に苦しんでいるように見えたのだろう。「観光客なの?」といった表情をしながらリサとミゲルに目を向けた。

ミゲルはここに来る途中、車のラジオでレバンテの警報を聞いていた。彼の説明によると、レバンテとは地中海から吹いてくる強風で、この地域の漁師たちを昔から悩ませてきた。言い伝えによると、風があまりにも強いときは、死人の魂が墓から迷い出てくるとされている。また、フランスのミストラルのように、この風が吹くと頭が少々混乱するという言い伝えもある。いずれにせよ、吹いてくる方向によって特定されるこの風は、漁獲高ひいては漁師の生命すらも左右する存在だと言える。

ウェイトレスが注文したビールを持ってきて、快適ですか、と尋ねた。風はそよとも感じられないし、吹いてくる気配もない。しかし彼女はきわめて深刻そうな表情を崩さない。大丈夫だから心配しないでと言葉をかけると、肩をすくめ、責任から免れてやれやれといった様子で退散した。

二杯目のビールを頼む頃には、ミゲルは椅子にゆったりと腰かけ、バルバテの町のほうに視線を向けていた。ちょうど、崩れそうな家屋の側面を傾きかけた太陽が赤く染めている。僕は〈ヴェタ・ラ・パルマ〉について尋ねた。ここではまもなく大きな変化が起きようとしている。なにしろミゲルたちの養殖するスズキが、ニューヨーク市に出荷される日も近いのだ。しかしミゲルは、この展開をあまり喜んでいるように見えなかった。

「事務手続きはいつ完了してもおかしくない状態です。そうしたら一種のスパイラルに陥って、抜け出せなくなるでしょう」と彼は言ってから、いけないと思ったのか、「よい意味で、ということですよ」と補足した。

それからミゲルは席を立って化粧室へ向かった。よい意味のスパイラルってどんな意味なのかな、と僕はリサに尋ねた。ひょっとして、仕事のストレスがこたえているのだろうか。リサは肩をすくめてつぶやいた。「レバンテのせいじゃないの」

ミゲルが戻ってくると、海外での養殖魚の販売は気が進まないのかと尋ねた。「いやいや。これはすごく面白い計画ですよ。でも、スズキを実際に何匹売ることになるのか、心配なんです」。〈ヴェタ・ラ・パルマ〉は需要が増えても十分に応えられるだけの魚を準備できるという印象を抱いていた僕は、ミゲルのこの告白には驚かされ、詳しい説明を求めた。

「たしかに僕たちには、もっとたくさん魚を売るだけの余裕があります。シェフが一斉にスズキを要求しないかぎりはね。いま、うちでは年間一二〇〇トンの魚が生産されていて、そのうちの九〇〇トンがスズキです。スズキを売ること自体に問題はありません」

何が問題なのか、よくわからないと言うと、ミゲルは説明を続けた。「うちのシステムの環境収容力〔ある環境において継続的に存在できる生物の最大量〕はおよそ二万トンだと考えています。それ以上になると魚の品質が落ちるし、養殖場の環境も破壊されてしまう」。二万トンは、決して大量の魚とは言えない。ニューヨークのシェフたちが僕と同じ魚を食べて感激したら、養殖場からの供給量は数日で底をついてしまうだろう。いや、ラスベガス、サンフランシスコ、ロサンゼルスなど、ロッド・ミッチェルの得意客のシェフはあちこちに存在していることまで計算に入れれば、数時間で品切れになるのか。ミゲルはうなずいた。

そのとき、しばらく続いた沈黙をリサが破った。「ねえ、他の養殖魚の人気が出れば、もっと生産量を増やせないかしら」

「増やせますよ」と答えて相手を見るミゲルの顔には、安堵と困惑の表情が浮かんでいる。安堵したのは、これほど明白な事実について初めて尋ねられたからだろう。「絶対に大丈夫です。以前も説明しましたが、養殖といってもスズキは半粗放的に育てられています。少なくとも三月から七月までは、時にはもう少し長いあいだ、植物プランクトン、動物プランクトン、小エビのような甲殻類、小さな野生魚など、敷地内の天然の飼料を食べて暮らします。そしてそれ以外の時期には、乾燥飼料や魚粉が補助的に与えられます」

「どの魚も同じというわけ？」と僕は尋ねた。

「いいえ、とんでもない」。ミゲルはビールのグラスをわきによけると、身を乗り出して、「たとえばボラは、完全な粗放養殖です」と言ってから言葉を切り、僕が理解していることを確認して続けた。「人工の餌はいっさいやりません。いいですか、スズキってやつは獰猛な捕食者なんです。肉食系で、生態系ネットワークの上位に位置しています。だから、こいつらを育てるためのエネルギーは、ほぼ草食系のボラに比べて大きくなるんです。ボラは生きて子孫を残すためのエネルギーをそれほど必要としません。大きい魚は大食漢で、小さい魚は食が細い。熱力学の第二法則〔エネルギーの移動の方向と質に関する法則〕をエコロジーに当てはめればこうなります。実際、エコロジーにはたくさんの法則があるわけではないけれど、これはエコロジーの原理と言ってもよいでしょう」

ちょうどそのとき、まるでスイッチが入ったかのように、強い風が突然吹いてきた。一瞬、空気が激しく攪拌されて、テーブルも僕たち三人も飛ばされそうになった。そして突然、再び風はぴたりとやんだ。静けさが戻ってきたが、さすがに今度は少々不気味な雰囲気が感じられる。

しかしミゲルはそれにほとんど気づかず、説明を続けた。「ボラはろ過摂食をするんです。いつでも余分な栄養素を取り除いてくれます。いちばん重要なのは窒素とリンかな。ボラのようにろ過摂食をする魚がいないと、余分な栄養素が水中に残されて濃度が高くなります」

「藻が繁殖するわけだね」と言って、僕は仕組みを理解しているところを見せようとした。

「そうです」とミゲルは、椅子の背に少しもたれながら相槌を打った。「みんなのために働いてくれます。ここでは生態系のネットワークが構築されていて、ボラはそのネットワークの要なんです。このネットワークのなかで、かりにボラの市場が存在するようになれば、需要に応じて生産量を倍増するのは可能でしょうね」

「うーん、どうかなあ」と僕が言うと、「やっぱりだめですか。ボラを売るのは難しいですか」と、ミゲルはあえて反論しなかった。

「僕の好きな魚じゃないね」

「あなたはきっと、商品価値がいちばん高くて、生態学的価値はいちばん低い魚に恋したんですよ」とミゲルは言った。たしかにそうかもしれない。

日本人がやって来た

ディナーを予約していたので、僕たちは室内に移った。アンヘルの手配で、バルバテの市長が食事に同席し、僕たちを歓迎してくれることになっていた。席につくと、リサの電話に市長から連絡が入った。

「もうお聞きおよびかと思うが、レバンテのやつに邪魔されてね」と電話の向こうの市長は、自己紹介もせず本題に入った。

「つまり、アルマドラバ漁は不可能という意味ですか」とリサが尋ねた。

「そんな、そのためにわざわざ来たのに――」

市長はリサの抗議をさえぎると「まあまあリサさん、ここはバルバテですよ。不可能なんてありません」と言って、まもなくそちらに向かうと約束した。

メニューを待つあいだ、僕たちはリサからアルマドラバ漁について講義を受けた。リサは紙ナプキンの裏にスペイン南部の地図を大まかに描くと、「ここが私たちのいる場所」と言って、スペインの最南端の近くに×印を付けた。つぎに「アフリカはすぐ近く」と言って、あまり離れていない場所にアフリカの南西のはずれにあるモロッコの海岸を描いた。ふたつの国、すなわちふたつの大陸を隔てているジブラルタル海峡の幅の最も狭いところはわずか十数キロメートルで、海というよりも川のようだ。

「もちろんジブラルタル海峡は、ここ大西洋と、ここ地中海を結んでいるわ」と言ってリサは大西洋の場所にバツ印を付け、海峡の向こう側のバルバテのはるか右側にもうひとつの×印を付けた。そして「マグロは大西洋から海峡を通って地中海に移動して、そこで卵を産むのよね。頭にプログラムされているの。そしてこの海岸沿いに、アルマドラバ漁の網が迷路のように張り巡らされるわけ」と言いながら、バルバテや海岸沿いのいくつかの町を直線でつないだ。

「マグロが海峡に押し寄せてくると――いや、最近は押し寄せるというよりぼちぼち訪れるという感じかな――群れの一部は海岸の近くまで泳いでくる。そのとき網に魚が入ってくるの。網は五月半ばから六月か七月まで設置されるけど、毎年その期間は漁獲高や天候やマグロの数によって左右されるわ。マグロは大きな網から小さな網へとだんだん追い込まれ、最後はサッカー場ぐらいの囲いのなかに閉じ込められる。そこではじめてレバンタ（直訳すると持ち上げるとか引き上げるという意味で、レバンテと紛らわしいが同じではない）が始まり、網が引き揚げられるの」

網は細かいけれど、小さなマグロなら逃げることのできる大きさは確保されている。だから小さい魚たちは網をすり抜けて地中海まで到達し、ライフサイクルを継続していく。

クロマグロのトロを薄くスライスした一品をウェイターが運んできた。驚いたことに箸とわさびと醤油が添えられていて、スペイン南部の伝統料理専門のレストランには不釣り合いな印象を受ける。僕はキャロライン・ベイツとの一件があってからクロマグロを料理していないし（食べてもいなかった）。あのときの思い出は鮮烈で、しかもこの数年は色々な事実を学んできたので、目の前のクロマグロに食欲をそそられなかった。手を付けるのをやめようかとも思ったが、クロマグロに力を入れているレストランでそれは失礼だろう。

僕が意を決して箸を手に取った頃には、ミゲルはほとんど食べ終わっていた。そして「これはすごくいいね」と、刺身をほおばりながら感想を述べる。「このわさびは、タンザニアで食べたインド料理を思い出すなあ。いい味だよ！」

持続可能性の擁護者がトロを夢中で食べているなんて。目の前の状況をどう受け止めればよいか、頭のなかをうまく整理できないうちに、〈エルキャンペロ〉のシェフのペペ・メルロが突然現れた。ペペは背が低くてずんぐりした体格で、丸い顔はよく日に焼けている。大きな口ひげとは対照的に小さく奥まった目で、自己紹介をする私たちに順番に視線を走らせながら、彼は「マグロのちょっとしたお試しメニューを準備してくれって、アンヘルから頼まれてね」と恥ずかしそうに話した。ミゲルはにっこり笑い、うなずいて賛同している。

僕は皿のなかの醤油を指さしながら、日本人の影響について尋ねた。ぺぺによれば、およそ三〇年前に日本海でクロマグロを見つけにくくなった頃から、バルバテや周辺の町を日本人が訪れ始めたという。そしてアルマドラバのマグロの品質のよさに感銘を受け、大量に買い付けるようになり、やがて日本の船が漁場の調査をするためにやって来た。当時、スペインのマグロのほとんどは保存処理されるか缶詰に加工され、生で食べる習慣がなかった。これはチャンスだと直感したぺぺは、日本人船長お抱えの料理長を厨房に招待する。

「信じられないような光景だった」とぺぺは回想し、ひたすら包丁さばきに見とれていたと打ち明けた。相手はスペイン語を話さないし、こちらは日本語を話さないのだから、じっと見ているしかない。料理長たちが披露してくれた解体方法はまったく新しいもので、腹の部分のトロから切り始めた。「脂肪の含有量に応じて切り分けていくことに強くこだわっていたな。そうすると、うんとおいしくなる」

マグロの解体方法もずいぶん違った。およそ三〇〇〇年前から、ここでは野蛮な方法が受け継がれてきた。マグロは首の部分に鉤をひっかけ、船に引き揚げると棒で叩き殺された。「血まみれの恐ろしい場面だった」とぺぺは悲しげに回想した。ところが日本人は、まったく新しい方法をスペイン人に教えた。網を引き揚げ、マグロの尾の部分にロープを結び、引き揚げるとすぐ氷水に落とし、それから喉に切り込みを入れる。

「それってうちのやり方とそっくり同じだね。大切なことだよ」とミゲルが興奮気味に言った。ストレスを最小限に抑えた人道的な殺し方をすればマグロの味がぐっとよくなるので、価格も高く設定することができる。

「いまでは、死は冷たく甘美な瞬間になった。以前はもっと血なまぐさいものだったけれどね」とぺぺは言ってから言葉を切り、マグロの最後の瞬間の変遷に思いを巡らせて言った。「たしかに以前は圧巻な場面だった」

「日本人がなぜアルマドラバのマグロを好むのか、理由を尋ねたのですか」とリサがぺぺに訊くと、「脂が乗っていたからだよ！」と答えながら、ぺぺは真剣な表情になって続けた。「言い伝えによれば、マグロは生涯のある時期、地中海の誘惑を聞き取るらしい。ちょうど肉が最高の状態のときで、マグロを食べるには絶好のタイミングだ。誘惑に駆られたマグロは産卵のために地中海へと向かうが、なぜ網に入ってくると思う？」と問いかけ、僕たちを順番にじっと見据えた。誰も想像すらできない様子を見て面白がっているようだ。「これにも言い伝えがあってね。脂肪で膨らんだマグロの腹がかゆくなるんだ。はらんだ女性みたいに。だからかゆみから解放されたくて、浅い場所に引き寄せられるんだよ。そしてこのとき、網にあやまって入り込むわけさ」

ぺぺがマグロにまつわる言い伝えを紹介しているあいだ、僕は思わずトロの切り身を醤油に浸し、口に放り込んだ。信じられない味だ。これまで食べたどのマグロよりもまろやかで、強烈な印象が残る。僕はぺぺに感想を伝えた。

「そりゃあ、そうだよ」と彼は驚きもせず応じた。「アルマドラバのマグロはいまが旬だからね。すべてのエネルギーが筋肉内脂肪に向かっているから、この時期は完璧な味が創造される」。僕はディヴィッド・ブーレーが厨房で賞賛したコッパーリバー産のサーモンを思い出した。僕はこれまでずっと、日本人がアルマドラバのマグロを購入するのは、漁獲量が減少したからだと考えていた。世界でいちばんマグロ好きな国民の食欲を十分に満たすため、わざわざ出向いてくるのだと想像していた。しかしいま、アルマドラバのマグロを食べて、その絶妙な味も彼らの興味を大いにそそったのだという事実を理解することができた。

ペペは僕に大きくうなずいて見せると、話を続けた。「ところが近年、脂肪の量がかなり減ってね。信じがたいけれど、本当なんだ。つい先日も、ある若いコックが首肉をソテーする場面に立ち会った。フライパンを適温に温め、オリーブオイルも適量入れ、彼のやり方に何も落ち度はなかった。でもおれは猛烈に腹が立って、そいつを厨房から叩き出すところだった。彼が間違っていたわけじゃなくて、がっかりしたんだ。だっておれが若い頃には、もっと脂肪がたっぷりで、フライパンにオリーブオイルを入れる必要なんてなかったんだから。天然の脂肪がじゅわっと出てきて、多すぎるほどだった。マグロに何を加えなくても、料理ができたんだよ」

やがて市長が到着した。入口からせわしげに歩いてきて、あちこちで握手を交わし、ひとりの老人の頭を両手ではさむと両方の頬にキスをして、今度は人差し指を銃のように構え、べつの人物を指さす。リサと頬と頬をすりよせてあいさつを交わしながら、手を脇から伸ばして僕と握手した。

「ようこそ」と前置きをしながら、市長は僕のほうを向いた。「あなたのお仕事についてはかねてより聞いています。お迎えできるなんて、バルバテにとって素晴らしい一日になる。明日は我々の伝統の継承をお手伝いいただけるなんて、嬉しいかぎりだ。なにしろ三〇〇〇年の伝統ですからね。私も戦わなければいけないでしょう。そのつもりです」。そう言うと、座ってもよいと手で合図する様子は、まるで会衆を統率する牧師のようだ。そしてコートを脱ぎながら今度はリサに語りかけた。「もちろん、風が邪魔しなければの話ですよ。英語ではなんて言うのでしたっけ。トータリーファクト（どうしようもなくやられる）だったかな」

べつのウェイターが空になったトロの皿を片づけた。「お気に召しましたか？　信じられないおいしさだったでしょう」と市長は、僕の答えを待たずに話をどんどん進めていく。「私が子どもの頃は、この季節になるとものすごい数のマグロがやって来ましたよ。浜辺に打ち上げられたマグロがどんどん積み重なっていくんです。腹の部分に大きく噛みつかれた跡が残っているやつもあってね。サメにもおいしさがわかったんです！」

二番目の料理がやって来た。ウェイターは「モハマです」と言って、マグロの塩漬けを載せた皿を勧めた。これはスペインでは有名な珍味で、マグロは数日間塩漬けにされた後、水洗いされ、それから屋根の上に並べて強い日光と風で乾燥させる。ミゲルは薄いスライスに手を伸ばした。「海のハムだ」と感想を述べたミゲルを、市長は満足げに一瞥した。

僕は指先でスライスをつまみながら、小さな毛細管のように張り巡らされている白い脂肪に感動した。薄切りにされるのが伝統のモハマで、脂肪がこれだけ細かく表面を走っているものは見たことがない。僕はエドゥアルドが光にかざしたハモンイベリコを思い出した。そのハムは、「育った土地を完璧に表現している」かのように、脂肪の筋がクモの巣状にきれいに張り巡らされていた。そして目の前のモハマは、海を完璧に表現している。僕は海からの贈り物を夢中で食べた。

市長はひたすら話し続けた。「当時、一九六〇年代までのことですが、この住人の誰もがマグロで生活していました。魚が解体され加工される作業場もたくさんあって、保存食品や缶詰が作られました。でも、バルバテの住民が食べるのは残り物だけで、加工されたものはスペイン全土で売られます。利益になるものを食いつぶすわけにはいきませんからね！　でも、残り物にもおいしい部分はあった。たとえば首肉のソテーはいつでも人気が高い。ぺぺからこれについて聞きましたか。脂肪をたっぷり含んでいるから、鍋に油を引く必要がないという話を」。僕たちがうなずくと、「彼はあの話をするのが大好きでね。私も本当だと思いますよ」と市長は言った。

やがて市長は、はじかれたように席から立ち上がり、レストランに入ってきたふたりの地元客にあいさつをした。そして皿が片づけられると再び腰をおろし、中断していた話を再開した。「マグロばっかりで溺れそうでしたよ。ところが一九六〇年代の終わり、マグロ業界がいきなり崩壊したんです」

「資源が枯渇したのですね」と僕は訳知り顔で言った。

「いや、アンチョビです！」と彼は言って、再びゲストを迎えるために立ち上がり、年配の男性と握手を交わした。

そして再び腰をおろした彼は、ビールのお代わりをウェイターに命じた。「いや。バルバテの住民がアンチョビの仕事に乗り換えたんです。ペイがよかったんだ。昔はアンチョビのほうがずっと金になったし、おまけにマグロは仕事が三カ月しかない。三カ月のあいだ、とにかく一生懸命働く。それがいまになってどうです。政府が一日の漁獲量を規制しはじめ、マグロ漁の全面禁止を世界中が求めるようになると、『ちょっと待ってくれ。これはおれたちの伝統なんだ』と言い出すんだから。取り上げられそうになったら、手放したくなくなったんですよ」

つぎの料理はマグロの心臓だった。「ぜひ食べてください。病み付きになりますよ」と市長が勧めたとき、彼の携帯電話が鳴った。心臓は光沢があり、薄くスライスされている。歯ごたえのあるビーフのようで、仕上げに海の香りを添えた印象だ。

「あなたたちの船の船長からですよ。風がひどいそうだ」と市長は、相手に聞こえないように電話を押さえながら説明した（リサは両手を上げ、私のほうを見て、「風ですって？」とつぶやき、「いまいましい風」と言った）。

ウェイターが今度は、「キャンディー」のように棒に刺した魚卵を持ってきた。リサとミゲルは魚卵の定義で意見が一致せず、生殖腺（精子の入った嚢）と同じものかどうか議論を続けている。「いや、精子じゃない。もっと洗練された味だ」とミゲルは言った。

市長が再び電話をふさぎ、運ばれてきた魚卵を見て「タマだね」と威厳たっぷりに言った。

「そんな言い方はやめてください」とミゲルは大真面目に抗議した。「哺乳類にはたとえられません！」

市長は肩をすくめ、ようやく電話を切った。「実のところ、漁は私の管轄外でしてね。午前一〇時までには決めるそうです。風が吹かないよう祈りましょう」

さらにもうひとつ、マグロ料理が出てきた。今度はマグロの首肉のソテーで、ペペが先程説明してくれたように、たっぷりの脂肪がにじみ出ているように見える。「これは私も食べようかな。好物なんだ」

と言うと、ウェイターが市長にも皿を持ってきた。「私はマグロにほれ込んでいる」と市長は説明した。「でも、一年のうち三カ月しか食べない。イースターからサンファン、つまり一年で一番昼が長い日までに限定される。そのあいだはマグロのことしか考えない。でも、そのあとは食べないし、考えもしない」

クロマグロは将来も十分に確保できるでしょうか、子どもたちが楽しめると思いますか。そう尋ねると、市長は言葉を選びながら答えた。「マグロはあちこちで騒動を引き起こしているけれど、まったく問題はない。漁獲割当は効果を発揮していて、資源は回復している」

アルマドラバ漁が中止されるかもしれないと午前中に聞かされ、未だに納得いかないリサは、クロマグロの減少を裏付ける統計をつぎつぎと指摘して市長に説明を迫った。市長は落ち着かない様子で部屋を見回すと、小さな声でこう言った。

「いいですか、大事な仕事を奪うわけにはいきません。我々の漁には三〇〇〇年の伝統があります。日本人がここにやって来てからは三〇年しかたっていない。ところがそれ以来、資源が九〇パーセントも減少したというじゃないですか」。リサに向けた顔には、どうか常識的に考えてくださいよと言いたげな表情が浮かんでいる。「アルマドラバ漁での漁獲量は一年に七〇〇トン。大きなトロール船なら、これは一日の漁獲量ですよ。それでも我々に落ち度がありますか」

いまではアルマドラバのマグロのほぼすべてを日本人が購入しているのだから、日本人に対する感情は複雑ではないかと僕は尋ねた。

「日本人は何も悪いことをしていませんよ」と市長は大きな声で言った。「日本人とは素晴らしいパートナー関係を築いている。ものすごく素晴らしい関係をね。問題なんかない。ゼロだね。カディスと東京を直行便で結んでほしいくらいだ。そうすれば日本人がカメラを手に小さな帽子をかぶって浜辺を訪れ、マグロを目撃できる」。ソテーの皿が片づけられるあいだ、市長は一瞬だけ沈黙した。「数年前、日本の大使がバルバテを訪問しました。私が彼の奥さんに二回キスしたら、彼女は見るからにうろたえていたな。でも、私はかまわない。スペインに来たら、我々のやり方を受け入れないとね。だから私が日本に行くときは、キスなんかしない」

最後の料理である地元産の小さな魚の丸焼きが運ばれてきた。市長は自分の町の将来に対する日本人の影響について、感謝するかと思えば後悔を示し、揺れ動く気持ちを隠そうとしない。彼の葛藤は当然だろう。クロマグロを最高値で購入してくれる日本人は頼りになる存在だ。しかし同時に、日本人の需要が資源の衰退を招き、アルマドラバ漁の存続、ひいては市長の地元の町の存続を脅かしているのだ。「おそらく資源を回復させるため、アルマドラバ漁を数年間中止するべきなんでしょうね。でもそんなことをすれば、みんなが職を失ってしまう」と静かに話す市長の顔は、そんなことはできないと物語っている。「我々に何ができますか。漁をするのは、一年のうちのたった三カ月じゃないですか」。市長は言葉を切って私に視線を据えた。「それを三〇〇〇年も続けてきたんだ」

乱獲と養殖

翌朝、リサとミゲルと僕は、バルバテの埠頭沿いにあるバルで市長と落ち合う予定だった。レンガ造りの通りは人気がなく、散乱しているごみを風が舞い上げていく。船は海岸に待機している。漁についての決定は午前一〇時に下されるが、市長はディエゴ・クレスポ・セビージャとの朝食ミーティングを手配してくれた。ディエゴは四隻のアルマドラバ船のオーナーで、網の接地場所のなかでも重要な箇所を監督している。

バルにはほとんど客がいない。年老いた漁師が数人、タバコを指にはさみ、もう一方の手でエスプレッソのカップを握りしめている。前夜注文されたタパス〔小皿料理〕のレシートが数枚、しわくちゃになって床に散乱している。過去の栄光を賛美するかのように、壁には一九四〇年代から五〇年代にかけての白黒写真がずらりとかけられている。左側は闘牛の写真で、マタドールが剣を振りかざし、傷ついた牛がみじめに屈服している。そして右側にはアルマドラバ漁の写真が並んでいた。巨大な白い波を背景に、こん棒で殴られて血まみれのマグロを勇敢な漁師たちが得意げに見下ろしている。写真はどれも同じストーリー、すなわち自然に対する人間の勝利を表現しているが、人気のない朝のバルで時間をつぶしている老漁師たちを見ていると、べつの感情にとらわれた。結局どちらも勝者ではないという思いが、古い魚の悪臭のようにわき起こり、強烈な印象を僕に残した。

やがて市長が到着し、それからまもなくディエゴもやって来た。ふたりとも、道を開けてくれた老漁師たちと握手を交わした。

市長が僕たちを紹介してくれた。「ディエゴ、私の友人たちだ。偉大なアルマドラバ漁を体験するため、わざわざ来てくれた。いま待機して――」

ディエゴは市長を無視して僕たちと握手した。「まもなく決定について知らされるが、どうも見通しがよくない」と彼は威圧的な様子で情報を伝えた。「風は年々ひどくなっているようでね」「アルマドラバ漁には都合悪いが、ウィンドサーファーにとってはありがたいな」と市長は言って、ほかの支持者の感情にも慎重に配慮した。

ディエゴの外見からは、波止場でシェリー酒を飲みながらだらだらと午後を過ごす人物のような印象を受けた。しかし身のこなしは経験豊かなビジネスマンのようで、近づきがたくとらえ所がない。スーツの代わりにカーキ色のズボンとスカイブルーのポロのセーターという出で立ちで、素足にローファーを履いている。最盛期にアルマドラバ漁を中止するのは、漁師にとって経済的打撃にならないのでしょうか？ と僕は尋ねた。

「いや、今日の時点で、今年の割当の七八パーセントをすでに確保している」と彼は説明を始めた。「アルマドラバ漁の季節は少なくともあと一カ月、いやもう少しかな。あと一日か二日漁に出れば、目標を達成できるだろうな」。バーテンダーがディエゴにエスプレッソを持ってきて、料金の受け取りを拒んだ。この発言に、市長は苛立ちの表情を浮かべたが、ディエゴは説明を続けた。「私が子どもの頃は、スペインの沿岸にアルマドラバの網が一七も張られたものだ。それがいまは網が四つしかない」

「そうなんだ、この悲劇を四つで食い止めなければいけない！」と市長が話に割り込み、大きな音を立ててカップをテーブルに置き、みんなの注目を集めようとした。「あらゆる手を使い、残されたものを守らなければいけない」

ディエゴはまたもや市長を無視した。「アルマドラバ漁は、積極的に働きかけるものではない。だから予測も合理化も難しい。ただし、全体的な傾向としては確実に落ち込んでいる」

四〇年前、落ち込む一方のマグロ資源を監督・管理するため、大西洋まぐろ類保存国際委員会（ICCAT、アイキャットと発音）が設立された。小委員会を構成する五〇カ国は影響力が均等ではなく、要求も対立していたから、失敗することは運命づけられていたのだろう。結局、見事に失敗してしまった（カール・サフィナは数年前、ICCATという略語は同じでも、マグロを獲り尽くすための国際陰謀組織と改名するべきだと批判している）[★43]。今日まで、ICCATに所属する科学者が漁獲割当量を提案しても、委員会はそれを公然と無視するばかりか、二倍の漁獲量を提案するときも多い。統治能力のない組織であることは明らかで、資源を破壊するためにルールを利用しているような有様だ。

ICCATの活動についてどう思うか、僕はディエゴに尋ねた。

すると「ICCATは素晴らしい組織です」と市長が勝手に話し始めた。「非常に素晴らしい人たちばかりだ。色々と批判されているのは事実だが、話題にならないだけで努力はしている。ただ残念なことに、色々と厄介な問題に加担してしまった」

ディエゴが手を振り、市長の話をさえぎった。「ここではふたつ、忘れないでほしい。まず、ICCATの数字はそもそも水増しされているが、それすら守られていない。馬鹿げた割当量だが、せめてそれが守られていれば、状況はよくなっていたと思う。ところがスペインが乱獲し、フランスが乱獲し、リビアまでも――」

「リビアだって！」と市長は目を丸くして両手を上げた。

「リビアは乱獲している」とディエゴは続けた。「いいかな、アルマドラバ漁は誠実な漁の最後の砦なんだ。誠実でなければ成り立たない。検査官が埠頭で待ち構えていて、船から降ろす魚を数える。隠すものなんかない。隠せないのだから」。ここで市長がズボンのポケットをつかんで裏返し、何も隠されていないところを見せた。「海では日本のヘリコプターが船を監視している。しかしベトナムはどうだ、あそこは船の上のマグロを厳密に数えない」

ここまでずっと熱心に耳を傾けていたミゲルが、状況を簡潔にまとめた。「アルマドラバ漁は、資源の状態に関する最高の情報源ですね。海の現状を正確に教えてくれる」

「完璧ですよ」と市長がきっぱり言った。「海の温度を測るようなものだ」

そこで僕は、カール・サフィナなど一部の生物学者は一五年前に、今後一五年間の温度について予測をしていたはずだと指摘した。

すると、ディエゴはすかさず応じた。「サフィナ博士が『海の歌』を書いた当時、そんなこともあったな。あの頃はまだ平和だった。マグロの養殖はまだ発明されたばかりでね。それがいまや、こんなにひどい状況を引き起こすとは。この問題を忘れちゃいけない」。そして彼は紙ナプキンで口のまわりをきれいに拭きとり、僕が彼の話をきちんと理解しているか確認するかのように僕の目を覗き込んで言った。「養殖がマグロの運命を決定づけたんだ」

養殖されるマグロの大部分は卵から育てるわけではないとディエゴは説明した。およそ一五キログラムの稚魚を海でつかまえてきて、体重が倍になるまで餌で太らせる。このようなやり方では天然資源の減少を防ぐどころか、逆に衰退を早めてしまうだけだ。クロマグロは、産卵のチャンスを与えられないうちに自然界から取り除かれてしまう*。

ディエゴの話では、マグロの養殖はトロール漁よりも性質《たち》が悪いという。最初僕は論理の飛躍だと思ったが、そうではなかった。「マグロ漁の場合、たとえ大型船であっても、魚をつかまえたあとには船から降ろさなければいけない。つかまえたら降ろして、それからまた出かける。だから休息期間が自然に入るだろう。ところが養殖の場合、たくさんの網でマグロを群れごとつかまえ、養殖場に持ち込み、すぐ海に戻ってべつの群れを捕獲する。これでは回復期間がないじゃないか」

市長は「まったくだ、どうかしている」と相槌を打った。

「そんなのはマグロの養殖場と呼ぶべきではないでしょうね」とミゲルが言った。「絶対に違う。養殖というのは閉鎖的なシステムなんです。たとえば魚だったら、卵を孵化させ、稚魚に餌をやりながら大事に育てていかないと。マグロの養殖場と言っても、それじゃただ海から釣ってくるだけじゃないですか」

養殖マグロには、アメリカで穀物飼育されている肉牛との類似点があるようだ。いままではそんなこと考えもしなかったが、ミゲルの言うとおりだ。アメリカでは牛を牧場から連れてきて、たくさんの穀

＊　近大マグロとは、二〇〇二年に日本の科学者が開発した方法で飼育されたクロマグロのことだ（これについてはカールとの食事の席でアンヘルが酷評している）〔本書一〇一ページ参照〕。ここではかつては不可能だとされていたことが行われており、クロマグロの稚魚を捕まえてくるのではなく、卵の段階から育てている。だがその成功も、水産養殖に内在する問題解決にはあまり貢献していない。養殖マグロを太らせるためには天然の魚が大量に必要とされるため、とんでもないやり方だと非難されても無理はない。小エビの養殖の場合、およそ五〇〇グラムの小エビを収穫するためには餌として二倍の量の魚が必要だ。一方、トラやライオンのような頂点捕食者であるマグロの場合、二〇倍近くの量の餌が必要とされる。しかもマグロは食べものの好みがうるさく、イワシ、アンチョビ、ニシンなど、美味な魚を好んで食べる。近大マグロが一部の問題解決に役立っているのは事実だが、養殖魚の需要が高まれば、海の限られた資源はさらに減少していく。環境保護活動家の悩みは尽きない。

物を与えて短期間で太らせ、そのうえで処分する。いわば牛を監禁状態にするわけで、「農場」で育てたとは言えない。これでは農場ではなく、ただの肥育場である。

ディエゴが電話に出るために席を立った。アルマドラバ漁の決行について最終判断を下すための電話会議だった。

僕はミゲルに、養殖のクロマグロを食べた経験はあるかと尋ねた。一度食べたけれど、好きにはなれなかったという答えが返ってきた。僕の経験と変わらない。味の違いは、強制肥育されたイベリコ豚と本物のイベリコ豚の違いと似ていなくもない。ドングリをたっぷり与えて太らせても、それだけでは十分ではない。餌を探し求めて歩き回らないと、体についた脂肪は筋肉のなかにきちんと組み込まれていかない。囲いのなかで育てられたマグロの脂肪も同じで、量は豊富でも十分に散らばっていない。脂肪が全体に行き渡って豊かな味が創造されるためには、筋肉の活動が欠かせない。ポークチョップにもポーターハウス〔T字型の骨つき肉〕ステーキにも、そしてマグロの背肉にも、これはすべてに当てはまる真実だ。

「もちろん筋肉の活動は重要です」とミゲルは言った。「同様にストレスも重要な要素です。いや、こちらのほうが大切かな。脂肪は全身に行き渡らせるべきです。でも、ストレスの程度によって脂肪の質が決まってくる。ストレスのかかった魚の脂肪は、味がまったく違います。うちの魚がそうですから。特に、昨日お話ししたボラはすごいですよ。〈ヴェタ・ラ・パルマ〉の魚は、世界でいちばんストレスが少ないと断言できます」

リサがおかしそうに笑うと、ミゲルは「いや、本当なんだから」と言って続けた。「〈ヴェタ・ラ・パルマ〉には魚たちが自分の意思で入ってくる。お腹が空いているし、河口の環境は健康だとわかっているから。そしてもちろん、捕食者から安全に守られる。一部の鳥は危害を加えるけれど、それを除けばここは保育所のようなものです。魚は健康な餌をたっぷり味わうことでシステムの健康維持に貢献している。魚たちは何もかも理解していて、おいしい味で我々に恩返ししてくれるんじゃないか。そう思うときもあります」。彼の言葉はハムについて語るプラシドやレバーについて語るエドゥアルドとよく似ている。

ディエゴが戻ってきて、申し訳なさそうに首を振った。「本当にすまない」

「レバンテか！」と市長は叫び、両手を上げた。

マグロのふたつの記念碑

漁が中止された償いというわけではないが、ディエゴと市長は僕たちを博物館に案内してくれた。小ぎれいで近代的な建物で、バルバテの古い町並みとは一線を画し、コンテンポラリーな雰囲気が強調されている。観光の目玉として強調したいのだろう。アルマドラバ漁に特化した博物館としては世界初で、おそらく世界最後になるはずだ。

これだけの投資は果たして賢明なのだろうか。僕には理解できず、正直言って、ちょっぴり悲しくもあった。来館者は僕たちだけのようだ。しかも案内係の熱烈な歓迎ぶりから判断するかぎり、ずいぶん久しぶりの来館者だったようでもある。せっかく作ったアルマドラバ博物館も、バルバテに訪問者を呼び込むことができないのではないか。僕たちのいる場所は、まもなくクロマグロの霊廟になるのだろう。

僕たちはマグロを捕獲する網が展示されているコーナーにやって来た。太いロープを撚り合わせて作った網だ。ディエゴが穴のひとつを広げ、このシステムの賢明なところを見せてくれた。「ほら、小さな魚は自由に出入りできるだろう」。ディエゴはゆっくりと泳ぐように片手を穴のなかに突っ込み、それからゆっくりと抜き出した。その動作は滑らかで、シートベルトの締め方を教えるキャビンアテンダントのようだ。「成長した魚だけがわなにかかる。八歳の少女が子どもをたくさん産むわけがないだろう。マグロも一緒さ」

小さな部屋では映画が上映されていて、ここで僕たち以外の唯一の来館者を見かけた。小さな男の子を連れた日本人のカップルで、画面いっぱいに登場する巨大なクロマグロを黙って見上げている。僕たちは、「知ってた?」と幼稚園で新しい知識を教えられるような感じで、クロマグロについて学んだ。実際僕にはほとんど知らないことばかりだった。

たとえば、マグロは体長が三・六メートル、体重が平均二五〇キログラムにまで成長するとは知らなかった。あるいは寿命が三〇年ということも。そしてサメと同じで泳ぐのをやめると窒息死するので、絶えず機械のように動き続けるという事実も学んだ。シェフにとって垂涎の的である赤黒い身は、筋肉に血液が供給されて作られるものだという。マグロはほとんどの魚と違い、変温動物で体温調節が可能なので、周囲の水よりも常に高めに体温を設定することができる。これだと餌を探し求める際にエネルギーをたくさん消費する必要がないため、マグロにとって、変温動物であることは大きな強みになっている。何しろマグロは餌を探し求めるとき、時速五〇キロメートル近くで泳ぎ続けるという。

博物館を出るとき、僕はペペから聞いた言い伝えについてディエゴに尋ねた。大きなクロマグロが網に入ってくるのは、腹のかゆみを解消するためなの？

「ペペがそう言ったのか？」とディエゴは笑顔を見せて言った。「そんなおかしな話、もちろん嘘だよ。ただの作り話さ」。彼は駐車場で僕の腕をつかみ、歩みを止めるとこう尋ねた。「マグロがなぜ網にやって来るか、教えてやろうか？」僕はぜひと答えた。「素晴らしい人生をまっとうするために来るんだよ。卵を生み、たらふく食べ、長旅もしてきた。だから最後は堂々と死にたいのさ。ここに来れば敬意を払われることが、よくわかっている。尊厳ある生をおくってきたクロマグロにとって、尊厳ある死はきわめて重要なのさ」

＊

僕は少年のときに見た一枚の白黒写真をいまでも覚えている。男たちのグループが殺されたバッファローを見下ろしているが、肩からライフル銃をかけた男たちは顔に満足げな表情を浮かべている。これを見たら、この人たちは何を考えているのだろうと思わずにはいられなかった。

『海の歌』のなかで海洋保全活動家のサフィナは、今日のクロマグロの乱獲について取り上げ、かつてアメリカの大草原を自由に歩き回っていた六〇〇〇万頭のバッファロー（アメリカ先住民の文化を何世紀も支えてきた存在でもある）の虐殺に匹敵すると指摘している。この比較が僕の胸に訴えたのは、数年前、日本の競りで記録破りの高値がついたクロマグロの写真を見たときのことだ。マグロのまわりには数人の関係者が集まり、バッファローの写真の男たちと同じ満足げな表情を浮かべている。僕たちの底知れぬ食欲はバッファローの大量殺戮をあっという間に引き起こしてしまった。そしていまや事実上、マグロにも同じことをしている。

リサと一緒に古代ローマの遺跡バエロ・クラウディアを訪れたとき、僕はカールの言葉を思い出した。バエロ・クラウディアはバルバテのちょうど西側のタリファという町にあり、バルバテと同様、スペイン南部の海岸沿いのアルマドラバ漁の町として重要な役割を担ってきた。その晩の食事は〈アポニエンテ〉でとる予定だった。ここでアンヘルから〈ヴェタ・ラ・パルマ〉と取り組んできた「革命的な新しいアイデア」について教えてもらうことになっている。アンヘルの料理が食べられると思うと心が浮き立ち、しかもあまり歴史の勉強には興味がなかったので、バエロ・クラウディアに到着したときは心の準備ができていなかった。しかし、そんな気持ちが変化するまでに時間はかからなかった。車を止め、浜辺の歩道に足を踏み入れると、すぐに壮大な――この場所には不釣り合いなほど壮大な――遺跡が目の前に広がった。これは二二〇〇年前の塩漬け工場の遺跡で、アルマドラバ漁で捕獲したマグロがここで保存食品に加工されたのだという。大規模な工場は堂々とした円柱、塩漬けの施設、干物を作るスペースから成り、周囲をさらに多くの遺跡に囲まれて、ローマ帝国の港町として栄えた過去がしのばれる。すべてはまるで、古典演劇の舞台背景のようだ。

遺跡の情景からは何か超現実的な雰囲気が感じられるが、それはバエロが古代に栄えた町で、しかも保存状態が良いからだけではない（アメリカ人はこのような光景に驚嘆しやすいが、ヨーロッパ人はきわめて冷静に受け止めるようだ。その証拠に、実際にきょろきょろ見回しているのは僕たちだけで、近くの浜辺では日光浴の一団が寝そべっていた）。超現実的に感じられたのは、マグロの加工工場の存在があまりにも際立っていたからだ。遺跡のなかを歩くあいだにリサから指摘されたのだが、まるで町全体が、加工工場を中心に建設されているようにも見える。おそらくローマ帝国は、増え続ける人口を支えるためにアルマドラバ漁を必要としたのだろう。クロマグロが豊富だったことは間違いない。いま僕はローマの遺跡を眺めているのだろうか。それともこれは衰退したバルバテの未来なのか。

日光浴を楽しむ人たちの先には波が打ち寄せ、その先にはジブラルタル海峡のインディゴブルーの海が広がり、そのまた先に、アフリカ大陸の巨大なシルエットが広がっている。アフリカ大陸は、僕たちが立っている場所からわずか十数キロメートルしか離れていない。この景色は、世界が密接に結びついているという事実を明快に教えてくれる。海峡で渦巻く水はもちろん、地中海と大西洋を結ぶ大動脈だ。この水は最終的に、さらに多くの海へと流れ込み、太平洋、インド洋、そして南極や北極にも循環していく。そう、海はひとつなのだ。

海峡の入口では、間違いなくクロマグロが海面のすぐ下を泳ぎ、産卵場所へと向かっている。上空には、〈ヴェタ・ラ・パルマ〉からやって来た渡り鳥の姿が見える。それを眺めていると、ルドルフ・シュタイナーが警告したとおり、自然界の要素は切り離せないことがよくわかる。海面下のクロマグロと海上の鳥は、ミゲルが大切に考える生態系ネットワークの生きたお手本とも言える。そうか！ このとき突然、ただし決して偶然ではなく、僕はネットワークを大きな視点でとらえ始めた。単に生態系だけでなく、文化の視点からも眺めると、ネットワークはいたるところに存在していることがわかる。バエロの遺跡の大理石、〈エルキャンペロ〉のメニュー、そしてアンヘルがポケットに入れて持ち歩いているフェニキアのコインも、すべてがネットワークの一部になっている。リサが言っていたように、マグロはこの場所や住民たちと切り離すことができない。

衰退したアルマドラバ漁の船団を見るだけでもよい。その船は、自然との調和を守りながら進化してきた文化の最後の痕跡である。季節や生態系の声にじっくり耳を傾けて漁を営んできた結果、最高の味がご褒美として与えられてきた。それが消滅に向かいつつあるのは土壌の濫用と同じで、遠い将来ではなく、目先の利益ばかりを優先してきたからだ（より安く、より多くの食べものを確保することに夢中になってしまったからである）。エドゥアルドは「歴史への侮辱」を嘆いたが、ここでは文化が侮辱されてしまった。

バエロを出発する頃には、僕はバルバテの博物館に対する見方を変えていた。ミゲルが指摘したように、アルマドラバ漁が「海の現状を正確に教えてくれる」ならば、博物館は歴史を教えてくれる貴重な存在だ。死にゆく伝統を実践している人びとの情熱が、壁に飾った文書や三〇〇〇年前のエッチング、前世紀はじめの白黒写真から感じられる。博物館はクロマグロを絶滅から救えないかもしれない。しかしこれから生まれてくるバルバテの子どもたちにとって、この博物館は、自分たちがどんな文化に支えられているのかを知る大切な手がかりになるだろう。

第23章　ボラはおいしい

アンヘルのレストラン〈アポニエンテ〉の扉を開けて店のなかに入ると、アンヘルが僕の頭を両手ではさみ、「ダン!」と言って残念そうに頭を振りながら、せっかくのアルマドラバ漁が中止されたことを謝罪した。「くそいまいましい風め!」

僕が前回訪れてから、ダイニングルームは改装されていた。アンヘルの話では、これでようやくミシュランの星を獲得できる見込みができたという。いままで相応の注目を得られなかったのは料理ではなくレストランの設計が悪かったのだと彼は言いたげだったが、今回も、僕たち以外に客はなかった。

アンヘルは僕の向かい側に座り、前かがみになってタバコに火をつけた。火に照らされた顔はやつれて、深く窪んだ小さな目のまわりにはクマができている。

「めちゃくちゃ大変だったよ」とアンヘルは言うが、ダイニングルームはがらんとしていて忙しそうにも見えない。一体何について話しているのだろう。「予感がするんだ。そのことが頭から離れない。何かが起こりそうなんだ。アイデアが生まれそうなんだよ。おれのなかからポンと飛び出してきそうでね。もっと気を楽にって自分に言い聞かせるんだけど、でも、これから何かを生み出すときにリラックスなんかできないだろう」

睡眠は十分にとっているの、と僕は尋ねた。「睡眠？　ああ、三時間半だから最適だよ。おれにはちょうどいい。それより少ないと、ろくなことはない。でもそれより少しでも多いと、頭がおかしくなる」と言ってタバコの火を消した。

〈ヴェタ・ラ・パルマ〉との関係はどうなったのかしらとリサが尋ねた。そもそも、それが知りたくてここを訪れているのだ。アンヘルは肩をすくめ、向こうからアプローチがあったんだと説明して、あそこは「オーガニック」だからねと言った。でも、たしかカールとのランチの席で、養殖場を否定していたじゃない、と僕は指摘した（「だめったらだめだ」と言っていたはずだ）。あれほど拒んでいたのに、〈ヴェタ・ラ・パルマ〉のスタッフとも会って養殖魚を擁護するとはどういう風の吹き回しなのか。

「実は、パートナーとしての契約もすんでいる」と悪びれた様子もなく言った。

アルマドラバで獲れたマグロの皮にトマトのマーマレードを添えた小皿が運ばれてきた。「アルマドラバに行かれないなら、ここに持ってきてやるよ」とアンヘルが言った。皮は脂肪と不純物を取り除き、ボイルしてから蒸し煮にしている。柔らかくてゼラチンのような感触だ。アンヘルの話では、古代ローマ人はマグロの皮を乾燥させ、盾として利用したという。

トマトのマーマレードは色が非常に濃くて強烈な味がする。「マグロの血だよ」と、僕が少し食べ始めてから種明かしがあった。「煮詰めるときに加えた。おれの両親は病理学者で血液を扱うからね。覚えているよね」。アンヘルはユニークな発想にまんざらでもない表情で続けた。「シェフは死について知っている。命を奪われた食材を扱うからね。でもシェフが死を理解するためには、生についても知らないといけない」。アンヘルは僕がマーマレードを食べ終わるのを待ってから続けた。「だからおれたちシェフは法医学者みたいなものなのさ」

僕たちシェフは自然主義者でもある。あまりエラそうなことは言いたくないが、シェフは自然界をわかりやすく理解してもらうためにかなりの貢献ができる。おいしいニンジンは育った土壌の状態について教えてくれるし、放牧ラムは羊が食べた草について知る手がかりになる。こうした食材を使ってていねいに調理された料理は、自然界における結びつきを強烈に表現していると言ってもよい。

しかし、アンヘルのレストランで個性的な料理を体験して初めて、僕はそれがいかに強烈なものか理解できるようになった。マグロの皮と血を使った料理は大胆かつ挑発的で、今日の料理の主流に乗っている。たしかに、海の幸を丸ごと利用するという視点からアンヘルの料理をとらえれば、その評価は正しい。しかしアンヘルの手にかかると、料理は皿に載せられた食べもの、いや、料理人の作品といった範疇さえも超えてしまう。ハモンイベリコと同じく、食材の総和以上の価値が創造される。そして実際に食べたあとには、以前には考えられなかった事柄に意識が向くようになる。魚はもちろん、海がいかに脆弱な存在で、それを健全に守るのは僕たち人間の責任だと思えるようになるのだ。

その意味で、アンヘルのようなシェフの手になる食事は、単なる芸術作品ではなく、僕たちの食システムに変化を引き起こす媒体にもなり得る。たしかにおかしな展開だ。地球を半周した場所にあるレストラン（それもただのシーフードレストラン）に座って、料理にはアメリカの食システムを変化させる力が備わっていると認識するなんて。でも、まさにそうなってしまった。

エドゥアルドと同じくアンヘルも、意識の変革を通じて新たな可能性を示してきた。レストランが人びとにとっての逃避場所だとはよく言われることだが、僕はアンヘルを通じて、レストランを結びつきの場所としてとらえるようにもなった。たとえば知らない魚を食べて、もっと食べたいと思う。そうなれば必然的に、その魚が絶滅しないためにはどうすればよいか考えるようになる。生物種を絶滅させない方法を見つけるためには、（植物プランクトンのような）海洋生物や（混獲などの）漁業をめぐる政策について理解しなければならない。その結果としてほどなく、（クロマグロなど）ほかの生物種を保存することの文化的な意味に興味を抱くようになる。意識が目覚めれば、アルド・レオポルドが「土地の倫理」と呼んだもの（後にサフィナは海の倫理を提唱した）が育まれる。レオポルドによれば、倫理が育まれれば正しい方向へと行動が促される。

要するに僕が理想として思い描く「第三の皿」は、オートキュイジーヌすなわち伝統的な高級料理の世界だけに限定されない。アンヘルのようなシェフにも自分の料理を通じて文化を形作り、可能なものを表現する機会は——そしておそらく責任も——与えられる。このような行動を通じて、新しい食の倫理が創造されるのだ。

海のハモン

小さなダイニングルームの向こうからウェイターがカートを引いてきた。アンヘルは椅子から立ち上がるとウェイターをどかせ、カートの取っ手を握った。そして満面の笑みを浮かべて料理に熱い視線を注ぎながら、僕たちのテーブルまで移動してきた。

カートには三枚のカッティングボードが置いてあり、それぞれに異なった種類の燻製魚のソーセージが載せられている。ブティファラ（伝統的にはカタロニア地方のポークで作られる）、定番のチョリソ、カーニャ・デ・ロモ（ポークロインの燻製）のバリエーションで、アンヘルはいずれも材料に魚を使っている。

「海のハモンイベリコをどうぞ」。そう言って三本とも薄くスライスすると、光沢のある魚肉を皿にとって渡してくれた。ポークのソーセージとほとんど区別がつかない。赤ピーマンを粉末にしたレッドペッパーはピメントンと呼ばれ、スペインのチョリソではシーズニングとして欠かせないが、それがここでは魚肉の香りづけとして使われている。

僕には想像もできなかったような芸当をアンヘルは見事にやってのけた。僕の知るかぎり、料理の歴史において現代のシェフが魚をシャルキュトリー〔食肉加工品〕に変身させた事例はひとつもいない。もちろん魚の燻製も魚のソーセージもあるが、ソーセージと言っても、ムース状の魚に生クリームと卵の白身を混ぜて、ケーシング〔薄い膜状の袋〕に詰めてゆでたものだ（一九七〇年代はじめ、ヌーベルキュイジーヌのシェフたちによって発明された）。しかしクリームやラードを魚の脂肪で代用し、実際に燻製に仕立てたシェフは誰もいなかった。これだけでも十分に革命的なアイデアだ（だが、リサの見解は違う。「スペイン人は、あらゆるものをポークに似せたがるの。それを考えれば、アンヘルも予測可能な行動をとったのだと思う」と指摘している）。

ところがつぎに、アンヘルは本当に革命的なことを言った。「ねえ、ダン！ これはね、ボラなんだよ」とソーセージのカートの後ろから小さな子どものように語りかけてくる。アンヘルは風味と脂肪の点でボラを選んだのだという。「実を言うと、もうスズキを使うのはやめたんだ。比較にならないのさ。ボラは魚の歴史のなかで最も誤解されているんだ」

この宣言がいかに衝撃的か理解するためには、テキサスの牧場主がサーロインよりも、骨も皮もない鳥の胸肉のほうが好きだと宣言するところを想像してほしい。スズキよりもボラで料理するほうがよいと言われたら、僕がシェフとして驚くのも無理はない。

僕はパリの修業時代にボラについて知った（これは灰色のボラで、おいしい魚として珍重されている地中海の赤いボラとは別物である）。細長くて青光りしている魚が、出店や市場にぎっしり並べられていた。アラン・ダヴィッドソンは海のガイドブックであり、料理本でもある著書『*North Atlantic Seafood*（北大西洋のシーフード）』のなかで、ボラについてつぎのように書いている。「海底を泳ぎ、時々頭を下げては泥を口のなかにかき集め、そこから好きなものを選り分ける。動物や植物の微細粒子は残され、不要なものは吐き出される。目当ての餌が豊富に存在するスポットを一匹が見つけると、たちまち仲間が群がってくる。その光景は、納屋の前庭でひとつの皿から餌をついばむ家禽を連想させる」[★44]

こうした芳しくない記述がなされるのも無理はない。基本的に草食のボラはパサパサして淡白な味で評判が悪く、しかも生息場所の泥くささが残っていることも多い。深海で餌を食べるのだから当然だろう。しかし結局は食べるものが体を作る。だからアンヘルの説明によれば、〈ヴェタ・ラ・パルマ〉のボラはほかのボラと比べて格段においしい。生息場所は清潔で、しかも多種多様な餌が豊富に存在している。ボラにとってもほかの魚にとってもこれほど理想的な環境はまず見つからない。

「おれひとりじゃあ、うまい燻製ソーセージは無理だった」とアンヘルは説明した。「作り方は複雑だし、脂肪の良し悪しに大きく左右される。ところがボラの脂肪はちょうどよかったんだ」

（リサも僕もようやく見当がついてきたが）アンヘルはこのプロジェクトで〈ヴェタ・ラ・パルマ〉と協力しているのだった。ここのオーナーたちはボラのソーセージという独創的なアイデアに明らかに感銘を受け、三〇〇〇平方フィートの熟成室を建設してボラを提供することを約束した。製造過程はアンヘルが担当した。一年もすれば、一週間で四トンの生産量が実現するだろうと彼は胸を張った。

つぎの料理はボラの切り身のあぶり焼きで、アオサと植物プランクトンのピュレーが添えられている。この一品はボラ料理に寄せる賛歌のようなもので、つけ合わせだけでも見た目が美しく、しかも非常においしい。しかし主役のボラのほうも負けてはいない。実は僕にとってボラの切り身は初体験だったが、絶妙な味にびっくりした。

僕は厄介な立場に追い込まれた。これまでたびたび、〈ヴェタ・ラ・パルマ〉のスズキは人生最高の魚で、料理の世界を変える可能性を秘めていると宣言してきたのだから当然だろう。ところがミゲルから、草食魚のボラは養殖の観点からスズキより持続可能性に優れていることを教えられ、今度はアンヘルのおかげで味の点でも勝っていることがわかったのだ。甘くて豊かな味わいで、これが魚、しかもまさかボラとは思えない。

アンヘルは二口、ビールをごくりと飲み込んだ。「ボラはほかの新しい魚とは違う。きみならわかるだろう。初めての魚を料理するときはとにかく興奮するけど、しばらくすると感激が薄れ、ほかの魚のことを考えるようになる。ボラも最初に感激するところは同じだけれど、あとが違う。魔法でもかけられたように、何度でも何度でも好きになるんだ」

「そういえば、きみにぜひ会わせたいやつがいる。サンティアゴっていうんだ。そいつはある日、カディス湾で水揚げされた小エビを持ってうちの厨房の戸口に現れた。浜辺で野宿しているような雰囲気で、しかも少々におったから、気の毒になって、小エビを買ってやった。そしてその晩、好奇心から料理してみた。そうしたら、どんなエビとも違う。信じられないほど甘くて、あんなおいしいエビは初めてだった。その夜のメニューに一品として加えたら、客からはシュガーバターで炒めたと思われた。数日後、サンティアゴが再びやって来て、持ってきた小エビは前回よりも増えていた。おれがもっとたくさん買うだろうってわかっていたのさ。もちろんおれは全部買って、それからこう尋ねた。『これはカディス湾で獲れたエビじゃないだろう』。これまでの人生で、おれはカディス湾で獲れるエビのことなら知り尽くしている。これは絶対に違う場所のエビだと確信したね。でも絶対にカディス湾のエビだって言い張る。『違うだろう』と迫っても、『いや、そうだ』と譲らない。結局、新しい小エビを料理してみたら、前回よりもおいしい。信じられないエビさ。とにかくこの状態がしばらく続いたんだけれど、一年ほど前に〈ヴェタ・ラ・パルマ〉で仕事を始めて、突然閃いたんだ」と言って、アンヘルは額を叩いた。

「ある日、サンティアゴがふらりと立ち寄ったとき、さりげなく誘ってみた。『なあ、サンティアゴ。今日は一杯おごらせてくれ』ってね。ふたりで飲みに出かけ、何杯も何杯もおごってやったよ。それからやつの話をさえぎって、こう尋ねた。『小エビはカディス湾で獲れたものじゃないな』。気の毒に、相手は言葉に詰まったよ。おれはぴんときたから、ずばりこう言った。『〈ヴェタ・ラ・パルマ〉の小エビを盗んでいるんだろう』。そうしたら悪びれもせず『二〇年前からやってきたよ』と言うのさ」

小さなボートに乗り、簡単な釣り道具とワインだけを持って、サンティアゴは〈ヴェタ・ラ・パルマ〉の運河に繰り出しては魚を必要なだけ失敬し、ささやかな生計を立てていたのだった。この地形に詳しかったのは、周囲の田んぼで長年働いていたからだ。それだけでは家族を支えるのに十分な収入を得られなかったので、密漁に手を出したのである。それ以前から折に触れて忍び込んでいたが、しだいに常習犯となり、シェフだけを相手に売り歩いた。シェフはこの地域で最も観察力に優れているはずだが、獲れた場所について尋ねてきたのはアンヘルが初めてだった。

「〈ヴェタ・ラ・パルマ〉で盗みをはたらく池は、季節ごとに変えていたらしい。いつも満月の夜だった」とアンヘルが説明した。

シュタイナーが月の位相に基づいて畑仕事のスケジュールを立てていたことを思い出し、彼も同じなんだと僕は考えた。「満月の夜は魚がおいしいからだね」

「違うよ」とアンヘルは当惑顔で答えた。「そのほうが、獲物がよく見えるじゃないか。でも、いちばんおいしい状態の魚をつかまえるためには、いつどこへ行けばよいかきちんと頭に入っていた。とにかく最高なんだから。どんな魚を持ってきてもかならず、〈ヴェタ・ラ・パルマ〉から送られてくるものより少しだけ味がいいのさ」

「なぜつかまらないのかしら」とリサが尋ねた。

「つかまる？　どうやったらつかまるのさ。何千ヘクタールもあるんだよ。どこを見張ればいいわけ？　たとえ〈ヴェタ・ラ・パルマ〉がプールだとしても、あの広さじゃ絶対につかまえられない。それにミゲルもほかのスタッフも、彼のことは知っているよ。無法者の存在を知っているけど、やめさせようともしない。むしろ、敬意を払っている。実際、世話になっている部分もあるんだ。以前、氷水を使って魚を殺す方法について話したよね。そうすると、魚を落ち着かせ、代謝作用をゆっくり停止させられるから、品質がずっとよくなるんだ。これは〈ヴェタ・ラ・パルマ〉が人道的な見地から考えたわけでも、日本人の知恵を拝借したからでもない。サンティアゴがやっていたんだ！　ある晩、一〇年前だったかな、サンティアゴがスズキをつかまえ、それを氷水のバケツに入れて置いていった。その置き土産で正しいやり方を学ぶことができたんだ」

のちにリサは「ピカレスク小説（悪漢小説）から飛び出してきた人物みたいね。スペイン文学には悪漢を登場人物として描く伝統があるの。盗みや詐欺をはたらき、酒におぼれるけれど、うまく立ち回っているかぎりは尊敬され、活動の場を与えられるのよ」と説明してくれた。

「いやあ、あんなやつには初めてお目にかかったよ」とアンヘルは続けた。「〈ヴェタ・ラ・パルマ〉についてミゲルより詳しいんだから。サンティアゴと一時間一緒に過ごしてワインのボトルを空ければ、ミゲルと一緒に三カ月過ごしたときと同じだけの知識を学べる」と言って、アンヘルは笑顔を見せた。

「サンティアゴは生物学について何も知らない。エコロジーについても、〈ヴェタ・ラ・パルマ〉という企業についても、そこで何をしているかについてもまったく知らない。あいつにとっては、運河と池と、たくさんの魚があれば十分なのさ」。そしてアンヘルは新しいタバコに火をつけ、一瞬考えごとにふけっている様子を見せたが、すぐにわれに返り、テーブルをバンと叩いた。

「でも、なぜおれがサンティアゴについて詳しく話したと思う？　おれがボラに興味を持つきっかけになってくれたからさ。ひどく誤解されている魚について抱いてきた先入観、シェフとしての先入観を克服できたんだからね。ある日、クリスマスの直前、これまで見たこともないような特大の卵巣をあいつが持ってきた」と言いながらアンヘルは両手をお椀の形に丸め、どのくらいの大きさか見せてくれた。

「うん、それを見てぶったまげた。何の卵巣かわかるかと訊かれたから、間違いないと思った。とにかく大きかったからね。そうしたら、『いや、マグロじゃない』って言うじゃないか。おれは思い浮かぶかぎりの魚の名前を挙げたけれど、みんなはずれさ。最後にあいつはおれを見て、『ボラだよ』と言った。信じられなかった。『まさか』と言って、あんたは酔っぱらっているんだろうと抗議した。でもボラだって言い張る。夏に水が温かくなると、ボラははらむんだって説明してくれた。それから秋のあいだじゅう食いだめする。赤ん坊のため、長い冬を乗り切るためにね」

「その卵巣はフォアグラみたいだなんて言わないでしょうね」とリサが言った。

「いや、そうなんだ。フォアグラみたいだよ。ボラは始終食べている。目に入るものはすべて口に放り込む。だから卵巣が膨らんで、そのまわりには脂肪がたっぷりと付いてくる。そうやって卵巣を守るんだろうね。そして一〇月から一一月にかけてのある日、正確には産卵の一〇日前、餌を食べるのをぴたりとやめて海面まで上昇する。このときが絶好のチャンスなんだ。ボラは最高の状態さ。フォアグラよりもおいしいボラの卵巣を食べたければ、産卵の一〇日前が最高だね」

「自由なフォアグラ、その海バージョンというわけね」とリサは呆れた様子で言った。リサも僕も唖然として言葉が出なかった。エドゥアルドとガチョウの関係と、信じられないほどよく似ている。

「それで、卵巣を売ってくれたの」と僕は尋ねた。

「いや、ただでくれた。金を払おうとしたけど、受け取ろうとしない。実際、怒られたよ。せっかくの贈り物に金を払おうとしたから、気分を害したんだ。ふたりともバルでしばらくだまっていた。ずいぶん長く感じられたな。それから突然、あいつがおれのほうを向いて、指さしながらこう言った。『アンヘル・レオン、あんたは何もわかっちゃいない』。だから、『サンティアゴ、どういう意味だ』と尋ねた。そうしたら『あんたはボラを手に持って、ぬめぬめした表面を触って確かめないとわからない。どれだけきれいな水で育ったのか、父親と母親は何歳なのか、育った水の温度はどのくらいか、生涯のあいだにこのボラが満月を何回見てきたのか、見当がつかないだろう。だから何もわかっちゃいないのさ』」

アンヘルは椅子にもたれて額をぬぐった。「驚いたよ。その通りだからね。おれは何もわかっちゃいない」

アンヘルの苦悩

翌朝、〈ヴェタ・ラ・パルマ〉に向かう車にアンヘルが乗り込んだあと、彼は躁うつ傾向があるのではないかではないかという思いがよぎった。僕たちのテーブルにボラのソーセージのカートを引いてきたときのアンヘル・レオンは威勢がよく、誇らしげな雰囲気を漂わせていた。ところがいまは絶望の谷に落ち込み、靴のなかで出血しているマラソン選手のようなうろたえた表情だ。

「ベッドから起き上がれないんじゃないか、やるべきことと向き合えないんじゃないかって不安になる日があってね」とアンヘルはタバコに火をつけながら言った。僕はちょっと意地悪く、こう言ってやりたくなった。よく言うよ、レストランは三〇席しかないし、一年のうち三カ月はクローズしているし、僕が訪れた二度とも客はいなかったじゃないか。でも実際には「何言ってるの。きみは天才じゃないか。あの魚ソーセージはすごいよ」と励ましの言葉をかけた。

「うん、天才だとはよく言われる」という言葉も、アンヘルの口から出ると謙虚に聞こえる。「友だちは全員、おれが大金持ちになると言ってくれるけど、何がいけないのかな、まだ幸運をつかめない」。そう言って、彼は窓の外を眺めた。「もう一〇年間、大切な人たちとの交流を断って、自分のプロジェクトと仕事のことばかり考えてきた。おれの何が問題かって、そもそもなぜこんなことをしているのか、思い出せないんだよ。それを突きとめられれば、心が解放されるだろうね」

「ねえ、ダン」とアンヘルは僕のほうを向いて尋ねた。「きみは厨房のなかで、裸で料理したことがある？」

「裸でいるような気分のときはあるよ」とまじめに答えた。

「おれの親友のひとりに、モレノ・チェドローニっていうやつがいる。イタリアの海辺で小さなレストランを経営しているんだけれど、数年前にそいつから言われたんだよ。ちょうど気持ちが落ち込んでいて、もう料理なんかやめようかと思っていたとき、ある会議で顔を合わせてね。そうしたら、最も原始的な行動を教えてやろうって言われた。自分はホモサピエンスだという自覚を持って、厨房のなかで裸で火を使うんだ。そうすれば気分が晴れるかもしれないと言うのさ。モレノはかなりの変人だよ。実際、とんでもない発想だよね。でもある晩、みんなが帰ったあと、荷物をまとめながら考えたんだ。アン・ヘル・レオンには失うものなんてないじゃないかってね。そこでカーテンを閉めて、厨房以外の場所の電気を消してから、裸になった。全部脱いだ。ソックスも靴も。それから包丁を手に取り、料理を始めた」

　どんな気分だった？　と僕は尋ねた。「自分がろくでなしのように感じられた」とアンヘルは正直に答えた。「でも一時間ぐらいすると、それほどでもなくなった。そしていきなり、何かが閃いたんだ」と言ってから、しばらく沈黙した。この経験によって自分は変わったと本人は信じているようだが、実際には自由への願望がさらに強くなったのではないかと僕には思えた。「きみも試してみるべきだよ。それだけは言える。閉じ込められていた感情が、すべて解放されるような気分なんだ」

＊

〈ヴェタ・ラ・パルマ〉を古い町から隔てている大きな金属製の門をくぐると、舗装道路はいきなり姿を消し、車はなつかしいでこぼこ道を走っていった。両側には沼や運河が広がり、植物が生い茂っている。とにかくその面積の広さには圧倒される。いつ果てるともなく続く景色は現実のものとは思えず、すでに三回目の訪問なのに僕は強烈な印象を受けた。こんな場所は見たことがないし、これからもないだろう。アンヘルはシートに寄りかかってヘッドレストをつかみ、突然リラックスした状態になった。

　ミゲルからは事前に連絡があり、ボラの養魚池で待ち合わせる予定になっていた。途中で左に急カーブを切ると、浅瀬にフラミンゴの小さな群れが集まっている。アンヘルは姿勢を正すと急いで窓を開け、車のなかから「オラ！」と呼びかけて手を振った。そしてフラミンゴから無視されると、今度はハンドルに手を伸ばし、クラクションを鳴らしながら「オラ！」と強い口調で言った。

ボラの養魚池で僕たちはミゲルの出迎えを受けた。三人の男たちが大きな網を持って、池のなかで仕事をしている。穏やかな池の水に胸までつかりながら、三人はゆっくりと非常にていねいに網を引っ張っている。あたりは静まり返り、男たちが水をそっとかき分けて前進していくときの音だけが聞こえる。ここには洗礼のような雰囲気が漂っている。僕はアルマドラバ漁を体験できなかったが、いまここで、同じ伝統を受け継いだ漁を目撃している。

「ボラがここに来るんです。大西洋から入ってきて、遡ってくるんですよ」とミゲルは教えてくれた。

「アルマドラバ漁とそっくりだね」

「たしかに、アルマドラバ漁とそっくりです。〈ヴェタ・ラ・パルマ〉はデルタの真ん中に位置する大きな養殖場です。ボラにとっては、海から川に向かう途中の通り道になっています。自分で選択しているんですよ」とミゲルが説明した。養殖場で生まれるボラはいるのかと尋ねてみた。

「ここで生まれるのもいるけど、そのほとんど、実際に九九パーセントは、鳥に食べられてしまいます。でも、温度が急に変化してもボラは死にません。たとえばひどい猛暑に襲われた夏、スズキの四〇パーセントが死にました。ショックに対応できなかったんですが、ボラのほうは見事に対応しました」。魚が水温の大きな変化に対応できるとは知らなかったと僕はミゲルに打ち明けた。

「実際、そんな魚は滅多にいません」

池のなかの漁師たちがお互いの距離を狭めている。三人とも手を頭の上に持ち上げて網を引いているが、その動きは非常に滑らかで、シンクロナイズドスイミングを見ているようだ。水から上がると、信じられないほど大きな三匹のボラが姿を現した。

アンヘルは大急ぎで獲物のもとへ向かった。そして「ダン！」と言うと、声を上げて笑った。「この魚を見てよ。気候変動に抵抗力があって、生態系への影響が少なく、いや違う、生態系の役に立つ魚がこんなにたくさん脂肪をつけている。海のフォアグラが作れるよ。これだけの魚に注目しないなんて、最大の悲劇だ」。それから離れた場所にあるスズキの養魚池のほうを向いて「あばよ、スズキ！　もうおまえさんには興味がない。おわかれだ」と言って手を振った。

僕は巨大なボラに見とれた。そしてミゲルに（アンヘルに聞こえないよう確かめてから）、ボラがスズキと同じぐらい成長するなんて、しかも半分の日数で成長するなんて知らなかったと打ち明けた。

するとミゲルは説明してくれた。「ここでは一次消費者〔生態系における食物連鎖で、独立栄養物である生産者を最初に捕食する生物群。草食動物など〕は、スズキみたいな肉食魚よりもたくさんのエネルギーを吸収できます。だからスズキの半分の日数でボラを育てられるんです。これはどの生態系ネットワークにも当てはまります。草を食べるシマウマに比べると、ライオンは食べものから吸収できるエネルギーが多くありません」。ミゲルにとって生態系への影響が穏やかなボラは、ミクミ国立公園で研究に明け暮れた日々を思い出させる存在なのだろうか。

「それからもうひとつ」とミゲルは補足した。「これは僕の考えだけれど、たぶん間違ってはいないでしょう。ストレスの影響は見逃せません。ボラにとって最大のストレスは混み合った環境で、そうなるとまず、天然の餌を食べなくなります」。代わりに何を食べるのか僕は尋ねた。「それがおかしいんですよ。たとえば加工したチキンとか、合成食品を食べるんです。ついでにお話ししますが、ボラを養殖する場合には、ほとんどこれが餌になっているそうです」

「つまり自然の食べものの代わりになるのが……マックナゲットというわけ？」

「そうです。おかしいでしょう。でも混雑を解消してやり、〈ヴェタ・ラ・パルマ〉のような複雑な生態系で育てると、天然の餌しか食べません。そしてどんどん大きく強くなっていく。病気なんか発生しません」

　ではなぜ、僕が最初に訪問したときスズキに夢中にさせたの？　とミゲルに尋ねた。本物のスターは紛れもなくボラなのに。「ボラについてはたくさんの知識があります。生態系を改善してくれる能力には特に注目しています。でもやはり」とミゲルは言って、アンヘルのほうを向いた。「ほかの魚と比較して、おいしさを評価してもらうことも必要なんです」

　アンヘルは両手を大きく広げてボラをつかみ、満面の笑みを浮かべている。ウサギを手にしたマジシャンのようだ。なんて素敵な光景なのだろう。誇らしげな様子をしたアンヘル・レオンと、図体は大きいけれども謙虚でほほえましいボラ。一体どちらが主役なのか、簡単には判断できない。

第24章　養殖魚を召し上がれ

〈エスカ〉のデイヴィッド・パスターナックのもとをミゲルたちが養殖魚の売り込みのために訪れてから〔本書一〇六ページ〕わずか数カ月後、ロッド・ミッチェルは彼のアドバイスに従って〈ヴェタ・ラ・パルマ〉の養殖魚の第一弾を輸入した。七月半ばにはボラが僕たちのもとへ定期的に配達されるようになる。くどいようだが、こんなにおいしいボラは初めてだった。ほかのレストランもミッチェルを通じて養殖魚を注文するようになっていたが、ほとんどはスズキだ。輸入を始めて数週間もすると、ミッチェルは大量の魚をニューヨークやラスベガスやサンフランシスコのシェフに販売するようになった。

養殖魚は決して安くない。スズキは一ポンド（約五〇〇グラム）につき一八ドル。天然ものは同じ量で七ドルだから、ずいぶん高い。でもシェフは、その素晴らしい味に喜んで料金を支払った。特に大物シェフのひとり、〈ル・ベルナルダン〉のエリック・リペールは、〈ヴェタ・ラ・パルマ〉のスズキを絶賛した。ちなみに彼は、死んだジルベール・ル・コーズの跡を継いだシェフである。

一方アンヘルは、〈ヴェタ・ラ・パルマ〉と共同で始めたソーセージのプロジェクトに一年以上熱心に取り組んだ。そのかたわらプランクトンの研究にも没頭し、六つの新しいタイプのプランクトンの培養に成功した。ひとつは鮮やかな黄色で、ニンジンよりもカロチンの含有量が五〇パーセント多い。ほかにはアンヘルによると、純粋な甲殻類のエッセンスが驚くほどぎっしり凝縮されているプランクトンもあった。

「こんなちっぽけなものが、料理にも生態系にも大きく貢献しているんだから、すごいよ」と電話の向こうから語るアンヘルの口調は、いつにもまして熱がこもっていた。「あそこまでおいしいと、海のストーリーを語るのもずっと楽になる」

おまけにアンヘルは〈アポニエンテ〉で新しいメニュー形式を導入したので、さらにストーリーを語りやすくなった。そのことを聞きつけたリサは、面白い記事に対する鋭い嗅覚を今回も発揮させ、アンヘルのレストランを訪問すべきだと判断した。シーズンオフだったが、今度は彼女が唯一の客ではなかった。アンヘルは二〇一〇年、あこがれのミシュランの星を獲得していた。「すべてが変わった。みんながおれにすべてを委ねる。信用されているんだよ」とリサに語った。

新しいメニューには海の世界が描かれ、あちこちに自慢の料理がちりばめられている。そして、魚のイラストと料理の名前が一緒に掲載されているのが目をひく。アルマドラバのマグロが手に入るときは、メニューの最上段に紹介される（アンヘルは可能なときはかならずマグロをメニューに登場させ、未だにカール・サフィナを怒らせている。最近では大西洋沿岸を中心にマグロの大群の目撃情報が寄せられているが、クロマグロの資源を回復させるためには消費を全面的に禁じるべきだとカールは主張する。「何十万年にもおよぶクロマグロの歴史を通じ、いまの個体数は少なくとも最低に近いレベルだ」と彼は電話の向こうから怒りを込めて語った。「どこで獲れたものであろうと、クロマグロを食材に選ぶのは倫理にもとる行為だ」という）。

〈ヴェタ・ラ・パルマ〉のボラは、アンヘルのメニューを最底辺で支えている。アンヘルは地位の低いボラを賛美するための新しい方法をつぎつぎと考案し続けた。メニューには、ボラをキジのように調理した一品もある。九日間かけて日干しして味を深め、肉のような歯ごたえに仕上げたものだ。

ところがある日突然、アンヘルはボラの料理をやめてしまった。〈ヴェタ・ラ・パルマ〉と仲たがいしたようだが、詳しいところはわからない。〈ヴェタ・ラ・パルマ〉がアンヘルに配達した魚の量が予定より少なく、アンヘルがそれに抗議して腹を立て、口論のすえ、二度と注文するものかと啖呵をきったらしい。アンヘルによれば、しばらく前から危うい関係が続いていたという。敬意を払われず、おそらく誤解され、ずっと不満を募らせていたのだろう。いずれにしても、自分のアイデアを養殖場の魚で十分に実現するのは無理だと僕に語った（アンヘルは、何があったのかと尋ねても教えてくれず、〈ヴェタ・ラ・パルマ〉の文化を曖昧に非難するだけだった。「あいつらはヒッピーの集団だ。ノー・ウーマン、ノー・クライ〔ボブ・マーリィの曲のタイトル〕の世界さ」）。おまけに魚のソーセージビジネスが双方の思惑通りに進まなかったので、さらに関係は悪化した。数カ月後、スペインの景気が深刻な状況に陥ったことを理由に、〈ヴェタ・ラ・パルマ〉はソーセージ工場を閉鎖する。

後日、アンヘルは〈ストーンバーンズ〉を訪れたとき、その一部始終を話してくれた。このとき彼は農場を見学し、レストランの特別お試しメニューを準備してくれた。彼はいつにもまして疲れきった様子で、目のまわりは黒いクマに覆われ、目に入るすべてを貪り食った。そしてひっきりなしにタバコを吸った。彼の独創性の原動力になってきた内なる悪魔が、ついに彼をむしばみ始めたような印象を受けた。

食材は自然からの贈り物

それから一年もしないうちに、アンヘルから写真を添付したeメールが送られてきた。それは古代の建築物の遺跡の写真で、その前にはアンヘル・レオンの姿がある。何かを抱擁するかのように両腕を大きく広げ、浅い運河のなかを歩いている。

僕は早速彼に電話をした。声には相変わらず抑えきれない苛立ちが感じられたが、それでもいくらか落ち着きを取り戻し、話にも集中しているようで、幸せそうな様子だった。

説明によると、この写真は新しいプロジェクトの前で撮影したものだという。彼は〈ヴェタ・ラ・パルマ〉のすぐ近くで放置されていた沼地を養殖場に転換させる計画を進めていた。そこは海に直結していて、大西洋と地中海が出合う場所でもあった。小さな運河を張り巡らせば、潮の流れを利用して新鮮な海水を養殖場に引き込むことができる。そしてここは、アンヘルの新しいレストランの予定地でもあり、二〇〇〇年前のフェニキアの塩漬け工場の遺跡を改装するという話だった（メールの写真にあった建物だ）。フロアはガラス張りで、客は足元で泳ぐ魚を観賞することができる。さらに彼は塩の貯蔵所と大きな菜園を用意し、レストランに食材を提供する計画も立てていた。

僕は話を聞きながら、アンヘルの内なる悪魔は静まったかもしれないが、情熱的な創造力は少しも衰えていないことを知った。彼は〈アポニエンテ〉のメニューの新しい一品を教えてくれた。「ニンジンいいいいいいいいいいにないたかったイカ、ダン・バーバーに捧げる」という名前だという。イカをニンジンジュースに数日間浸け込み、鮮やかなオレンジ色になったらロール巻きにして、なかにみじん切りにして調理したニンジンを詰め込む。てっぺんには本物のニンジンを真似てディルの葉を添える。アンヘルは〈ストーンバーンズ〉を訪れたとき、このアイデアを思い付いたのだと教えてくれた。あのときジャックは温室で信じられないほど甘いモクムニンジンを引き抜き、シャツで泥をぬぐってアンヘルに手渡したのだった。

「きみには話さなかったけれど。それまで、本当はあまり野菜が好きじゃなかった。ほとんど敬遠していた。でも、あのニンジンがおれを変えたのさ」とアンヘルは打ち明けてくれた。

＊

僕たちの愛すべき賢明な魚、そう、ボラは、結局のところ順調な売れ行きとはいかなかった。特に、旗振り役のアンヘルが抜けた影響は大きい。ミゲルによれば、〈ヴェタ・ラ・パルマ〉ではボラの価格をスズキの半分に設定したが、それでも売り上げはスズキの五〇分の一にしかならなかったという。しょせんボラは雑魚で、脂が乗っているわけではないし泥臭い味がするという認識が、シェフの心にしっかり刷り込まれており、それを克服することは容易ではなかった。

それでもミゲルは落胆していなかった。根っからの楽天主義者なので、いつかはボラも売れるようになると確信している。だから、とりあえずいまは各地を旅行して、ほかの水生生物学者の話を聞くことにした。最近はコスタリカのある慈善家から、所有する保護区に一週間招待されたという。

「ダン、僕はいますごく幸せです」とミゲルのメールには書かれていた。「実を言うと、僕はこれまで熱帯雨林を訪れた経験がありませんでした。鬱蒼とした森林のぬかるんだ道に足をとられながら歩き、様々な音に耳を傾け、虹色のカエルやヘビ、手のひらサイズの蝶、鳥、それだけじゃない、ほかにもたくさんの知らない生き物の姿を目撃するときの気分と言ったら、もう最高です。ヤノマミ族の考え方も理解できます。神は偉大だけれど……森林はもっと偉大な存在です」

一二月はじめのある晩、僕はオフィスからスティーブの仕事を観察していた。スティーブは魚担当のコックで、この日は〈ヴェタ・ラ・パルマ〉から到着したばかりのボラを下ごしらえしていた。うろこを取り除くと、最初の切り身をていねいに切り取り、つぎに魚を裏返し、二枚目の切り身に取りかかっている。彼は同じ手順をこれまで数えきれないほど繰り返してきたはずだ。ところがこのとき、彼は作業を途中で中断し、半分切断されたボラを覗き込んだ。目を大きく見開き、頭を掻いている様子は、車を駐車した場所を忘れたかのような雰囲気だ。包丁を構えると、今度は何かを注意深く取り除き始めた。僕の目には、それは大きなフォアグラのようにうつった。彼はそれを手に取ると、至近距離で見せてくれた。

これはすごい。〈ヴェタ・ラ・パルマ〉のボラを取り寄せ始めて半年近くが経過していた。毎日せっせと使い、味を楽しみ、スタッフやディナー客に宣伝し続けてきた。しかし正直、アンヘルの言葉をかりるなら、少々飽きてきたのも事実だった。ちょうどデートの相手が毎日同じ服を着て同じ話をするような感じで、少し目移りがしてきたのだ。ところがある日突然、卵がぎっしり詰まった卵巣を財布のように持ち、真っ白なラードをカシミアのコートのようにまとって現れたのだから、惚れ直すしかない。

僕はスティーブに命じ、ボラの切り身を試食用にソテーしてもらった（卵巣は数カ月間かけて燻製にして、それから削り取ってニンジンクッキーの風味づけに使った。アンヘルへのお返しだ）。彼はいつものようにフライパンにグレープシードオイルをたっぷり垂らし、そこにボラの切り身を入れると、まわりに集まっているコックたちのほうを振り返って説明を始めた。興奮冷めやらぬ様子で、ボラの体内の小さなスペースに巨大な卵巣が収まっていた様子を再現しながら、これまで見たどの卵巣よりも二五倍は大きいと強調した。僕はシェフとしてのキャリアのなかで初めて、ラインクックの話が誇張には思えなかった。

スティーブが卵巣をボラの体内に突っ込んでは引き出す動作を繰り返してデモンストレーションが行われるたびに、コックたちは驚きの表情を何度も浮かべる。ふと僕がフライパンのなかでソテーされている切り身に目を向けてみると、なんと、自分の脂で沈みそうになっている。スティーブも振り返り、両手を上げて驚嘆の声を出した。「すごいや。自分の脂で料理されている」。ここにペペが立ち会っていればよかった。余計な油を入れず、マグロの身から染み出る脂だけで調理する伝統料理が、雑魚のボラで再現されたのだ。

フライパンの隣には白い脂のブロックが置かれている。近づいて観察してみると、それはボラのラードの大きな塊で、厨房の照明の下で光り輝いている。これを最高品質のポークの脂肪と見分けるのは、たとえ腕利きのサラミ職人にとっても至難の業だろう。僕が手に取るとわずかに融けて、海の香りが漂ってきた。

シェフの人生はささやかな喜びに満ちている。新しい料理に成功し、客に楽しんでもらう経験の積みかさねとも言えるが、しかし本音を言えば、心の底から満足できるときは滅多に訪れない。いま振り返ってみると、この瞬間は僕にとって、心が深く満ち足りた貴重な体験のひとつだった。このとき僕は、ボラがここまで成長した経過を想像してみた。〈ヴェタ・ラ・パルマ〉の池でストレスとは無縁で育てられているボラは、豊富な餌を一心不乱に食べ続ける。それは長い冬に備えるためだが、ひいてはシステムの環境の改善にもつながる。魚泥棒のサンティアゴの言う通りだった。そしてエドゥアルドも正しい。食材は自然からの贈り物なのだ。

第Ⅳ部

種子

――未来の青写真

第25章　有機農業の輪が支える未来

クラースとメアリ＝ハウウェルの農場からペンヤンの町までは、五四号線で一直線だ。畑と牧草地が織りなすパッチワークのあいだを突っ切り、氷河に切り刻まれた険しい尾根が連なる地平線を目指し、車を走らせていく。山間部の中心には、一一の湖から成るフィンガーレイクスのなかで最大のセネカ湖が位置している。

クラースによれば、この地域の穏やかな気候はセネカ湖のおかげだ。いわゆる湖水効果によって降水量が増し、一年で最も寒い時期には空気が暖められ、最も暑い時期には冷やされる。それでも、この日の気温は午前中からすでに摂氏三五度にまで達している。

僕が前に乗り出してエアコンをつけたところで、反対側からパトカーが近づいてきた。まずい！　急いでブレーキを踏むが、パトカーはUターンしてライトを点滅させ、車を止めなさいと命じる。パトカーから降りてきた警官は一八〇センチメートル以上の大男だ。黒いサングラスをかけ、いかにも職務に忠実そうだ。窓を開けると、暖かい空気がむっと押し寄せてきた。

「制限速度八八キロメートルのところを一三六キロメートルで走っていましたね」と警官が言う。ええっ！　うそでしょう？　そんなに出していませんよ、と困った表情で抗議したが、ちっとも効き目がない。やれやれ、ここはあやまるしかない。僕が免許証と車の登録証明書を探し回っているあいだ、警官は銅像みたいに直立している。ところが、「本当にすみませんでした。今日はクラース・マーテンズのところで小麦の収穫を手伝う予定で、ちょっと急いでいたものですから」と説明し始めると、警官は窓のところまで頭を下げ、僕の顔を覗き込んだ。

「クラースの知り合い？」

「そうです」

すると警官はたちまち笑顔を見せた。「じゃあ仕方がないな。気を付けてくださいよ」

ペンヤン——有機農法でよみがえった町

この地域でクラースとメアリ＝ハウウェルは有名人だ。

ふたりはこの地域で初めて、農薬に頼る大規模な農業を放棄した。当初、近所の人たちはそんな農業なんか無理だよと冷めた反応しか示さなかったが、ふたりの成功を目の当たりにすると、否定的な見解は徐々に減っていった。夫婦が有機農業を始めてからおよそ一年後には、ガイ・クリスチャンセンという酪農家——クラースの小学校時代の友人で、彼の敷地の西隣に土地を持っている——がクラースの作物の成功に注目し始めた。なにしろ注目しないわけにはいかない。ガイが牛の餌用に栽培していた従来のトウモロコシ畑は、クラースの有機栽培のトウモロコシ畑と隣り合っていたのだ。「ガイにはおれのトウモロコシが見えた。見ないわけにはいかなかったから、それがよかったんだね」。クラースの作物は健康に育っていた。

利益率が驚くほど低迷していたガイの農場は、有機酪農へと全面的に転換する決断を下す。するとほどなくして、ガイの隣家のフロイド・フーバーが、トウモロコシと大豆と肉牛を従来のやり方ではなく、有機農法で育てるようになった。さらに、近所の酪農家のアーロン・マーティンがガイの有機ミルクの価格設定に注目し、有機農法へと転換する。その後、ガイやクラースの農地の隣で酪農を営むメノナイトのエディー・ホーストも、クラースの真北に住んでいるロン・シークも、有機農法を採用した。こうしてつぎつぎと有機農法の輪が広がり、ペンヤンの農家は農薬への依存から脱していった。隣の家の成功を見て、それを見倣うプロセスが繰り返されたのである。

メアリ＝ハウウェルは、新しく有機農法に転向した人たちを対象に自宅のキッチンを開放して集まりを開くようになった。「とにかく当時は、何もかもが新しかったわ。情報を集めたいと思って軽い気持ちで始めたのに、小さな支援コミュニティが出来上がったのよ」と彼女は当時を回想した。

一九九〇年代半ば、これらのパイオニア的な生産者たちは思わぬ幸運をつかんだ。農薬を製造するバイオテクノロジー関連企業のモンサント社が当時、BSTと呼ばれる遺伝子組み換え（GM）成長ホルモンを開発する。これを乳牛に投与するとミルクの生産量が増加するので、薄利で知られる酪農業で利益を増やすチャンスが生まれた。しかしミルクに遺伝子組み換え型の添加物が含まれることを警戒する消費者が多かったため、有機酪農――人工ホルモンを確実に使用しない唯一の農法――への需要が跳ね上がったのである。

「すごい速さだった。いきなり有機ミルクの需要が拡大したかと思ったら、乳牛の餌になる有機穀物への需要がぐんぐん伸びていった。いつも『ありがとう、モンサント』っていう気分だったね」とクラースは当時を振り返った。

有機農法への転向を考える農家は増え続け、彼らはメアリのキッチンで話を聞いては知識を学んでいった。グループが大きくなっていくと、メンバーが持ち回りでミーティングの会場を提供するようになった。そして数年前、メアリはコーネル大学とのコネクションを生かし、ジュニーバにあるニューヨーク州立農業試験場の大ホールを確保した。いまでは一〇〇人近くの農家が定期的に集まり、その集会はアップステート・ニューヨーク〔ニューヨーク州の北部、西部、中部〕全域を対象としたテレビ会議方式で行われ、公開される情報がさらに多くの農家の転向を促している。

五四号線がペンヤン市内に入る直前の一帯は、いま紹介したような有機農家で活況を呈している。五〇〇〇エーカーにもおよぶ有機農場がほぼ途切れることなく続くが、どれもこの二〇年間で従来型から転向した農家ばかりだ。

ペンヤンの町自体、有機農家の成功の恩恵を受けている。この町の名前は、一七〇〇年代末に農地を求めてペンシルバニア（ペン）とニューイングランド（ヤンキー）からやって来た開拓者に由来している。どちらの地名を採用するか争う代わりに、折半する道を選んだのである。今日、この町はアメリカ人が考える理想郷のような場所で、絵葉書のように穏やかで素朴な風景が残されている。リバティ、エルム、メインといった名前の平和な雰囲気の通りには楽しそうな店が並んでいる。信号機はほとんどなく、十字路は広く、どの店にも清潔感が漂っている。そしてペンヤン最大の企業であるバーケットミルズ社が一七九七年以来ここで操業しており、社屋の横には八メートル以上もある黒い鉄板がディスプレイされている。一九八七年に巨大なパンケーキを作って世界記録を樹立したときの鉄板である。

アメリカ文化のなかで、小さな田舎町は常に象徴的な場所として評価されてきた。アメリカ特有の資質である共同体意識、労働倫理、堅実な道徳的価値観が、ここでは具現化していると考えられている。しかしその反面、小さな田舎町はもはやアメリカ全体を代表する存在とは言えない。いまでは国民の八〇パーセント以上が首都圏で暮らし、小さな町に抱く感情のかなりの部分はノスタルジックなものである。

シンクレア・ルイスの小説『メインストリート』や、ノーマン・ロックウェルが二〇世紀半ばに描いた雑誌のイラストでは小さな田舎町が絵のように美しく表現されているが、もはやそんな場所はほとんど存在しない。さびれた商店街、閉鎖された映画館、薄汚いダイナー〔簡易食堂〕、みすぼらしいバーが景観を損ない、ゴーストタウンも多く、学校や郵便局や食品雑貨店さえ存在しない。一九五〇年代から六〇年代にかけて農業の工業化が進み、家族経営農場が急速に整理統合されていくにつれ、こうした小さな町は衰退の一途をたどった。ペンヤンも例外ではなく、高齢者が引退すると、子どもの世代は町から離れて農業を全面的に放棄する道を望んだ。かつてメアリは当時のペンヤンの惨状について、「中心地を爆撃された町」[★1]のようだったと述べている。

しかしメアリによれば、いくつかの幸運が重なって悲惨な状況は逆転した。まず、一九七〇年代から八〇年代にかけて地価が下がると、ペンシルバニアのメノナイトの農家が広大な土地を確保した。つぎに一九七六年、ニューヨーク州でファームワイナリー法が議決されると、ニューヨークのワインメーカーは敷地内で栽培したブドウを自分たちでワインに加工して、消費者に直接販売できるようになった。そして一九九〇年代に入り、遺伝子組み換え食品への反発のおかげで地元の酪農家が復活を遂げた頃には、台頭著しい農家やワイン産業をサポートするため、部品販売店や修理店や溶接サービスなど、新しいビジネスがつぎつぎに誕生した。

しかし、町の経済発展に対する最大の貢献者はクラースと妻のメアリ＝ハウウェルだ。二〇〇一年、ふたりはメインストリートからわずかに離れた場所にあるアグウェイ製粉所を経営に行き詰まった持ち主から買い取ると、〈レイクビュー・オーガニック・グレイン〉という名で生まれ変わらせた。当時近隣の関係者から、有機農法に転向したくてもインフラがないので難しい、製粉や貯蔵関連の施設が整っていないのも問題だと指摘されていたからである。製粉業者は概して有機市場と積極的に関わりたがらない。なぜなら、有機穀物と通常の穀物のどちらも扱うとなれば、設備をいちいち掃除しなければならず、手間も費用もかかるからだ。〈レイクビュー〉を立ち上げたクラースとメアリは、自分たちのコミュニティで新たなニッチ事業を展開することができた。有機穀物の製粉・貯蔵施設を提供し、その穀物を成長著しい有機酪農家に飼料用として販売し始めたのだ。

『環境を整えてやれば、みんなが集まってくる』っていうだろう。ちょうどそんな具合だった。毎月二〇パーセント成長する状態が二年以上も続いて、まもなく数人のフルタイムの労働者を抱えるようになった。おおげさじゃなくて、需要に追い付けなかったよ」とクラースは語った。

クラースとメアリは製粉所の経営の四分の一をビジネスチャンスとして（製粉所から利益を出すために

価格設定を高くした）、残りの四分の三は責任ある土地管理を促す手段と見なした。

「土壌を豊かにしてくれる穀物を栽培するように農家を指導した。でも指導するだけじゃない。ライ麦、カラス麦、大麦といった、従来は『顧みられなかった』雑穀が収穫されると、それを農家から買い取った。きちんと金を払ったんだ。いくら土の健康によい穀物を作っても、買い手がいなければ輪作もできないだろう。そして輪作をしなければ、いずれ土地はやせ衰えてしまうよ」

そして、この地域の土壌が衰えてしまえば、製粉所の利益も減少する。「持ちつ持たれつって言うじゃないか」

人気のない穀物の市場を創造すれば、地元の牛の役にも立つ。〈レイクビュー〉が販売している標準配合飼料には、九種類の穀物が含まれている。酪農業界の基準ではほとんどが余計な成分と見なされているが、長期的に見れば、様々な成分が含まれた飼料は牛によい影響をおよぼす。

「うちが提供する様々な穀物を食べれば、牛は色々なミネラルやビタミンを体内に取り込むことができるでしょう。トウモロコシだけ食べていても栄養にはならない。たしかにミルクの生産量は少し減るかもしれない。特に長い目で見た場合にそれが問題にされるけれど、でも牛は確実に健康になるじゃない。証明できるかって？　はっきり証明はできないけれど、色々なものを食べればアミノ酸やミネラルの摂取量が増えて、アシドーシス〔血液の酸性度が高くなりすぎた状態〕が改善されるのよ」とメアリは言った。

おいしくなることは僕が保証する。〈ストーンバーンズ〉では、クレイグが豚にやる飼料を数年前から取り換え、クラースとメアリの配合飼料を使うようになったが、それ以来ポークの味はぐんとよくなった。

＊

メアリ＝ハウウェルが運営する製粉所は、現在八人の従業員をフルタイムで雇い、種ビジネスにまで事業を拡大している。「これは自然な成り行きだよ」とクラースは言う。有機農家が新しい作物の栽培を始めるためには、有機作物の種が必要になるからだ。

最近は有機農業がブームの真っただ中にあるが、なぜ種が不足しているのだろう。原因はやはりモンサントだ。モンサント社は一九九〇年代に中小規模の種子会社を買収し、従来からある有機種子の製造元の多くを排除してしまった。

「つい忘れてしまうが、どの農村にも採種農家がいたのはそれほど昔の話じゃない。複数の採種農家のいる村もあった。これは排他的な集団で、村でも特に優秀で誠実な人間しか入会を許されなかった。実際、採種農家組合に加入する際には、投票が行われた」とクラースは教えてくれた。加盟しているメンバーは発芽率などに細心の注意を払い、病気や雑草など、種の汚染につながるあらゆる可能性の排除に努めた。

クラースは幼い頃から、採種農家の知恵や誠実さに惹かれた。「畑仕事を手伝う必要のないときは、できるだけたくさん種について学ぼうとしたものさ」

一九八五年のある日、クラースが自分の農場で大豆を収穫していると、畑のなかで一本だけ背の高い植物を見つけた。近づいてみるとそれは大豆だったが、どの大豆とも違う。「規格はずれだった。一種の突然変異で、驚いたよ。踏みつぶす直前でコンバインを止めた」。クラースはその植物を根っこから引き抜き、種を集め、翌年の春に再びそれを蒔いた。どんな姿になるのか知りたかったからだが、ある若い女性に相談する口実がほしかったからでもあった。コーネル大学で出会った植物育種家で、大学はここから一時間も離れていなかった。

「種子の繁殖について何も知らないふりをして、助けてもらおうとしたのさ。実際、彼女に比べれば、おれの知識なんて全然だった。彼女はすごい育種家だよ」。その彼女が現在の妻メアリ＝ハウウェルだった。

ふたりが種の繁殖への興味を共有していることは、夫婦で立ち上げて急成長を続ける種子ビジネスにとって有利に働いた。有機栽培への転向を説得しやすいし、土壌の改善に役立つ多種多様な種を準備して提供できる。こうして有機農業のネットワークの土台が形成され、どんどん拡大を始めたのである。

工業型農業と有機農業の中間

僕はクラースを訪問するたびに、彼を従来の農業モデルに当てはめるのは難しいという思いを強めていった。小規模の農家が大切に育てた作物を収穫し、ファーマーズマーケットで販売するというお馴染みのモデルには当てはまらない。このような小規模農家を支援することは間違っていない。せっかくおいしい作物を栽培しても、農業で十分生計を立てられる有機農家は全体の一パーセントにも満たないのだから、直接取引できる場所を創造すれば努力が報いられるし、有機農業を取り巻く厳しい状況の改善にもつながるだろう。しかし物事はそう単純ではない。

アメリカ農務省（USDA）が二〇〇七年に行った調査発表によれば、全米のファーマーズマーケットの数は四年間で倍増した。持続可能な食を目指す運動は長らく規格外の発想と見なされてきたが、ようやく明るい兆候が見え始めたと言える。僕はPBS〔公共放送サービス〕でこのニュースに関して農業アナリストのデニス・エイブリーとインタビューを受けた。エイブリーはアグリビジネスを強力に奨励しており、『*Saving the Planet with Pesticides and Plastic: The Environmental Triumph of High-Yield Farming*（殺虫剤とプラスチックで地球を救う――収穫量が多い農業は環境にやさしい）』という著書もある。

「完璧な世界では、私たちはすべての食べものをファーマーズマーケットで買うようになるのでしょうか」とインタビュアーが尋ねた。少々くだらない質問だと思い、どのように答えようかと一瞬迷ったすえ、僕は「そうです」と答えた。つぎにインタビュアーは、バージニア州スウープのオフィスからの中継でつながっているエイブリーに話をふった。学術書がずらりと並んでいる壁を背に、書斎の革貼りの椅子に腰かけている様子はいかにも堂々としている。

「そうですね。私もファーマーズマーケットは好きですよ」とエイブリーは笑顔で切り出し、シナモンロールやソーセージや桃といった商品を地元のファーマーズマーケットで時々買い求めていると説明した。べつのモニターではインタビュアーが笑みを浮かべている。エイブリーは話を続けた。「しかしこの国は、毎日何億トンもの食べものを必要としています。農家のピックアップトラックで運ばれてくる作物だけでニューヨークが食糧を調達しようとすれば、ひどい交通渋滞が発生して、都市の機能は麻痺するでしょう」。そう言って、僕の描く完璧な世界が大惨事を引き起こすことを彼は巧みに表現した。僕との共通点は「シナモンロール」までだった。

大規模なアグリビジネスは擁護できるものではない。生態系の破壊がとんでもない規模と影響力を伴って引き起こされた背景には、アグリビジネスの存在があった。土壌の肥沃度が衰えたことだけでも被害は深刻で、その悪影響は長期間続く。しかしだからと言って、ファーマーズマーケット（そしてエドゥアルドのようなブティックファーム〔特種な作物や家畜の栽培・飼育を専門に行う農場〕）から僕たち全員の食糧を確保できるわけがないし、そんなのは世間知らずの主張にすぎない。畑で育てた作物を収穫し、ピックアップトラックでマーケットまで運び、自分でレジも打ってくれと農家に頼むことなど不可能だ。作った料理をテーブルに運び、皿を片づけて洗うところまで毎晩やってほしいとシェフに頼むようなものだ。

ペンヤンでクラースや農家のコミュニティと過ごす時間が増えるにつれ、僕はインタビュアーの質問への回答がわかりかけてきた。正解は、僕の考える理想とエイブリーの指摘する現実とのあいだのどこかに存在している。実際のところ農業には中間と呼べる部分があり、たとえばクラースのような中規模農家がそこに該当する。ファーマーズマーケットに出荷するには大きすぎるが、大規模なフードシステムと競合できるほど大きくない。ただし、ほとんどの中規模農家は目先の利益にとらわれ、確実に金になる単一栽培だけに取り組む。銀行のローンを組んでコンバインを購入し、おまけに住宅ローンの支払いを抱えていたら、あえて冒険しないのが普通だろう。クラースは例外的存在である。

〈ストーンバーンズセンター〉の理事長で、自身も有機小麦を栽培しているフレッド・キルシェンマンは、国内で消滅しつつある中規模農家の最大の擁護者である。彼の指摘によれば、中規模農家はアメリカの農地の四〇パーセント以上を所有しているが、あと一〇年もすればほとんど消滅するという。[★2] 彼らの土地が大規模農家に統合されていけば、栽培する作物の多様性はどんどん失われていく。

現代の農業が抱える問題は一見すると手に負えない。解決策を探すには、中規模農家に注目し、彼らの創意工夫や機転に頼るのが賢明ではないだろうか。クラースやメアリ＝ハウウェルは、未来の農業の可能性のお手本とも言える。そもそも持続可能なフードシステムは複数の要素に支えられている。たとえばデエサや〈ヴェタ・ラ・パルマ〉を見ればわかるように、従来と異なる農業を実践するだけでは持続可能性は実現されない。あるいは、食糧の生産や消費に取り組む姿勢を改めても、まだ十分とは言えない。どちらも中心的な要素ではあるが、もうひとつ、文化の存在が欠かせない。今日、個人経営の小規模農家はとかく美化されるが、変化の仲介役としての影響力は限られている。

僕が文化の重要性を明確に意識するようになったのは、クラースとメアリの製粉所を初めて訪れたことがきっかけだった。初春の日の午前中で、駐車場にはたくさんのピックアップトラックが停車していた。大きなフラットベッドトラックが荷物を積んで入ってくるのと入れ替わりに、べつの大型トラックが出発していく。室内ではメアリが電話で注文を取り、種子検査のスケジュールを組み、アドバイスを求める農家からの相談に応対している。穀物の袋を運ぶフォークリフトが、混み合ったフロアを縦横無尽に移動していく。一方、クラースは、数人の穀物農家の注目を集めていた。フザリウムというカビによる感染症は厄介で被害も大きいことで知られるが、土を正しく管理すれば回避できると彼は説明し、みんなを感心させている。べつの農家のグループはコーヒーとドーナッツを手に、有機大豆の市場機会について製粉所の責任者と立ち話をしている。その脇ではひとりの男性が大きなメッセージボードの乱雑な情報のなかから、中古の機械の契約についての書き込みを探している。

この情景を見たとき、この製粉所の本来の目的はペンヤンに有機農業の文化を繁栄させることで、それを立派に達成しているだけでなく、社交の場を提供しているという事実に僕は突然思い至った。古くて薄汚いホールのように、ここは人びとが不満を発散させ、アイデアを交換し、農業の孤独な作業から逃避できる場所なのだ。決してみんなが尊敬し合っているわけではないが、目的を共有している雰囲気は感じられる。トラックの運転手から製粉所の作業員、農家、そして復活したペンヤンの町そのものまで、すべてが僕のいるこの場所を中心に繁栄している。

＊

ペンヤンから〈ストーンバーンズ〉に戻る車中、僕はクラースの有機農業がロシアのマトリョーシカ人形のような入れ子を成していることに気づき始めた。いちばん外側は、骨組みとなるストーリーで、当初僕はこの部分について本を執筆するつもりだった。クラースが兄弟たちと決別し、有機農業を始めるまでの物語だ。取り上げるテーマの範囲が大きいので、個々のストーリーとしても十分に成り立つ。しかし彼の創造する質の高い農業や輪作による土壌の改良からは、べつのストーリーが生まれた。彼の考えに共感した農家のコミュニティが創造され、そこからさらに様々なストーリーが語られる。採種農家として、あるいは製粉業者や流通業者として、農家は色々な形で登場する。そしてそれをすべてまとめると、持続可能なフードシステムが形成されていくのだ。

そのとき僕はウェス・ジャクソンとの会話のことを思い出した。彼は有機農業をこのようにとらえてはいない。「結局のところ有機農業は永遠に続かないよ」と彼は言って、いずれは誰かが近視眼的な決断を下し、土壌の質を低下させて将来の健康をむしばむことは農業の歴史が証明していると指摘した。

クラースやメアリの善意や勤労は評価できるが、最終的にそうしたシステムは分解するとウェスは予測したのである。

たしかに彼の意見は核心を突いている。結局のところ、ここはデエサとは違う。大地を歴史や文化の一部と見なし、人びとが何世代にもわたって大事に守ってきたわけではない。リサも指摘してくれたが、デエサがスペイン人の想像力を大いに掻き立てる風景になっているのは、この地がハモンイベリコと関係があるだけでなく、ハモンイベリコから進化した農業や食事と関わりを持っているからである。ペンヤンのような場所で営まれている中規模農業は、食文化を伴わないのでアメリカ人の心に強く訴えない。ハモンイベリコに匹敵する存在が欠落しているのだ

そもそも、ペンヤンの有機農家は直接的に人びとを食べさせてはいない。栽培されているのは、人間が食べる動物に食べさせる穀物である。僕の訪問中、クラースはその点を何度も強調していたが、ペンヤンからの帰路、五四号線を南下している道中で僕は初めて彼の言いたいことがわかった。証拠はいたるところにある。乳牛の姿がある一方（多くの農家にとって、有機ミルクは未だに景気のけん引役である）、飼料用の穀物や被覆作物の畑がどこまでも続いている。屋根の上から眺めたデエサの景色に比べて、この景色の美しさは遜色がない。でも、ここには僕が食材として使える作物が存在しない。つまりこのストーリーには、未だに重要な部分が欠落しているのだ。

もしも食システムの真の持続可能性には複数の要素が関わっており、その影響力の目安が文化への浸透の深さだとするならば、ウェスの言うことはおそらく正しいのだろう。これまで有機ミルクは爆発的な売れ行きを見せてきたが、それがほかの流行に取って代わられたときにはどうなるのだろう。あるい

は、ここより地価の安い中西部の農家が有機穀物の栽培に転向し、アップステート・ニューヨークの酪農家がもはや競えなくなったらどうか。

クラースとメアリは従来の穀物市場が拒んできたことにあえて目を向け、費用をかけて作物の輪作に取り組み、健康な土壌を生み出した。こうして農業の問題を解決させると、今度は製粉所の運営と種子ビジネスを開始して、関連農家が抱える深刻な経済問題の解消に努めた（さらに偶然の結果だが、ふたりが考案した飼料のレシピから味のよいミルクとポークが生まれた）。しかしウェスが言うように、一〇〇年後の未来にはクラースの農場は変わっているだろうし、それがかならずしもよい方向に進んでいるとはかぎらない。

彼のストーリーに欠落している要素――文化や伝統が凝縮された作物の欠落――はクラースの落度ではない。少なくとも責任の一部は、僕のようなシェフやレストランにある。小麦、キビ、アマ、大豆、ソバ、ライ麦などの穀物や豆類は、いずれも土壌の肥沃度を増し、最高の味の食べものを提供することに貢献しているが、主に動物の飼料用に栽培されている。しかし、レストランのメニューに加えることも可能で、そうすれば農家の利益は膨らむはずだ。

「もしも需要とそれを支えるインフラがあれば、ペンヤンの農家だけで、ニューヨークを地元産の穀物で埋め尽くせるんだがね」とかつてクラースに言われたが、彼の仕事ぶりをじっくり見学したいまとなっては、その言葉が誇張ではないことがわかる。

アンヘル・レオンは漁船で働いていたときに魚が山のように捨てられる現場を目撃し、捨てられてしまう魚のための市場を創造しようと決断し、自分の店のメニューで料理としての価値を伝えようとした。土壌を肥やすために輪作によって栽培されるペンヤンの穀物や豆類の多くは、農業において混獲に匹敵する存在だ。せっかくの穀物を動物の餌にするのは、市場で売れない魚を海に投げ戻すよりはましな行為かもしれないが、持続可能な食システムの構築に役立つ行為ではない。僕が理想の料理である「第三の皿」に本気で取り組むためには、アンヘルを見倣い、需要のない穀物を〈ブルーヒル〉の料理に取り入れる方法を学ばなければいけない。いや、ただ取り入れるだけでなく、クラースの輪作をメニューに欠かせない存在にするべきだ。

　そこで僕はクラースと同じく、まずは小麦に挑戦しようと決心した。彼が栽培したエアルーム種〔伝統的な品種〕のエンマー小麦やスペルト小麦を使えば、失われてしまった穀物独特の味を再現できるのではないか。

第26章　小麦粉は無味無臭ではない

エンマー小麦

やがてクラースの小麦がストーンバーンズの〈ブルーヒル〉に届けられるが、その小麦で何をつくればいいのかと誰もが途方に暮れた。

パティシエであるオーストリア生まれのアレックスからは、後日つぎのように打ち明けられた。「いまだから言えますけどね。あの日、全粒小麦粉の袋を渡されたとき、スペルトとかエンマーとか、いったい何のことやら、ちっともわからなかったんです。『わかりました。これで何か作ってみます』とは言ったけど、咄嗟に思い浮かんだのはクネーデル〔団子状の料理〕ぐらいでしたよ」。そう言うとアレックスは何か非常に重いものを持ち上げるふりをして、全粒小麦粉のダンプリング〔ゆで団子〕が僕たちのメニューにふさわしくなかったことを表現しようとした。

「だからまず、おばあちゃんに連絡しました。『ちょっと助けてよ』ってね。彼女ならきっと全粒小麦粉のよいレシピを知っていると思ったんです。でも、『無理だね。私のおばあちゃんに聞かなくちゃわからないよ』と言われちゃって。全粒小麦粉に関しては、そこまで遡らなければ知識がなかったんです」

その晩、アレックスは眠れなかったという。「僕はパティシエだから、小麦粉の知識があって当然でしょう。たとえば大工はハンマーについて詳しいですよね。もしも普段とは違うハンマーを手渡されたらどうしますか。それが古いハンマーで、日頃使っているものより長くて重く、しっくりこなかったとしたら。調整に少し手間取るかもしれないけれど、それでもそのハンマーを使いこなすようになるでしょう。手渡されたハンマーを置いて、『すまない。これじゃテーブルを作れない』なんて言わないですよ」

しかし翌日、アレックスは妙案を思いついた。精白小麦粉の代わりに全粒エンマー小麦粉を使った、クラシックなブリオッシュローフを作ったのである。僕が事前に相談されていたら、そんなことはやめろと警告していたはずだ。ブリオッシュはコッコーヴァン〔雄鶏の赤ワイン煮込み料理〕やタルト・タタンと同じくクラシックな料理なので、変更の余地などどこにもない。別の材料を使って完成度を下げる必要はないだろう。

アレックスはエンマー小麦を製粉する際、フリント種の八列トウモロコシを粉に挽いたときと同じ卓上式ミルを使った。「挽けば挽くほど厨房には土のにおいが漂ってきました。いや、土じゃない、自然の香りだ。子どもの頃、夏休みに両親と畑にいて、風が小麦の良い香りを運んできたときのことを思い出しました」

数日間、アレックスは僕にいっさい試食をさせなかった。「最初に出来上がったのはとんでもない代物で。あまりにも——うーん、なんて言えばいいのかな——*Schwer wie ein Stein*《石みたいにコチコチで》、そう石みたいに重かった」と言う。「学びの連続でした。ぼくの作るブリオッシュはいつも非常にベーシックで作り方も簡単です。卵、小麦粉、イースト、バターを全部混ぜてからこねて発酵させ、焼いたら出来上がり。これだけで、完璧なブリオッシュが出来上がります。でも今回はちょっと工夫を凝らしました。生地をこねてから発酵時間を長くとり、バターの量を少し減らし、卵は少々増やし、微調整をしたんです」

そして一週間後、ディナーが始まる直前に、アレックスはようやく成果を披露してくれた。焼き立てアツアツの全粒粉ブリオッシュが、厚切りにされて運ばれてきた。パンから立ち上る湯気が天井に漂っていく。それはまるで子どもの漫画に描かれる焼き立てパンのイメージで、木の実やアプリコットのよい香りが周囲に立ち込めた。パンの外見からは、クラシックなブリオッシュのようなふわりとした軽い印象を受けるが、濃いあずき色をしているところだけが違っていた。

アレックスはまわりに集まってきた数人のコックたちにパンのスライスを手渡した。お腹の空いたコックに何か試食してもらうのは難しいことではない。薄っぺらなメルバトーストだって喜ばれるのだから、それがバターのたっぷり入った焼き立てのパンならなおさらだ。そして日頃は評価の厳しいコックたちが、このパンに強い印象を受けて（「やったな、アレックス」）、絶賛したのである（「ドイツ人にパンが焼けるなんて、驚いたよ」）。

ブリオッシュは本当においしかった。一口ほおばると心がほっとするような味で、トーストされたナッツと湿った草の香りがアクセントを添える。フリント種の八列トウモロコシで作ったポレンタはトウモロコシの味が強く、乾燥トウモロコシも本来はトウモロコシの味がするべきだと気づかされたが、それと同様、全粒小麦粉のブリオッシュからは小麦の香りがはっきりと感じられた。

このブリオッシュは、僕が子どもの頃に初めて生乳を飲んだときの記憶を呼び起こした。〈ブルーヒルファーム〉の隣の牧場のオーナーであるミッチェルさんの自宅のキッチンでのことで、兄のデイヴィッドが一緒だった。僕たちはちょうど午前中の雑用を終えたところで、ミッチェルさんの息子のデールが冷蔵庫からチョコチップクッキーの箱を取り出して、朝食用に開けてくれた。当時、僕は一〇歳で、それは夢のような時間だった。デールが出してくれたそのクッキーをちょうど口に入れようとしたとき、デールの姉のジャネットが搾りたてのミルクをスチール製のミルク差しに入れて持ってきた。低温殺菌されず、バターのような黄色で、まだ温かさが残っている。デールは時間をかけてゴクゴクと飲むと、僕にミルク差しを渡した。まるで密造酒を回し飲みするような気分だ。「うまいぞ」と言われ、僕はクッキーへの未練を捨ててミルクを流し込んだ。信じられない味だった。クリーミーで甘く、それでいて刺激的で、朝の牧草のように香ばしい。まさに自然のままのミルクで、これに比べたら低温殺菌の薄められたミルクなどまずくて飲めたものではない。冷凍のオレンジジュースが搾りたてのジュースに太刀打ちできないのと同じだ。アレックスのブリオッシュも自然の風味を強く感じさせる一品で、これまで食べたどのブリオッシュとも異なっていた。

三枚、四枚と食べ続けるうちに、僕は「全粒小麦粉」という言葉をまったく新しい角度でとらえるようになっていた。そもそも全粒小麦粉は、「穀粒全体を粉にした小麦粉」と定義される。しかしこの定義では、全粒粉から得られる深い満足感を説明できない。白い小麦粉から作られる従来のブリオッシュも豊かな味わいで、退廃的な雰囲気さえ漂わせているが、せいぜい食欲を満たしてくれる程度だ。食べる喜びはあっても、心の底から満足できるわけではない。アレックスの全粒小麦粉のブリオッシュが絶妙の味に仕上がったのは、クラースが正しい方法で小麦を育て、挽きたての粉を使ったからだが、理由はほかにもあった。全粒小麦粉という名前からもわかるように、穀粒全体を使っていることがおいしさを引き出し、そのおかげで完璧な食べものになっているのだ。

＊

〈ブルーヒル・ストーンバーンズ〉では、この全粒小麦粉で作った新しいブリオッシュをお試しメニューとして提供し始めた。朝食の一品として紹介したり、料理のおまけ程度に提供したりするつもりはなかったので、〈シェパニーズ〉で完璧な桃を丸ごと提供したアリス・ウォータースのコンセプトを拝借することにした。ブリオッシュをスライスし、軽くトーストして塩を少々まぶし、それだけを白い小皿に載せて供したのである。こうすれば、クラースの小麦のおいしさが完璧に引き出される。素晴らしい小麦には自己主張させればよい。

ところが、ここでウェイターの抗議に遭った。僕が受け渡し台で準備を始めると、ウェイターたちはパンのスライスだけを載せた皿を怪訝そうに眺めた。みんなクラースのことを知っているし、全粒小麦の素晴らしさを理解していないわけではなかったが、首を横に振って、反対の意思表示をしたのだ。こ、れ、は、だ、め、で、す、客に受けませんよと指摘されたが、ある程度の反対は予想していたので、僕はマスモトの丸ごとピーチについて語り、完璧な一品をびっくりするような形で提供すれば客は貴重な体験ができるのだと説明した。しかしそれでもリードウェイターは僕を脇へ引っ張って、きっぱりと言った。「そんなの、カリフォルニアでしか通用しませんよ」

シェフの権限については誤解されていることが多く、それはシェフが経営するレストランでも例外ではない。ディナーサービスという電撃作戦で軍隊を率いる司令官のようなイメージが定着しているが、実際のところ、シェフは取締役会長のような存在だ。ウェイターは取締役会のメンバーと言ってもよい。〈ブルーヒル・ストーンバーンズ〉にはメニューが存在しないので、権力を握っているのは取締役のほうで、そのことをウェイターも心得ている。テーブルとの親密な関係を築くために客に親しく語りかけ、慰め、情報を提供し、時には多少挑発するといった努力を惜しまない。客と厨房のどちらの陣営にとっても大使のような存在と言える。ウェイターはレストランを代表する立場にあるが、僕たちのレストランの場合、客の興味を厨房に伝える使者の役割も果たしてくれる。厨房に持ってくるオーダーペーパーには、いろいろと情報が書き込まれている。だから僕が予め考えておいた料理——たとえば丸ごとビーツのあぶり焼き、自家製糖蜜ヨーグルト——に乗り気でない場合には、厨房に届けられるオーダーペーパーに「このテーブルはビーツが嫌い」と書かれている。

とりあえず僕はブリオッシュだけを載せた皿を送り出したが、なぜかその晩の客はそろいもそろって全粒小麦が嫌いだった。

そこで僕はアプローチを修正することにした。数日後、シフトに入る前の数人のウェイターに、オーブンから取り出したばかりの全粒小麦粉のブリオッシュを試食してもらったのだ。今回はストーブで温めておいた自家製のリコッタチーズをスプーン一杯、それに温室で育てたサラダ用野菜で作ったマーマレードを準備した。ウェイターたちはそれをブリオッシュに塗って試食した。「これなら大丈夫です」とようやくお墨付きをもらい、提供されることになった。

ところがここでトラブルが発生する。「このテーブルはブリオッシュを希望」というオーダーペーパーが続々と届き始めたのだ。というのもウェイターたちがこのパンについて熱心に前宣伝を行い、テーブルではわざわざクラースの育てた小麦を見せびらかして、今日の料理では「挽きたての全粒小麦を存分に味わえます」などと言って、客の好奇心をあおったのである。

クラースの小麦の供給が需要に追いつかなくなるまで、時間はかからなかった。そこでアレックスは製粉済みの市販の全粒小麦粉を購入し、クラースから小麦が届くまでの代役に当てようとした。しかし最初の完成品を見た途端、彼はその計画を放棄する。

「ブリオッシュの見た目は悪くなかったんです。ぷっくりと膨らんでね。でも、オーブンを開いてもよい香りが漂ってきません。しかも、ほこりっぽいんです。古いクローゼットみたいにほこりっぽくて」とあとから報告された。

結局ブリオッシュはメニューから外され、しばらくして、クラースからエンマー小麦の配達が再開された。ところがこれも厄介な問題を抱えていた。前回とは違う時期に収穫された小麦は、アレックスのレシピとの相性が悪かったのだ。パン生地はネバネバして、期待どおりの形にならず、最初は膨らみもしなかった。やがて膨らむようにはなっても、あっという間に崩れてしまう。

アレックスによれば「小麦粉が僕に注目してほしいと訴えているような、そんな感じでした」。そこで再びレシピを修正し、水の温度を上げ、パン生地を混ぜる時間を長くして、型のサイズも変更する。

数日間試行錯誤を繰り返した結果、ようやく新しい小麦のことがわかりましたとアレックスから報告があった。

「よいワインと一緒ですよ。毎年出来が変わるから、こちらもそれに合わせていかなければいけません。毎回、学習の繰り返しです。でも、それがこの小麦粉のよいところでもあります。基本的に、僕たちは自然から出される指示に従えばいいんです」。数日のうちに彼の努力は報われ、僕のもとに試作品が運ばれてきた。

今度のパンも前回同様に木の実の風味が感じられたが、蜂蜜のような甘さが加わっていた。それに少し軽い感じで、パンのなかにはたくさんの気泡ができている。ひとつ手に取って間近で見ると、ジャックの野菜畑の地下に広がる世界が頭に浮かんだ。あそこにはたくさんの微生物が活動するためのルートが何キロメートルにもわたって作られていた。あのときジャックは、微生物の絶えまない活動のおかげで、おいしい味の創造に欠かせないすべての要素が植物に備わるのだと説明してくれた。もう一度かじってみると、まさに彼の説明どおりの味が口じゅうに広がった。

なぜ精白小麦が好まれるのか？

僕たちは全粒穀物に対して偏見を抱いている。

そのように生まれついたと言ってもよい。僕たちが白い小麦粉をむやみに欲しがるのは、全粒粉よりも甘いからだ。人類はエネルギーの高い食べものを摂取しなければならないため、進化の過程で砂糖を好む傾向が強くなったのである。哲学者のダニエル・デネットは著書『解明される宗教——進化論的アプローチ』（青土社、二〇一〇年、阿部文彦訳）のなかで、僕たちの甘いもの好きは実際のところ生物学的進化の結果だと論じている。糖の分子「そのものが甘い」わけではない。★3 しかし加熱して甘くなった食べものからはたくさんのエネルギーを吸収しやすいため、甘いものを好む本能が発達したのである。僕たちは脳にせっせとカロリーを送り込み、そのご褒美として脳から甘いもの好きの傾向を授けられたわけだ。精白された小麦粉は僕たちの脳の欲求を満たしやすい。全粒粉に比べると、大事なエネルギー源のブドウ糖が吸収されやすいからだ。繊維質のふすまが取り除かれているので、でんぷんから糖への転化を遅らせる要素が存在しない。知人の栄養学者はかつて、精白小麦粉をクラック・コカイン〔タバコで吸引できる状態にしたコカインの塊〕にたとえた。ピュアで即効性に優れ、もっとほしいという欲望を掻き立てられるのだという。

精白小麦粉が好まれる傾向を社会文化的な観点から分析している研究では、これが何千年も受け継がれてきた伝統だと指摘している。★4 古代ローマでは、消費される小麦粉の種類は社会階層によって異なっていた。最も白くて柔らかいパンは特権階級だけのもので、貧しい農民は複数の穀物を混ぜ合わせて作ったパンを食べた。やがて時を経て、この社会格差は定着していったのである。悪知恵のはたらく製粉業者は小麦粉を少しでも白くするための手段を選ばず、マッシュポテト、チョーク、おがくず、さらには乾燥した骨や有毒な白鉛まで加えた。

一方、精白小麦粉を好む傾向を料理の観点から説明する考え方もある。たとえば今日の製パン業者は、おいしいパンの秘訣は小麦ではなくパン作りの腕にあると信じている。ニューヨーク市の〈サリバンストリート・ベーカリー〉のヘッドベーカーであり経営者のジム・ラーイは、かつてパン職人や農業関係者のグループを前にしてこう語った。「ごく平凡な小麦を提供されてもかまわない。うんとおいしいパンに仕上げてみせる」。その言葉に嘘はないと思う。腕のよいパン職人の手にかかれば、ふすまや細菌が取り除かれ、(したがって味のない)裸同然の小麦はおいしさの妨げにもならない。実際、空気のように軽くて気泡がたくさん入った「フランスパン」を目指すパン職人にとっては、精白粉のほうが役に立つ。

小麦粉が含有するたんぱく質からはグルテンと呼ばれる魔法の物質が作り出され、適切な環境下ではゴムバンドのように長く伸びる。グルテンは弾性に優れ、しかも一度膨らんだパンは冷めても縮まず形を保つことができる(パスタ生地をいくら伸ばしても縮んだりちぎれたりしないのは、グルテンのおかげだ)。概してたんぱく質の含有量が多いほどグルテンは強力になり、イーストが分裂・成長しながら吐き出す二酸化炭素を取り込むスペースが十分に確保される。その結果、柔らかいパンが出来上がるのだ。ところが全粒小麦粉にはふすまが残されており、それがガラスの小さな破片のようにグルテンを切り刻むので、密度が濃くて重量感のあるパンになってしまう(アレックスのブリオッシュが柔らかいのは、バターと卵とミルクのおかげでもある)。どんなに経験を積んだパン職人でも、全粒小麦粉からふわふわのパンを作るのはむずかしい。

製パン業界は柔らかいパンが好まれる傾向に付け込み、たんぱく質の含有率が高くてグルテンのはたらきが強力な品種の選抜を小麦育種家に迫った。そうすればパン生地のコシが強くなるからだ。しかも、コシが強ければ焼き時間も短縮される。規模の大きな製パン所では、コシの強さはパン作りの大前提とも言える。大量に混ぜ合わせてもパンの形が崩れず、短時間で発酵が終了し、ふわふわに膨らんだパンが完成すれば理想的だろう。おまけに発酵時間が短ければ、限られた時間で作られるパンの数は増えていく。

ひょっとしたら、僕たちが精白小麦粉を好む傾向は少々行きすぎた方向に誘導されたのかもしれない。セオドア・ローザックは一九六九年に刊行された著書『*The Making of a Counter Culture*（カウンターカルチャーはいかにして作られたか）』のなかで、僕たちの主食を台無しにした食品業界を非難して、こう記している。「パンは繭の毛羽のように柔らかい。[★5] 噛む手間はかからず、しかもビタミンが添加されている」

市販のパンがアメリカ人の味覚におよぼした影響について、今日のシェフに尋ねてみるとよい。ローザックの指摘はそれほど的外れとは思えないはずだ。

*

一九六〇年代から七〇年代にかけて展開されたカウンター・キュイジーヌ運動[★6]〔農業が工業化される以前の伝統的な品種を食材に使った料理。持続可能性や多様性を重視〕は、全粒小麦粉の復権を目指した。食品システムが工業化される以前の味を取り戻すため、白い食品はすっかり悪者扱いされた。加工され殺菌されて大事な成分が取り除かれていることはむろん、現代のアメリカ文化の没個性を象徴する存在であることがやり玉に挙げられたのである（「白いものを食べるのはやめよう。正しいものを食べて戦おう」と訴えた）。この新しい価値観は、ベストセラーとなった『*Tassajara Bread Book*（タサジャラ・ブレッドブック）』にも盛り込まれている。これは宣言書と言っても穏やかな内容で（本には笑顔のブッダや猫のイラストが登場する）、料理のレシピも掲載され、工業化された食品や農業に代わる健全な食と農を熱望した書である。

カウンター・キュイジーヌは倫理面も含め広い範囲で食をとらえた。（菜食主義やコミューナルダイニング〔見ず知らずの人とテーブルを共にして食事をする形態〕など）特別な食べものや習慣を受け入れるだけでなく、フードチェーン全体を徹底的に調べ上げた。その結果、僕たちの食べるものを誰が栽培しているのか、どのような経路で届けられるのかなど、あらゆる事柄が点検された。しかし、カウンター・キュイジーヌのやり方に忠実な食べものがすべておいしいわけではなく、特にパンは悲惨だった。この時代に全粒小麦粉から作られたパンはまるでレンガのように堅くて、食べるよりは砦の建設材料にふさわしい代物だった。気高い食べものが常においしいとは限らない。

「『全粒小麦』とか『全粒穀物』というラベルからは、まずい自然食品がすぐに連想される」とロサンゼルスの〈ラ・ブレア・ベーカリー〉の設立者であるナンシー・シルバートンは言った。そして、大抵の食品は本当にまずかった。

「ヴォーグ」誌のフードライターであるジェフリー・スタインガーテンはかつて、全粒穀物でパンを焼いたときの経験についてつぎのように書いている。「私がこれまで焼いたなかで最悪のパンは、『タサジャラ・ブレッドブック』に紹介されていたチベット産大麦のパンだと断言できる……重量感があって堅く、スライスするのも一苦労で、バターをたっぷり塗らなければ食べられる代物ではなかった[★7]」。『タサジャラ・ブレッドブック』にも賞賛に値するパンが紹介されていることはスタインガーテンも認めている。しかし彼はカウンター・キュイジーヌのアキレス腱、すなわちまずい料理をよりによって選んでしまったのだ。

＊

まずいのは作り方のせいではない。アレックスだって、市販の全粒小麦粉で作ったブリオッシュはまずかった。実際のところ、国内産の全粒小麦のほとんどは、おいしいとは言えない。それを改めないかぎり、全粒小麦粉に魅力を感じてもらうことも、精白小麦粉よりも好きになってくれるよう説得することも難しいだろう。

ではなぜ、市販の全粒小麦粉で作られたパンは、クラースの小麦を原料としたパンと味が異なるのだろう。成分は（ある意味）同じなのに、僕たちが自分で挽いた小麦粉に太刀打ちできないのはなぜか。その答えのひとつとして、製粉のタイミングが考えられる。小麦が香るのは胚芽に含まれる天然油のおかげだが、この油は保存期間が短い。それも著しく短く、香りが発散された途端に消え始める。つまり穀物としての香りを保つためには、新鮮な小麦粉を使わなければならないのだ。そして栄養素も同じで、製粉からわずか二四時間以内に半分近くが失われる。そうなると、本当の意味での全粒小麦粉を確保するためには、自分で粉に挽くしかない。そこまでこだわる必要はないと思われるだろうか。ならばコーヒーはどうだろう。誇り高いバリスタが予め挽かれたコーヒー豆を使用するだろうか。バリスタにかぎらず、家庭でコーヒーを本格的に楽しむ人たちのあいだでも、粉を使わない傾向は拡大している。

そしてもうひとつの答えが土だろう。クラースは香りのよい小麦を確保するため、作物の組み合わせを十分に考えて輪作したり土を慎重に管理したり、努力を怠らない。これに対し、従来の小麦は農薬漬けの畑で育てられ、栄養素が欠乏している。

しかし、昔のような小麦を復活させることは、よい土をもってしても難しい。たとえ土壌に微生物が繁殖しても、最終的に香りのしない小麦が出来上がる可能性は否定できない。なぜなら現代の小麦（クラースが育てている伝統的な品種とは異なる）は風味を目的に品種改良されていないからだ。単一栽培や収穫高、工業ベースの大規模な製粉や製パン性が目的になっている。

小麦の味が失われた原因のひとつとして、品種改良の際に風味が考慮されなくなったことは大きい。

第27章 アメリカ南部料理のルーツを求めて

遺伝子はどの程度まで、小麦の味を決定するのだろう。

たとえばエアルーム種のトマトとか、僕が何年も前に味わったフリント種の八列トウモロコシが風味を大切にして作られたことは経験上わかっていた。でも小麦の品種改良はどうなっているのだろう。それが理解できるようになったのは、ある出来事がきっかけだった。

ある日、アレックスが再びクラースのエンマー小麦を使い果たした。前回同様、彼は代わりとなる全粒小麦粉を探したが、今回は〈アンソンミルズ〉を発注先として選んだ。この穀物関連の優良企業の経営者はグレン・ロバーツ、そう、慈善家であり、僕たちにフリント種の八列トウモロコシを送ってきた育種家と同一人物である。

「わかりました。今回はこれを試してみましょう」とアレックスは、南北戦争以前に遡る素朴な小麦を粗挽きにした全粒粉が届けられた日に宣言した。「グラハム粉か。初めてだけれど、やってみますよ」

正直言って僕は、グラハム粉〔全粒粉とグラハム粉は同じだと思われることが多い。厳密には、全粒粉の場合、表皮も胚芽も胚乳も一緒に挽かれる。グラハム粉の場合には、胚乳を表皮や胚芽と分けてから、胚乳は小麦粉と同じように挽き、表皮や胚芽は粗挽きにしてから混ぜ合わせる）のブリオッシュに大した期待を寄せていなかった。でも、それは根拠があってのことだ。グラハム粉は一九世紀、食の改善に取り組んでいたシルベスター・グラハムにちなんで名づけられた。グラハムは粗挽きの全粒小麦粉の長所を説いてまわったが（特に家族の栄養を管理する主婦が家庭でパンを焼くときの利点を強調した）、グラハム粉は味に優れていたわけではない。栄養の摂取が優先され、味に関しては我慢を強いられた。だからグラハム粉と聞くと、消化はよいがボール紙のような味で、口のなかがパサパサに乾くというイメージが浮かんだ。数カ月前にアレックスが使用した埃臭い全粒小麦粉のほうがまだましだと思っていた。

　ところがグラハム粉を受け取った日、アレックスは焼き上がったパンを持ってくると、「これは上出来ですよ」と言った。僕はオーブンから出したばかりのパンを一切れ食べてみた。すると、もう一枚食べたくなり、さらに三枚目にも手が伸びた。いつまでもあとを引く。グラハムは質素な生活が健康の秘訣だと考え、そのための処方箋を考案したが、そこから見事な味が創造されている。柔らくて甘く、ある意味、クラースのエンマー小麦よりも豊かな香りを放っている。早速このグラハム粉は、レストランの隣にある小さなベーカリーで採用され、クッキー、フラットブレッド、スコーンなどの材料として使われるようになった。しかし最も意外な使い道は、南部で昔からポピュラーなグラハムビスケットだろう。

　これだけおいしい粉は、どのようにして作られたのだろう。グレンに尋ねると、涼しい場所を選び、味と栄養分が損なわれないように粉はすべて手で挽いたと教えてくれた。大量生産では省略されてしまうプロセスにこだわり、グラハムの教えを忠実に実践したのだ。

しかし、おいしさの秘訣はこれだけではない。「グラハム」粉のおいしさが引き出されたのは、優れた品種だったからでもある。グレンのグラハム粉に使われるのはレッドメイといって、もともとは一九世紀に使われていた品種のひとつだという。これはローラー製粉機には不向きだったので、そのほとんどは小さな自宅用の畑で栽培され、手作業で製粉していた。そのため、今日ではほぼ消滅しかけていたが、それをグレンは苦労して復活させたのである。

グレンはおいしい品種を提供するだけでなく、そもそもそれが、なぜ、どのようにして生み出されたのかも考える。「料理は地域の伝統に支えられている。たとえば、こんなパンが食べたい、という願望を満たすために、小麦は品種改良された。その方針が途絶えたら、おいしくなくなるのも当然だろう」と言う。現在、彼は忘れられた作物を復活させる一大プロジェクトを進めており、レッドメイなどの小麦はその一部にすぎない。小麦だけでなくトウモロコシ、豆、コメなど、かつて南部の食文化の土台を形成していた作物の復活を目指している。「僕は失われた料理の復活をライフワークにしている」とグレンに言われたとき、僕のなかで何かが閃いた。おいしい小麦だけでなく、クラースが輪作しているすべての作物を料理に取り入れるためには、グレンに助けてもらうべきだろう。

ライスキッチン

かつてグレンは、南部の食べもののことを自分はすべて知り尽くしていると考えていた。一九九七年の春、大きなホテルチェーンのコンサルタントとして働いていた彼は、大事なディナーで南部の由緒あるメニューをアレンジしてほしいと依頼された。これはスミソニアン協会の理事会がジョージア州サバンナで開催するディナーで、この重要なイベントを成功に導くためにグレンは奔走する。地元関係者の話を聞き、南部の料理に関する最新の料理本を読んで考えた大胆なメニューには、サバンナのレッドライスが含まれていた。かつて世界有数のコメ生産地として栄えたサバンナでは、レッドライスは単なる料理ではなく文化的遺産として受け継がれていた。グレンはこの一品のために地元で最高のトマトとポークを仕入れ、ライスはストーブの上でゆっくり調理してからオーブンに入れて仕上げた。

グレンにとってコメは身近な存在だった。彼自身はカリフォルニア州のラホヤで少年時代を過ごしたが、母親が育ったサウスカロライナ州は南部料理発祥の地で、「カロライナ・ライスキッチン」として知られる。料理史研究家のカレン・ヘスの定義によれば、「ライスキッチン★8」ではコメが崇拝の対象になっており、かならず食卓にのぼった。

グレンは少年時代を回想して言った。「朝、昼、晩、何を食べても、かならずコメが一緒に出された。そしてレンジの上にはいつもコメが載っていた」。少年時代のグレンがコメで料理を作ることを許されるのは犬の餌で、時々はネコの餌も作った。「レンジの上の鍋に触れただけで、夕食を取り上げられた。正直、結構きつかったよ。僕たちはホットドックが好きなのに、おふくろはライスシチューを用意するんだからね」

しかも母親は、スーパーで購入するコメの品質に不満を持っていた。「うるさい年寄りが難癖をつけるのとは違う。そんな表面的なものではなかった」と言う。彼女はローカントリー（サウスカロライナからジョージアにかけての標高の低い沿岸地域にちなんで名づけられた）で栽培され、手作業で精米されたカロライナゴールドを食べて育った。しかし、一九五〇年代のカリフォルニアでは「機械で精米されたコメ」しか手に入らず、それが不満だったのだ。「コメの箱を開けた途端、においが鼻につくらしくて、ビタミン剤と同じにおいがするって言ってたね」

スミソニアン協会のディナーは成功裡に終わった。少なくともグレンはそう信じていた。ところが数日後、彼のもとに一通の手紙が届く。「その手紙を読んだときの悔しさは未だに覚えている。痛烈な批判だった。『あなたは南部の食の流儀について何も知らない』と書かれていたけれど、返す言葉がなかったよ」。手紙では、彼が慎重に選んだすべての料理をこきおろしていた。

屈辱感に打ちのめされたグレンは南部料理の歴史について本を読み始め、そこから学んだ事柄に衝撃を受けた。「なんてことだ。みんなここにあったんだ。世界最高のワインの一部は、かつてサバンナで作られていた。そして世界最高の食べものがまさにこの地で考案され、世界中に送り出されていた。たとえばレッドライスは本当に赤いけれど、白いコメにケチャップを加えて作るわけじゃない」

グレンは本を読みあさり、一四〇冊以上の書籍から基礎資料を集めた。しかも学べば学ぶほど、驚きは膨らんでいく。南部では、料理は単においしいだけでなく、その地の優れた農業から生まれたもので、一九世紀のアメリカでは突出したレベルだったのである。

「最高の市場システムが存在していたんだ。それを学ぶため、みんながここを訪れていた。南部の人間は地球に種を蒔いていたんだ。郷土料理は世界の羨望の的だった。でも、どうしてだろう」

＊

ある意味、そうせざるを得ない状況に追いこまれたからだ。一八二〇年代になると南部では、タバコや綿やトウモロコシなどの商品作物が土壌を疲弊させてしまった。一方、東部でも全域で土地がやせ衰え、その結果、多くの農民は西部に移り住んで収奪農業のモデルを繰り返した（これは様々な悲劇をもたらしたが、大草原の破壊は最たるものだ）。

グレンによれば、こうして全米各地の土壌が危機的状況に陥ったため、取り残された農民は新しい挑戦に取り組むしかなかった。そんなわけで一八二〇年以降、南部では農業への実験的な取り組みが盛んになった。[★9] 農業ジャーナル誌が次々に発行され、農業組合が結成され、各地で開かれるフェアや展示会では最高の出展品に賞が贈られた。モデルとなった農場やプランテーションでは作物の輪作や間作や緑肥〔植物を枯らしたり腐らせたりせず、そのまま土壌に鋤込んで肥料にする〕が実践されて成果を挙げた。この時代の農家は、育種家も土壌学者も兼ねていた。肥沃な土壌を取り戻すために複合農業は欠かせない存在だったのである。

「当時は農業に科学的要素が積極的に取り入れられた。追い込まれていたから、ほかに選択肢がなかったんだ。でも、南北戦争以前の南部は特に深刻な状況で、それが重大な転機になった。様々な実験が集中的に、いや、熱狂的と呼べるほどの勢いで行われ、それがアメリカの植物育種産業の発展につながったのさ」とグレンは説明してくれた。

よい作物を育てることは切実な問題だった。そこで、まず土壌が回復されると、チャールストンとその周辺のローカントリーには世界各地から様々な種が集まってきた。実際、アフリカのコメ、イタリアのオリーブ、南米のキヌア、スペインのセビリア地方のオレンジなど、ユニークな品ぞろえだった。グレンが農業ジャーナル誌で読んだ記事には、四〇種類のルタバガ〔アブラナ科の野菜〕や何十種類ものゴマの種を植えた畑についての記述があった。そして育種に成功すればその話はあっという間に広がり、新しい野菜や穀物の種がどんどん蒔かれた。

「ここで本当にすごいのは、作物を運ぶ際に、味が決め手になっていたことだ。アメリカの歴史を振り返ってみて、それ以前にも以後にもそんな時代はなかった。とにかく味が大切だった。たとえ収穫量の多い品種でも、味がおそまつならば次回は植えられなかった」

ローカントリーの料理はこのように豊かな環境のなかから、北米先住民とヨーロッパとアフリカという三つの文化の衝突を経て誕生した。料理協会が結成され、レシピが考案されればそれを保存するための料理本が直ちに執筆された。

もちろん、この短くも画期的な時代には影の部分もあった。味のよい食べものが広く普及し、おいしいものしか手に入らない場所も多かったが、当時の南部は未だ奴隷制に支配されていたのである。

「少なくとも当初は、野菜畑での実験に取り組むすべての家に奴隷たちがいて、実際に働くのは奴隷たちだった。料理もほとんどすべて彼らに任せきりだった。黒人の見事な仕事の成果を自分の手柄として、本に執筆する裕福な白人も大勢いたんだ」とグレンは教えてくれた。

カロライナのライスキッチンに関して、グレンはコメを中心とした「美食にとっての良き時代」と評しているが、これは土壌を見舞った危機と奴隷制から進化したものだ。生態系と人間社会の現状を反映しつつ、アメリカで最初の個性的な郷土料理が完璧な形で誕生したのである。ただしグレンの母親には、子どものときから慣れ親しんできた料理という自覚しかなかった。

しかし誰からも愛される料理も、それを支える農業のシステムも長続きせずに消滅した。まず一八〇〇年代になると、東海岸に農産物を供給していた大規模農家が拡大し、市場を独占するようになった。そして南北戦争の時代に、ダメ押しとなる事態が発生する。一一万二〇〇〇エーカー近くの田んぼが放棄されたのだ。化学肥料の登場をきっかけに、農家は手間のかかる輪作をやめ、手早く金になる主要作物に専念するようになった。その結果、害虫の問題が発生し、対策として農薬が使われるようになると、土壌の健康は劣化した。

問題はそれだけではない。主要作物を供給する場所がカリフォルニア州とニュージャージー州に移ってしまった。トウモロコシと小麦の主な生産地は中西部へと移り、かつて多くの利益を生み出した南部の作物の価格は落ち込んだ。そしてデイヴィッド・ウェッソンが綿の実から食用油を製造する方法を考案すると、綿が南部の主要作物としての地位を固め、実験的農業の時代は完全に幕を閉じる。大恐慌が始まる頃には、グレンの母親が愛したコメ、カロライナゴールドはほとんど消滅してしまった。

カリフォルニアのサーファーでホルンと数学の才能に恵まれた若き日のグレンは、奨学金を全額支給されてノースカロライナ大学に入学する。そしてこの大学で子どもの頃に親しんだ料理との再会を果たしたのである。彼は粗挽きトウモロコシや小麦、さらに地元産のコメがあるときにはそれを、カリフォルニアの母親のもとに送るようになる。しかしその味は彼女の記憶とは違うものだった。

「こりゃ、ひ、ど、い、と母は言うんだ。だから、いかにもおいしそうなコラード〔キャベツの原種に近い野菜〕や、時々はサヤエンドウも送るんだが、まったく気に入ってくれない。味がしないと言ってね」

母親のこの言葉をきっかけに、グレンは一連の出来事がもたらした影響を理解するようになった。そして、先のスミソニアン協会でのディナーと南部料理に関する研究が、具体的な行動をとるきっかけになった。

「すべてが消滅したなんて、受け入れられなかった。だから行動することにしたんだよ」。グレンはホテルビジネスから離れた。

＊

一九九八年、グレンは穀物関連企業〈アンソンミルズ〉を立ち上げた。「コメを復活させ、栽培から販売まで手がけたい。そんな思いつきだけで〈アンソンミルズ〉を始めた。実現の可能性なんか確認しなかったし、予測も立てなかったし、予算だってなかった。志は立派だったけれども、何も知らなかったのさ。数週間もすると、誰も種もみを持っていないことがわかった。誰もコメを栽培していなかったんだよ！　まったく、何をやっていいいいいいたんだ……」そう言ってグレンは自分の額を叩いた。

そんな状況にもグレンは迅速に適応し、手始めに粗挽き用のエアルーム種のトウモロコシを栽培することにした。それで十分な収入を確保できれば、時間と金のかかるコメの栽培ができるようになると考えたのである。「やや場当たり的だけれど、とにかく計画が出来上がった」

しかしまもなく、エアルーム・トウモロコシの種も供給不足だということがわかった。

そこでグレンはこの地域の密造酒製造者を探すことにする。違法な蒸留酒製造所では自家栽培したトウモロコシが使われ、それが何世代も受け継がれてきたはずだと見当をつけたのである。それに子どもの頃に、母親からは最高においしい粗挽きトウモロコシは海岸の一帯で作られていたと聞かされていた。「だからもちろん、海岸に行ったよ」と、親の言いつけに忠実な子どものように語った。「密造酒製造者が海岸でトウモロコシを育てているなんて、誰も知らない。でも、おふくろは知っていたのさ。そして本当の話だったんだよ」

　グレンが発見したある密造酒製造者は、完全に「網の目をすり抜けていた」。その家族は同じ土地で一六〇〇年代末からずっと農業を営んできたのだという。しかし、ここはただの密造酒製造者ではなく、豚や山羊や羊も飼育していた。おまけに数えきれないほどの食用の作物が栽培されていて、あらゆるものが関わり合い、一緒に成長していた。

「彼らはひとつの畑でサヤエンドウだけ育てたりしない。サヤエンドウとトウモロコシを同じ場所で栽培するんだ。小麦も同じさ。たとえば八〇センチメートル程度に成長する小麦が、二メートル以上に達するライ麦と一緒に育てられているんだ。まずは丈の高いライ麦を収穫し、つぎに丈の低い小麦を刈り取ったら、地面にはクローバーなどマメ科の植物が残る。ひとつの作物だけを栽培している畑はなかった」

　それまでにグレンは、こんな様子の畑を見たこともなかった。「僕は何も知らないくせに、『これじゃあ、機械をまったく使えないじゃないですか』とそこのおやじに言ったんだ。色々なものがこんなにぐちゃぐちゃに植えられていたら、収穫するときにコンバインを使うのは無理だもの。そうしたらおやじは、すごく驚いたような顔をして『機械を使うなんて、とんでもないよ。この畑で作っているものは、自分たちが食べるものばかりじゃないか』と言うのさ。なにもここでは、動物の餌を栽培しているわけじゃない。『キッチンで料理して、自分たちが食べるものばかりだ』ってね。（遺伝子組み換えの）ＧＭトウモロコシどころか、畑でコンバインも使わないんだよ。時間が止まった状態だったね」

グレンは家族と一緒にランチを食べた。「驚いたのなんの！　食卓のものはすべて農場で栽培され、加工されていたんだ。嘘じゃない。パン、バター、ジャム、ハム、ワインまで自家製なんだ。それに、あんなにおいしい粗挽きトウモロコシは初めてだった。現実のものとは思えない完璧な味で、作り方は簡単でもていねいに準備されている。この食の楽園のような場所で密造酒を製造する家族と食事をしていたら、おふくろが語っていた南部の野菜畑がどんなものか、彼女が何を食べて育ったのか、はっきりイメージがわいてきた。もうめちゃくちゃ感動したよ。啓示を受けたというか、おふくろの言っていることの正しさがわかったんだ」

その家族はグレンにトウモロコシの種の一部を売ってくれただけでなく、栽培するための土地まで提供してくれた。トウモロコシでどれだけの利益を出せばコメを栽培できるようになるか、彼は慎重に計算して作付けする量を決めた。

一年目に収穫したトウモロコシはおいしかったが、収穫量が少なかった。しかもグレンは手作業で粗挽きにしたので、価格も高くなってしまった。スーパーも小売店も購入をためらい、挽き立てトウモロコシは冷蔵保存してほしいとグレンが説明すると、戸惑いを隠さなかった。

「店の経営者の目には、僕が宇宙人のようにうつっただろうね。粉を冷蔵してくれと言われたって、そもそも挽きたてという発想が理解できなかった。だから味が消えてしまうなんて、しかもあっという間に消えてしまうなんて、まったく考えもつかなかったんだよ。エアルーム種の粗挽きトウモロコシについては、じいちゃんやばあちゃんから話を聞いて知っていたはずだよ。でも、それだけじゃいけない。エアルーム種を育てるだけじゃあ、だめなんだ。トウモロコシは香りが大切で、そのためには香りを新鮮に保つ製粉プロセスが欠かせない。ところがみんな、香りはどうでもよかったんだ。粗挽きトウモロコシさえ手に入れば、細かい部分にはこだわらなかった」

せっかく優れた品質の作物を栽培しても、よさを表現できる場所がなければ行き詰まってしまう。どこかに市場はないかとグレンは考えた。そして、厳選された最高級のビンテージものをソムリエに販売するブティックワイナリー〔家族経営の小さなワイナリー〕の経営者のように、シェフにアプローチを始めた。努力の末、南部の一部のシェフたちが彼のトウモロコシを購入してくれたが、一九九〇年代当時、南部の高級レストラン市場は小さかった。そこで今度は、ナパバレーにあるレストラン〈フレンチランドリー〉のシェフ、トーマス・ケラーに狙いを定めた。当時すでに〈フレンチランドリー〉は、アメリカで最高のレストランのひとつとして広く知られていた。

だが、グレンが高品質の粗挽きトウモロコシの売り込みを始めると、ケラーは途中で話をさえぎり「粗挽きトウモロコシは売れないよ」と言った。そこで作戦を変更し、すごいポレンタが作れるんですと説明すると、今度は彼も興味を示した。グレンは手始めとして、北米先住民由来の種を有機栽培したトウモロコシを選び、ポレンタ用の挽き立ての粉を送ることを約束した。

「ケラーは試してみるよと言ってくれた。そのとき、よし、これならいけるぞって直感したね。シェフがこのトウモロコシを買い取り、料理をしてその味を確かめれば、絶対に売れるんだ。トーマス・ケラーのようなシェフは神の舌を持っているから、その鶴の一声はみんなに影響を与えるのさ」

グレンの判断は正しかった。一週間後、彼のトウモロコシは〈フレンチランドリー〉のメニューに載った。すると数カ月以内に、国内各地のシェフからポレンタ用の粉について問い合わせが入った。〈アンソンミルズ〉の名前はこうしてメニューや料理本のレシピに掲載されるようになり、グレンのビジネスはようやく動き出した。

ところがべつの問題が発生する。密造酒を製造する例の家族はグレンを息子同然に扱うようになっていたが、彼らから、畑でトウモロコシだけを栽培する方針を改めてほしいと言われたのだ。味のよいトウモロコシを生産し――いつの日か素晴らしい味のコメを作る――ためには、その前にほかの作物を栽培しなければいけないし、土を肥やすための配慮も必要だという。

「僕は色々なものに囲まれていた。家族が営む農場、そこで栽培されている実に多様な作物、信じられないほど豊かな土壌、そしてそんな多様性から生み出される驚くほどおいしい食べもの。これだけたくさんのものに囲まれていながら、それをひとつに結びつけて考えることができなかったんだから、本当にどうかしてた」とグレンは言った（実は僕も、クラースに出会うまで大切な要素をひとつに結びつけて考えることがなかったとは打ち明けなかった）。

グレンは社交クラブや教会のアーカイブを調べ、地元の料理人や農家やシーアイランドの漁師のコミュニティから昔の話について聞きとりを行い、一九世紀のライスキッチンの材料のカタログを作成した。

そしてようやく、カロライナのライスキッチンについての自分の認識が的外れだったことを理解したのだ。

よみがえる伝統の味

南部はコメに対して特別な感情を抱いているような印象を受けるが、実際のところコメは輪作の一部であり、そこでは作物同士が深く関わり合っている。一八〇〇年代はじめに土壌が危機的な状況に見舞われた後、植物や動物のあいだの相性について農家はたくさんの知識を学んだ。その結果、ソバ、豆、トウモロコシ、大麦、ライ麦、サツマイモ、ゴマ、コラード、家畜を上手に組み合わせれば、土壌が改善されて高品質の作物が収穫されることがわかったのである。

たとえばコメを収穫したあとにサツマイモとゴマを輪作すると、翌年のコメの収穫高が増え、おまけに病害虫の発生を抑えられる。そこで味と収穫高に優れた新種のサツマイモが開発された。輪作の方法が改善されるに従い、カロライナゴールドの品質も改善されていった。そのおいしさは評判となり、中国、インドネシア、スペイン、さらにはフランスにまで輸出され[★10]、伝説のフランス人シェフ、マリー＝アントワーヌ・カレームとオーギュスト・エスコフィエのおかげで有名になった。

「フランス料理にクレーム・ド・リってあるじゃない？　コメの甘みを生かしたデザートのことさ。この甘さのもとは肥えた土で、それは正しい輪作によって創造される」とグレンは説明してくれた。

グレンは輪作の多様化を図り、土壌に窒素を供給するために豆を蒔いた。シーアイランドという品種の赤エンドウ豆を選んだのは、好物のコメ料理の材料に使っていたという母の話を思い出したからだ。それはホッピン・ジョンという、コメと豆で作る南部の定番料理だ。豆に続いてコメを栽培することが、おいしい料理の秘訣だったのだろう。

まもなくグレンは輪作のメニューに大麦とライ麦を加え、〈アンソンミルズ〉はトウモロコシだけでなく、豆やほかの穀物にもビジネスを拡大していく。やがて会社が成長すると、ようやく利益をコメに投資できる環境が整った。ただし前回同様、まずは種を見つける必要があった。

＊

かつてローカントリーでは一〇〇種類以上のカロライナゴールドが栽培されていたが、グレンがコメ栽培に取り組み始めた頃にはみんな消えていた。

「だから、一からやり直さなければならなかったのさ」。そこでまず、カロライナゴールドの種をテキサス州稲作改善協会の種子バンクから手に入れるが、いざ育てても、彼が求めている特徴が表現されなかった。何十年も顧みられなかったせいで、カロライナホワイトに似た特徴が表れた。これはゴールドより味の落ちる品種だ。

グレンはアメリカの優秀なコメ専門遺伝学者をひとりずつ訪ね、自分の夢について説明した。カロライナ・ライスキッチンのコメ文化を復活させ、かつて世界で最も好まれたコメの味を再現したいと熱っぽく語ったのだ。そのためには目的にふさわしい遺伝子を見つけなければならず、遺伝学者の助けが必要だと訴えた。しかし学者たちの反応は冷めたもので、素っ気なく拒絶されるときもしばしばだった。

「どの学者も興味があるのは、市場に送り出すのにふさわしいコメだった。常温での保存が可能で機械で精米されるような、要するにおふくろがビタミン剤みたいな味だと評したコメだった。ぬかを残しておけば味がよくなる可能性にも、育種に当たってそれを重視することにも、考えがおよばなかった」

ほどなくグレンは、遺伝学者が微妙な味についてほとんど関心がないという現実を学んだ。「食感や粉砕性や調理のしやすさについては詳しいけれど、味については深く追究しない。『香ばしい』コメについては考えようとしないのさ。他の細かい点に注目しても、味だけはいつも同じ。彼らにとって、味の遺伝子はひとつで十分なのさ」

カロライナゴールドは「香りのないコメ」として分類されていた。つまりジャスミン米のような芳香がないと思われているが、グレンの考えは違った。収穫されたコメのなかから最高品質のものを選び、厳密な手順に従って手作業で精米すると、花やナッツのような香りが生み出されたのだ。さらに研究の結果、土壌の構成や水質によって、異なった香りが表現されるという事実も学んだ。

「南部で栽培されるコメはすべて、どの川の流域で育てられ、土壌がどのように管理されているかによって異なった味に仕上がる。一口食べて、コメの産地を言い当てられる人たちについても記録が残っている。どの川の流域か、いや、川のどの付近で育てられたかも彼らには区別できたんだ」

グレンは母親と同じく味にこだわった。異なった品種のコメで料理を作り、それぞれの味について遺伝学者に説明したのだ。科学者のなかには生涯コメの研究に取り組んできた人たちもいたが、それまで考えもしなかった味という要素についてグレンから学んだ。こうしてグレンは、交配を手がける遺伝学者の協力を仰ぎながら、香りが十分に表現されることを目指した。それと同時に、彼自身は畑でよい種の選別に根気強く取り組んだ。カロライナゴールドのなかでも見込みのありそうなものを選び、母親の記憶に刻まれた味の特徴を備えていないものを切り捨てていったのだ。

「自分が育種家になったんだよ。だって、そうするしかなかったからね」とグレンは語った。

＊

グレンが輪作に小麦を加えたのは、ほとんど偶然のような出来事のおかげだ。

「南部の年輩の婦人たちに、僕の粗挽きトウモロコシについての感想を聞かせてもらうのが好きでね。あるとき数人から『これ、おいしいわね。でも、グラハムビスケットを作るためのグラハム粉はどこにあるのかしら』と言われたんだ。えっ？　と思ったね。全粒小麦粉でビスケットを作るなんて」

グレンは驚いた。南部のビスケットが精白粉で作られるのは誰でも知っていた。そこで彼は婦人たちに、町のすぐ外にある大きな製粉所なら全粒小麦粉が手に入りますよと教えた。しかし彼女たちは、全粒小麦粉ではなくてグラハム粉がほしいのだと言ってゆずらない。

「ぼくの知識の範囲では」とグレンは語った。「グラハム粉というのは全粒小麦粉の別名にすぎなかった。ところがある日、ドライクリーニングの受け取りを待っているあいだに思い出したんだ。たしか、おふくろがグラハムビスケットについて話していたことをね。いきなり心に浮かんできたのさ。だからクリーニング店で働いているおばあちゃんたちに尋ねてみた。みんな九〇歳ぐらいだったかな。子どものときにグラハム粉があったかどうか訊いてみたんだ。そうしたら、『ええ、もちろん！　グラハムビスケットよね。いつも食べていたわ』という答えが返ってきた。床に崩れ落ちそうなほど衝撃を受けたよ」

グレンは南部でのグラハム粉の歴史について調査を始め、そのとき小麦が野菜畑での輪作のメニューにほぼかならず含まれていたという事実を学んだ。一九世紀の南部の野菜畑は、シルベスター・グラハムのアイデアを実現していたのだ。当初小麦は、コメの収穫によって失われた炭素を回復させるために育てられた。そしてこのとき、農家はレッドメイと呼ばれる香りが優れた品種を選んだ。収穫された小麦は庭でカーンと呼ばれる石うすを使い、手作業で粉に挽かれる。ビスケット――後のトリスケットやグラハムクラッカーなど――は、こうして家庭で挽いた小麦粉を材料にして作られた。実際、精白粉のビスケットは滅多にないぜいたく品で、南部の一部の裕福な白人だけの食べものだった。

「これは試さなくちゃと思った。そこでレッドメイを栽培し、収穫した小麦を粗挽きにして、出来上がったグラハム粉でビスケットを作った。もう最高においしかったよ」

第28章　よい種は自ら意思表示する

七月はじめの蒸し暑い日の午前中、僕はサウスカロライナ州のチャールストンに到着した。ターミナルのすぐ外で出迎えてくれたグレンは、レンタカーに乗っていた。「僕はレンタカーしか使わない。数日間だけ運転したら返して、新しい車に取り換えるんだ」

サウスカロライナ州の沿岸地域のローカントリーには変人が雑草のようにはびこっているが、そんな場所でもグレンの変人ぶりは際立っている。背が高く銀髪で、いつも何かに熱中している。この日、彼はカーキ色のズボンに白い半そでポロシャツという服装で、日曜日にヨットクラブに出かける途中のようにも見える。今回、僕たちの目的地はクレムソン大学の海洋研究教育センターで、グレンにとっては週末の休暇の滞在先のような場所だ。〈アンソンミルズ〉がクレムソン大学に寄付をする見返りに、グレンは作物の実験に使う土地を提供されているのだ。

車中、グレンは一日の計画を熱心に説明した。彼には「ねえ、これ知ってる？　これは？」と畳みかけ、知らない相手を困らせる癖がある。「知らないはずないよね？」という調子で名前や歴史的出来事をつぎつぎと列挙していくが、肩をすくめて悪意のないところを見せる。実際、彼に悪意はなく、相手を驚かせて面白がっているだけだ。知識欲が旺盛なうえ、その知識を見せびらかすことへの願望が強い。水力で動く機械について話したかと思えば（一時期、彼は紡績工場で働いていた）、位相幾何学（大学での専攻である）、ディアスポラ（ユダヤ人ではなく、北米先住民アブナキ族の離散）、最近興味を持ち始めたジョン・レッツ（穀草類の歴史について執筆したイギリス人考古植物学者）へと話が飛ぶ。グレンと話していると、何度もいやな乱気流に巻き込まれるフライトをしているような気分になる。

　たとえば車に乗り込んでほどなく、僕は簡単な質問をした。「せっかくチャールストンまで来たのだから、きみがトウモロコシの栽培を始めるきっかけを与えてくれた家族を訪問したいな」。するとグレンはATFとやらについて話したかと思えば、一八二〇年代のサウスカロライナの市場志向型農業の簡単な歴史を紹介し、ハーダーについて話題に取り上げ、それからいきなり飛躍して、「ところで、この道をずっと行くと、フォリーアイランドのドク・パサヴェントスのオリーブ畑まで行けるよ」と話す。

　ATF？　ハーダー？　どちらも僕は知らないが、ひとつだけ訊いてみることにした。

「ハーダーって？」

「ジュールス・ハーダーだよ。さっき話したブラッドショーのコレクションと関係がある」

「ジュールス・ハーダーなんて知らないな」（そもそもブラッドショーのコレクションが何かもわからない。それまで一度も話題にのぼらなかったのだから）。

「ハーダーは〈デルモニコ〉のシェフだった人物だよ。一八七〇年代のはじめに活躍した」

　会話はどんどん横道にそれていく。僕は出発点までなんとか引き戻そうとした。「それで、きみの恩人の農家を訪問する話だけれど……」

「そう、それだよ。でも、ここで話題にするのはどうかな。ATFもあるしね」

僕たちは南京錠のかかった大きな門の前に到着した。そこでATFとは何の略語か尋ねると、「アルコール、タバコ、火器及び爆発物取締局さ」と言って、例の一家が不法な密造酒製造を手がけている事実を僕に思い出させたが、いま到着した場所とは関係ない。

グレンがアクセルを踏んで車が動き出し、僕は奇妙な会話のやりとりを頭から払いのけた。道の両側に広がっている大きな畑が目に入ると、グレンは笑顔になった。「ここは革命のあとに設立された。全米で二番目に古い農業研究センターにようこそ」とグレンは言った。「わあ、すごく格好いいね」

ランドレース農法

グレンは広大な畑に沿って車を走らせながら、さらに夢中でしゃべり続けた。曖昧な部分もあったが、現在継続中のマメ科のカウピーの実験について説明していることはわかった。「一四種類の豆を使ってアレロパシー作用〔植物が化学物質を生産・放出し、周囲の植物に有害な作用をおよぼすこと〕の抑制と土壌の改善に取り組んでいる。色々な品種を混ぜ合わせてね。スケールの大きな集団遺伝学というわけさ。これは小麦を栽培するための下準備なんだけど、目標としては、クローバーを使わないようになりたい。小麦の種を蒔く土壌を豆だけで肥やせるようになりたい」

どうやらグレンは、動物の飼料として使われるカウピーのなかから複数の品種を選んで実験に取り組み、作物の病虫害抵抗性（「アレロパシー作用の抑制」など）を調べているようだった。さらに、小麦の前にマメ科の植物を植えると土壌がどのように改善されるかについても興味があった。クラースの畑で行われている輪作からもわかるように、従来の有機農業では、小麦やトウモロコシなどの作付けに先立ってクローバーが植えられる。窒素を土中にためる能力が優れているからだ。しかしグレンには、カウピーもクローバーと同じように役立つのではないかという予感がしていた。カウピーのほうが小麦の味がよくなるのではないかとも考えている。

研究に使われている場所は、手入れの行き届いた大きな畑とハイテク装備の温室の間にある。温室では商業ベースの交配の実験が行われ、畑と温室にはさまれたグレンの実験場所はまさに混乱のきわみだ。カウピーもあれば、ライ麦と様々な植物が混植されている場所もあり、あちこちに昔の品種の小麦も育っている。特に小麦の実験はすごい。聖書にも登場するほど古いエンマー小麦のような品種がユニークな特徴を表現することを許されるというより、むしろ奨励されている。その隣の畑には、大学が管理している新しい品種が育っている。こちらは画一性が損なわれないよう厳密な管理下に置かれ、まだ名前も付けられていない。

「大学は自分たちのやり方にこだわり、僕も自分のやり方を貫いている。僕は『ランドレース農法』に興味がある。種の保存や改良は先史時代から行われてきた。その伝統を受け継いでいきたいのさ」

＊

グレンが目指す「ランドレース」は、同じ品種は同じ特徴を備えるべきだという従来の発想と一線を画している。これは決して誇張ではない。朝いちばんのそよ風が畑を吹き抜けると、古代種を寄せ集めた小麦はさらさらとそよぐが、その動きには一貫性や統一感が見られない。少々乱雑な印象を受けても無理はない。実はそこが「ランドレース農法」の狙いなのだ。グレンは多様性を意に介さないどころか、むしろ奨励している。

「ランドレース農法」で栽培される作物は、同じ種類でも性格が少しずつ異なる。今日の小麦畑（あるいはトウモロコシなど、実際どの栽培種にも言えるが）では、サイズから形、成長パターンまですべてが統一されている。一方、「ランドレース農法」ではどの品種にも生来の多様性が備わっており、条件に恵まれれば、それが発現する可能性を秘めている。言うなれば、個体数を確保するために自然界が保険をかけたようなものだ。かりに一部の作物が病気や天災でだめになっても、他のものは影響を受けない。たとえば干ばつに見舞われるとほとんどの小麦はだめになるが、干ばつへの耐性の強いものは生き残り、その長所を将来の世代へ伝えていく。

かつてUSDA（米国農務省）の農学者であるアブダラ・ジャラダットは、穀物愛好家のグループを対象に行った講演で「小麦のような植物は栽培品種化された途端に甘やかされてしまう。あらゆるニーズを提供してやらないと、期待通りの成果が得られない」と語っていた。

それとは対照的に、グレンが過去の再現を目指している畑は混乱状態だが、甘やかされていない。しかも、つい最近まで、何世代もかけて守られてきた唯一の農法を垣間見る機会も与えてくれる。

種の保存

そもそものはじめから、すなわち農業が誕生したと考えられている紀元前八〇〇〇年頃から、農民は収穫された種を少量だけ保存して、それを将来のために生かせばよいことを知っていた。やがて狩猟採集に代わって農業が食糧確保の主な手段になると、種の保存はコミュニティにとって最も重要な責務のひとつになった。保存して選別する種はコミュニティごとに異なるので、それぞれの環境に適応した在来種が世界中で何千種類も進化していく。しかも選ばれる品種は常に同じだったわけではない。環境は文化の傾向に応じて適応や変化を繰り返していくが、種はそれに最もふさわしい特徴を常に発達させ繁殖していった。ところがこのように豊かな多様性の世界は突然終焉を迎える。

二〇世紀が幕を開けると、育種家は農業の効率を高めるための方法を発見した。[★11] 異なった系統に属する二種類のトウモロコシを交配させると、それまで眠っていた遺伝子が目を覚まし、いわゆる「雑種強勢」が備わることが明らかになったのだ。その結果、自然環境で受粉が行われるよりも、成長が速くて強靱な作物が手に入るようになった（フォアグラ業界のモーラード鴨と同じ発想だ）。ただし雑種強勢が継続するのは一年間で、それ以後に作付けされた作物はうまく育たない。そこで農家は収穫高を最大化するために毎年新たな一代交配種を購入するようになり、古代から受け継がれてきた種を保存する習慣を顧みなくなった。種苗会社によるトウモロコシ市場の独占が始まり、交配種を求める傾向が拡大すると、ほかのほとんどの穀物や果物や野菜にまでも影響はおよんだ。

ある意味、小麦は例外だった。小麦は六倍体、すなわち六組の染色体を備えている（各遺伝子から六種類のコピーが作られるわけだ）。一方、トウモロコシやほとんどの野菜、そして人間も、染色体は二組しか持ち合わせていない。したがって小麦は人工的な操作が難しく、しかも雌雄同株なので自家受粉が可能だ。自家受粉できる植物の場合、自然界でも人工的な環境でも異なった品種同士の交配は起きにくい。種の保存が常に可能で、しかも遺伝子の安定性は損なわれない。

ただし、だからといって農家が小麦の種を保存し続けたわけではない。育種家が小麦の新たな改良種を開発するようになると（交配種のトウモロコシほどの目覚ましい成功ではないが）、小麦の種を購入する農家が増えていった。収穫量が多くて安定性に優れた品種が簡単に購入できるようになったのだから、わざわざ手間をかけて種を保存する必要もないだろう。かくして今日のような遺伝的均一性が定着していった。

対照的にグレンの「ランドレース農法」では、どの小麦の胚芽も一様ではない。だから種を蒔いて成長を見届けるまで、どんな小麦が生まれるか正確にはわからない。そのほとんどは同じような姿になり、単一栽培のようにも見えるが、かならず異端児が含まれる。「変異体」と呼ばれる派生物で、これは作物にとって保険になるばかりか、新しい味を提供してくれる可能性も秘めている。

この「変異体探し」を行えば、すなわち畑で通常とは異なる育ち方をしている植物を探してくれれば、過去の農家が守り続けてきた伝統を再現することができる。異色の存在、つまり醜いアヒルの子を見つけ、ユニークな特徴を尊重するのだ。かりにその派生物の味がよくて農家が栽培に力を入れれば、新種の作物として認められ、料理にも採用されてわずかながらも変化の糸口が開かれる。

この変異体探しにおいては、種はいっさいの強制を受けない。ここでは、劣性形質（誰もが体のどこかに隠し持っている資質）が自由な発現を許される。理由はわからないが、一部の遺伝子は何百年、いや何千年も休眠状態を続けている。しかしランドレース農法においては、思わぬ特徴がいきなり出現するときがある。熱波のような環境の変化に直面すると、あるいはよいタイミグで雨が降るだけでも、眠っていた遺伝子が目を覚ますことはあり得る。

グレンは効率の改善を目標にしない。自然を無理やり特定の方向に誘導するのではなく、種が自然に進化した結果として生じた変化に注目し、それに自分たちを合わせていくべきだと考えている。そうすればどの作物も品種が増えて、成熟する時期や穀粒の大きさが少しずつ異なってくる。特徴が統一されていないほうが、病害虫への耐性は改善され、生長力が強化され、長期的に回復力も拡大する。そのうえ、優れた味の発見につながるかもしれない。当初、僕はそう説明されてもピンとこなかった。しかしグレンと会って、ジャックが〈ストーンバーンズ〉で見事に育てたフリント種の八列トウモロコシが実はランドレース農法の成果だと聞かされ、ようやく腑に落ちた。農家が何世代もかけて味のよい実を厳選し、守り続けてきたからこそ、あれだけの味が生まれたのだ。

「いつの時代もこれが農家のやり方だった。こうした形で遺伝子を増やし、多彩な品種を作り出してきたんだ。変化を探すどころか、変化を賞賛している」とグレンは語った。

こうして豊かな品種を生み出す努力は何千年も、何世代にもわたって続けられてきたが、二〇世紀半ばになると後戻りできないほどに変化してしまった。小麦が世界的な作物になったのだ。それもほぼ一夜にして。意外にも、この革命は丈を短くすることがきっかけとなって始まった。

矮性小麦の時代

丈の短い小麦を育てようとは誰も考えなかった。少なくとも最初はそうだった。緑の革命★12〔農作物の高収量化を目指した一連の品種改良〕が始まると農業は近代化され、世界中で大量生産が行われるようになった。この革命の起源としてしばしば挙げられるのが矮性小麦だ。この矮性小麦は、メキシコの山腹をあるアメリカ人が偶然訪れたことがきっかけで生まれた。

一九四〇年、副大統領に任命されたヘンリー・ウォレスは、メキシコを訪れてマヌエル・アビラ・カマチョ大統領の就任式に出席していた。この訪問はアメリカの支援を表明するためのもので、かつては農務長官を務めたこともあるウォレスはこの機会を利用して、地元メキシコの農民が山腹を開墾した畑を見学することにした。政界に進出する以前、ウォレスは〈ハイブレッド・コーンカンパニー〉という会社を立ち上げていたが、同社は雑種トウモロコシの種の交配技術に関して業界のけん引役となり、ほどなく世界のリーダー的存在になった。ウォレスは裕福で、しかも当時にしては進歩的な人物であり、公民権や政府管掌医療保険を早い時期から提唱していた。そして悲惨な状況下で小さな畑を耕しているメキシコの農民たちに胸を痛めてもいた。メキシコの土壌はやせ、種は生産性が低く、おまけに機械も肥料も使われていなかった。

アメリカに戻ったウォレスはロックフェラー財団を説得し、メキシコ人農家の収穫高を改善するための活動への支援を要請する（議会の説得には失敗していた）。それまで支援は寄付金の形で行われていたが、今回ウォレスは、アメリカで最高の農学者を現地に派遣して、メキシコ人農学者に最新の育種学の動向を学ばせたいと考えていた。この計画に、デュポン社で農薬の開発に携わっている若い科学者が関心を示し、参加することになった。その男の名前はノーマン・ボーローグという。

ボーローグはアイオワ州で生まれ、ダストボウルの最盛期に中西部の大学に通った。当時断続的に発生した砂嵐による環境被害は深刻で、大規模な近代農業について警鐘を鳴らす人も多かった。しかしボーローグは、被害の大きさによってむしろ技術の大切さが証明されたと考え、将来の人口増加に備えて食糧生産を安定させるためには収穫量の多い農業を展開させることが唯一の選択肢だと主張した。そしてロックフェラー財団とメキシコ政府の協力によって国際トウモロコシ・小麦改良センター（CIMMYT）が設立されると、彼のアイデアを実践するチャンスが訪れたのだ。

ボーローグは猛烈に働いた。一日一五時間も畑で過ごし、様々な作物や土の状態を観察し、そのうえ精鋭チームの責任者として六〇〇〇種以上の小麦の交配を指導する。そして改良のすえ、肥料を加えると三倍の速さで成長する小麦が誕生したが、あまりにも成長が速すぎて、茎はぐんぐん伸びていった。十分成長しないうちに穂先が重くなると、茎は支えきれずに倒れて地面で腐ってしまった。そうなると、収穫はほとんど不可能だった。

やがて、一九五二年、日本から吉報が届く。農林一〇号という丈の短い品種が開発されたのだ。ボーローグは農林一〇号のサンプルを使った交配によって背丈の低い小麦を作り出し、畑で育ててみた。[★13] すると、肥料によって小麦の生長が促されても茎は倒れなかった。そしてその数年後には、以前の品種の三倍の収穫高を持つ品種の開発に成功したのである。一九六三年になると、メキシコで生産される小麦の九五パーセントをこの半矮性の品種が占めるようになり、メキシコの小麦収穫量は彼が初めて訪れた当時の六倍に増えた。ボーローグはこの結果に勇気づけられ、深刻な飢饉に瀕していたインドに矮性小麦を提供する。[★14] インドの農民が新しい種を植えて肥料を指示通りに与えると、数年のうちにやはり信じられないような結果が出た。作物の収穫量が三倍以上に増え、インドは小麦の純輸出国になったのである。

この新しい品種はアジア全域に急速に拡大し、どこでも同じような成果を発揮する。（何千年もかけて遺伝形質が形成されてきた）在来種を押しのけ、何百万人もの農民が実践してきた伝統的な農業を主役の座から引きずり下ろしてしまった。まもなく新しい「奇跡のコメ」も登場するが、このコメは成長が速く、一年に一度ではなく二度の収穫が可能になった。

「緑の革命」は実に強力で、目的もはっきりしていた。すなわち、耕作する土地を増やさずに食糧の生産を増やすことを目指したのである。一九五〇年から一九九二年にかけて、耕作地の面積はわずか一パーセント増えた程度であるのに対し、収穫量は一七〇パーセントも増加した。[★15] 今日、途上国で栽培されている小麦の七〇パーセント以上には、ボーローグがメキシコで開発した品種の遺伝子が含まれている。[★16] そしてアメリカでも、小麦の大半を半矮性の品種が占めている。

＊

ノーマン・ボーローグの努力によって何十億人もの命が救われたと推定され、これだけの成果を挙げた緑の革命に疑問を抱くのは難しい。何十億人もの命を救った農業システムに反論するとしたら何ができるだろうか。

そのひとつに、一九七〇年代から食習慣に関連した病気が世界的に増加している傾向が挙げられるだろう。[★17] 一部のガンや心血管疾患、糖尿病、肥満は、この革命がもたらした深刻なダメージだと多くの人が論じている。たしかにカロリーを提供することによって多くの命が救われたが、結局のところ緑の革命は、僕たちの食生活を大きく変え、しかもそれは好ましい変化ではなかった。

　食べものが大量生産される方法は確実に変わった。いまや主役は遺伝子操作によって生まれた画一的な品種で、それが化学肥料を使った単一栽培によって氾濫するようになった。おまけにこのやり方は土壌の健康にも悲惨な影響をもたらした。矮性の小麦は根も短い。ちょうど僕がウェス・ジャクソンに見せてもらった根っこと同じで、細い糸のように頼りなく、細菌や菌類が侵入するための重要な経路が細くなっている〔上巻六〇ページ参照〕。その結果として土壌は目が詰まり、劣化が進んだ。

「こういう美しいものを奪い取ったんだよ」とグレンは、自分の実験場を指さして言った。「茎を小さく縮め、根っこまで縮め、地面から微量栄養素を摂取する能力を制約した。栄養的に問題があるし、香りもゼロだ」（一方、グレンの小麦はまったく矮化されていない。どの茎も僕の胸のあたりまで伸び、頭の先まで伸びているものもある。「茎は高くて根っこは深い」とグレン胸を張る）。

　さらに、根系が矮化すると、土壌から十分な水分を吸収できない。この欠点を補うため、多くの国では政府の支援を受けた灌漑プロジェクトが大規模に進められている。一九五〇年から二〇〇〇年にかけて、灌漑された農地の面積は三倍に増えた。[★18] たとえばアメリカでは、栽培穀物の五分の一が灌漑農地で栽培されている。インドではその割合が五分の三に達し、地下水源の枯渇が急速に進んでいる。インドの作家であり環境活動家のヴァンダナ・シヴァによれば、インドの水問題はボーローグの緑の革命によって新しい品種が導入されたことと明らかに関連しているという。「収穫量の多い品種の小麦を栽培すれば、従来の品種よりも生産高が四〇パーセント以上も増えるのは事実だが、従来の三倍の量の水が必要になる」[★19]と言う。

おまけに緑の革命で生まれた品種は、合成肥料によって化石燃料を大量に消費する。カリー・ファウラーとパトリック・ムーニーは著書『*Shattering: Food, Politics, and the Loss of Genetic Diversity*（破壊――食、政治、遺伝子多様性の喪失）』のなかで、矮性の種《たね》と化学肥料の関係は「ニワトリと卵の関係と同じだ」[★20]。肥料によって新しい品種の栽培が可能になった。一方、新しい品種が生まれると、成長するために化学肥料が欠かせなくなる」と記している。

少なく見積もっても、緑の革命で実現した収穫量の三分の一以上が合成肥料のおかげだろう[★21]。そうなると多くの人が指摘するように、この革命は厳密な意味で環境にやさしかったとは評価できない。商業目的で交配された現代の品種は、かつてないほど化学肥料に依存している。成長を促すためには化学肥料が必要で、いったん使われると土壌の有機物質が失われる。そうなると、土壌は植物に栄養物を効果的に送り込めなくなる。その結果、同じ収穫量を確保するために化学肥料を増やすことになる[★22]。

これは全部本当の話だ。しかし……そのおかげで何十億もの命が救われているのも事実だ。

ボーローグと長年一緒に活動してきた育種家のアシスタントを務めていたスーザン・ドウォーキンは、かつて、育種家が食糧の確保に関心が高いことについて取り上げ、収穫高の増加という点でしか問題をとらえていないと指摘している。「一エーカーの畑からどれだけの食糧を確保できるか。何人の人たちを食べさせられるか。彼らはそのことしか考えない。現実の食卓には目を向けず、みんなが満腹になることにしか関心を持たない[★23]」
一〇億の命が危機に瀕しているならば、収穫高の増加を目標とした取り組みは擁護されるべきものであり、重要でもある。しかし、もともとの計算が間違っていたとしたらどうだろう。生産高の拡大に夢中になるあまり、本当の収穫高を計算違いしていたらどうなるだろうか。

半矮性の小麦を栽培する農家について考えてほしい。必要な化学肥料を注文するとひとまず安心し、収穫高（と利益）が跳ね上がっていく未来を夢見るだろう。しかし茎が短いのは問題だ。地面に鋤込む量が少なくなり、土壌の微生物にとっての食べものが減ってしまう。牛の餌や寝床として使うにしても、矮性小麦では藁になる量が少なく、牛の餌も減ってしまう。いずれにしても、誰にとっても食べものの量は少なくなってしまう。いや、人間だけではない。クラースが好んで語るように、土壌の微生物も牛も、健康なシステムを機能させるうえで欠かせない存在である。ところが現代の効率的な農業の成果を具体的に計算する際、こうした事柄は方程式から外されてしまう。なぜなら、いずれも僕たちの胃袋を直接的に満たすわけではないからだ。しかしこれらの要素を除外するのは重大なあやまりである。

計算の間違いはほかにもある。僕がかつて出席した農業関係の会議では、増加する一方の人口に有機農業は食べものを十分に供給できないと発言する科学者がいた。その根拠として、狭い土地で従来の肥料によってトウモロコシを育てた場合と、有機肥料で育てた場合を比較した研究結果を彼は紹介した。隣り合ったふたつの畑の様子を写した写真を見ると、品種も土壌も変わらない。従来の肥料で育ったトウモロコシは背が高くて勢いがよく、健康に育っている。一方、有機肥料のほうは干からびて茎が曲がり、病的な印象を受けた。ウェス・ジャクソンが一年生の小麦と多年生の小麦を比較して撮影した写真と同じように、この写真にも説得力があった。従来の肥料を与えたトウモロコシのほうが、有機肥料を与えるよりもはるかに収穫性が優れているとしか思えない。

しかし、グレンからランドレース農法の畑を見せられ、つぎに大学が実験に取り組んでいる隣の畑を見せられたとき、僕は新たにべつの角度から比較することができた。大学の畑のほうは、どの作物も軍隊のように統率されている。これに対し、グレンの小麦は高さがまちまちで、どちらかと言えば常軌を逸した人間のように見えるが、しなびて病的な印象ではない。なぜそうなったのかと言えば、グレンが丹精込めて土を育てたからだ。カウピー、大麦、オーツ麦など異なった作物を育て、肥沃な土壌を作り上げたのである。健康に育つためのチャンスを最初の時点で小麦に与えていた。

もちろんランドレース農法の小麦がいくら健康に育っても、従来の品種と同様の収穫量を常に維持するのは難しいだろう。普通は肥料を使ったほうがよい結果が得られる。しかし、だからと言ってトウモロコシに関する従来の研究が正しいとは言えない。実際のところ間違っているし、かなり誤解されている。なぜなら、土壌を肥やすための大麦もオーツ麦も優れた食材で、味はよいし栄養価も高い。要するに、肥料を使って一エーカーの畑で小麦を単一栽培すれば、同じ面積の畑で育てられた有機栽培の小麦よりも収穫量が多くなるのは事実だが、小麦以外の食べものは産出されない。小麦の生産量が増えるだけだ。従来の方程式からは全体の一部が計算から除外されていることがおわかりだろう。大麦とオーツ麦と小麦を合わせれば、小麦だけの場合よりもたくさんの収穫量が確保できる。

ヴァンダナ・シヴァはつぎのように記している。「現代の工業型農業のもとで緑の革命が進行し、いわゆる奇跡の品種が生まれた結果、収穫量が増加して飢饉の発生が食い止められたと言われる。[★24]しかし作物の全収穫高という観点から見ると、決して多いとは言えない」

ただし、収穫高の計算に様々な作物を含めたところで、食べてもらわなければ意味がない。大麦もオーツ麦も食べるようになってはじめて、計算は成り立つ。もしも十分な需要がなくて農家が大麦やオーツ麦を売ることができなければ、単一栽培で小麦（やトウモロコシや大豆）を栽培する農業との競合は難しい。同じものばかりがつぎつぎと作られていく展開に太刀打ちできない。対抗するためには、様々な作物を食べてもらわなければならない。

料理の役割

そうなるとここは料理の出番になる。

様々な食材を使っておいしい料理を作ることはやりがいのある挑戦で、優れた料理はどれもそれを身上としている。実際、優れた料理の進化を支えているのは多様性だと言ってもよい。料理は土地が提供してくれるものから発達したとよく言われるが、そうではない。その前の段階として、土地が何を要求しているのか見極め、それに応えてやるところから始めなければならない。ところが緑の革命は多様性を犠牲にして、わずかな種類の作物だけを選び出し、料理のレベルを落としてしまった。

緑の革命に対する反論はいくつもあるが、そのなかで料理のレベルの低下は一見最も重要性が低いように思えるかもしれない。農業を石器時代のレベルから引き上げ、人びとの空腹を満たすためには、甘んじて受けるべき犠牲のようにも思える。しかし、環境問題に熱心な作家のコリン・タッジの指摘によれば、一万年前に農業が始まった頃の世界の人口はおよそ一〇〇〇万だった。そして工業型農業が主流になる前の一九三〇年代、人口は三〇億に達した。つまり昔ながらの農業の技術――有機農業という名前が存在する以前から実践されていた有機農業――によって、人口を三〇〇倍も増やすことができたのだ。[★25] いまでは古くさい農業と考えられているが、これは決して悪い成果ではない。しかしもっと肝心な点も忘れてはならない。古い世界の小規模農家はたくさんの食べものを生産するだけでなく、本当においしいものを数多く生産していたのである。

ソ連の伝説的な植物学者のニコライ・イワノヴィッチ・ヴァヴィロフは二〇世紀初頭に世界各地を調査旅行で訪れ、作物の多様性に富んだ地域を特定し、植物の種子のコレクションを収集した功績で知られる。この調査旅行を通じてヴァヴィロフは、自分が発見した在来種の作物が「知的で革新的な人物による成果であり、天才による偉業も多い[★26]」と確信するようになった。

歴史の大半を通じ、農業の分野での天才とは自然と寄り添って働き続けた農民のことであり、彼らの手によって何千種類もの新種の作物が創造されてきた。[★27] そしてこのような多様性が、何千種類もの独特の料理を生み出したのだ。インドやイタリアや中国の料理だけでなく、もっと限定された地域の固有の料理も生まれた。パンジャブ、シシリア、四川……もちろんグレンのローカントリーもここに含まれる。

料理は流行や好みによって移り変わるものではなかった。それはここ六〇年の高級料理に限られる傾向だ。今日のシェフは世界中から集められた食材やテクニックを織り交ぜてひとつの食事、あるいは一皿の料理を創造できる自由を与えられている（自己主張とまではいかなくても想像力をはたらかせることができる)。しかし、それは中途半端なやり方だ。新しいアイデアを提案しているかもしれないが、新しい料理を創造しているわけでなく、よその文化が何千年もかけて築き上げた土台に上乗せしているにすぎない。かつては農民が土地を耕し、作物を栽培し、収穫された食材が毎日の食事にのぼったものだ。言うなれば、地域との関わりを持たない料理など、あり得なかった。ところが今日の料理では、生産地など料理の要素のひとつにすぎない。

料理のスタイルが洗練されるだけでは、あるいはテクニックや味の絶妙な組み合わせが際立っているだけでは、本物の料理とは言えない。本物の料理は文化を土台から支え、生活様式を決定する要素である。僕たちが複雑な人間になるか、それともつまらない人間になるか、それは、どんな食べものを栽培して消費するかによって決まる。偉大なる食通のジャン・アンテルム・ブリア＝サヴァランが「何を食べているか教えてくれれば、どんな人間か言い当ててみせる」と語ったように。

だが、緑の革命はそれを難しくしてしまった。農家は作物の多様性を手離し、栽培する作物の種類を減らし、利益を優先した挙句、近代化に巻き込まれていった。アフリカや南米の国々は、ヒヨコマメをはじめとする豆類など在来作物の栽培を放棄せざるを得ず、栄養価が低くて(味も悪い)穀物への依存を強めていった。

在来種の作物が失われると料理の中身が変わるだけでなく、文化的なアイデンティティが損なわれてしまう。ヘンリー・ウォレス副大統領がメキシコの小規模農家の窮状に危機感を募らせた結果、緑の革命は始まった。しかし、小規模農家が単一栽培による大量生産を進めるためには伝統的な農業を放棄しなければならず、さもなければ革命などあり得ないことがまもなく明らかになった。ボーローグが作り出した現代の品種は在来種の狭い畑では育たない。高価な合成窒素肥料を大量に使わなければならず、その結果として世界中で大勢の農民が土地を離れていった。*農業が誕生した当時から農民は育種家でもあり、何百万人もの農民が何世紀もかけて種の保存に努め、新しい品種の開発を担ってきた。ところがいまや、数百程度の種子会社が彼らに代わる存在になってしまった。

ただし、グレンは時計の針を戻したいわけではなく、遺伝子操作に支えられた単一栽培と同じ土俵で戦おうとしている。

車に戻ろうと歩き始めた彼は、立ち止まってコートのポケットを探り、携帯電話を取り出した。そして、べつの畑で実験をしている「ランドレース農法」のオーツ麦の写真を僕に見せて言った。「この写真は僕のお気に入りなんだ。言葉をたくさん並べなくても一目瞭然だろう」。オーツ麦の畑を撮影した写真を見ると、一本の茎だけが極端に高く成長している。まるで、成長期に身長がぐんぐん伸び続けるティーンエージャーのように気まり悪そうだ。「同じように背の高い茎が六本ぐらいあるかな」とグレンは言った。「この写真のは、てっぺんに普通の三倍の量の実をつけている。三倍だよ。想像してみてよ。いきなりこうなったんだ。ずっと眠っていた能力が、理由はわからないけれど——本当にわからないんだ——ここで目を覚ます決心をした。この種は畑の真ん中に蒔いて保存するつもりだ。畑のまわりには電気柵を張り巡らし、そして祈る。どうか収穫できるまで無事に育ってくださいとね。種がとれたらどんなに素晴らしいだろう」

興奮して語るグレンの声には切迫感があった。そう、彼は新たな発見を見せてくれているだけではない。様々な可能性の最前線を僕に紹介しているのだ。「ランドレース」から何が飛び出すか、誰にもわからない。オーツ麦だけでなく、ほかのあらゆる作物も大きな可能性を秘めているのだ。

グレンはこの写真をクラースの妻のメアリ＝ハウウェルに送ったという。育種家としての彼女の専門知識を高く評価しているのだ。『これは何だろう』って彼女に尋ねたらさ、『私もわからない。こんなもの見たことがないわ』と言われたよ」。彼は電話に向かってこぶしを突き上げたが、怒っているわけではなく、嬉しそうな表情を浮かべている。まるで子どもがゴールを決めたときや、誕生日プレゼントを開けたときのような様子だ。「これなんだよ。これこそランドレース農法なんだ」

＊　ロックフェラー一族の研究を行う歴史家のピーター・ジョンソンはつぎのように語る。「これは予期せぬ結果の典型例だ。ロックフェラー財団がボーローグと農業に投資したのは、飢饉が起きれば政治が不安定になるからで、当時はそれが切迫した問題だった。そして農業への投資がこれほどのスピードで都市化を加速させるとは誰も予想していなかった。土地を所有しない小作農は土地を追い出されても行き場がなく、最後は都会のスラムでその日暮らしをする羽目になった。農業の機械化が進んだせいで、メキシコシティや上海などの都会にはゲットーが生まれ、綿の矮化に伴い南部の黒人はよそに移住していった。すべては緑の革命の直接の結果であり、今日の私たちもその影響と無縁ではない」

第29章 シェフも農業コミュニティのメンバー

ランチをとるためにチャールストンに戻る途中、グレンはサバンナハイウェイを出て回り道をした。ふたつの大きな畑が隣接する場所で車から外に出た途端、むっとした空気に圧倒された。これでは畑の作物も息が詰まるだろう。サウスカロライナはちょうど長い干ばつの真っただ中で、だからわざわざグレンは僕にここの畑を見せようとしたのだ。畑の所有者はトリス・ウェイスタックという長年酪農業を営んできた人物だ。かつては家畜の飼料用にトウモロコシと大豆だけを栽培していたが、数年前に〈アンソンミルズ〉と契約を交わし、ほかの作物を育てるようになった。

「ある日トリスがやって来て、こう言った。『親父がガンになった。有機農業を始めたい』といきなりね。トリスはイーグルスカウトのマスターで、真面目人間だ。この男なら有機農業をやっても大丈夫だと思ったけれど、そのときのあいつはガソリンを購入する余裕もなかった」

グレンはトリスのために コンバインと穀物の種を購入し、トリスが農業を始める前に必要な支払いをすべて肩代わりした。さらに作付けに関して相談に乗ろうとしたが、トリスは、最初は種を提供してもらえば十分だ、その代わりどんなものが出来上がっても〈アンソンミルズ〉で買い取ってほしいと言った。そこでグレンはホピブルーという品種のトウモロコシを提供する。これはエアルーム種で、青いトルティーヤ〔メキシコの主食の薄焼きのパンで、青いトウモロコシの粉でできたものもある〕の材料として有名だった。

「一年後、収穫間近の彼のトウモロコシ畑の前に立ってみた。驚いたね。一八エーカーの畑が豊かに実った青トウモロコシで埋め尽くされていたんだ。あいつは収穫されたトウモロコシを全部僕のところに売らず、記念すべき最初の収穫物の一部をホピ族の居留地に寄付することにした。ホピ族は魔除けがうまいって信じていたのさ。トウモロコシの見返りに現金を受け取れないのは承知していたけど、お祓いのご利益を期待していたんだよ」

僕たちはふたつの畑のあいだに立ってみた。グレンが指さした右側の畑には、カウピー、モロコシ、サトウキビ、ゴマの四種類の作物が植えられている。ひとつの畑で四種類の作物を同時に植えられるとは知らなかった。土壌の栄養分や水を奪い合ったりしないのだろうかと気になったが、どうもそうではなさそうだ。それぞれ成長の速度が違うのだとグレンは説明してくれた。しかも農家の人たちはとっくの昔から気づいていたことだが、作物によって求めるものは異なる。灼熱の太陽のもと、四種類の作物はどれも健康そうに見えた。

一方、わずか三〇メートルほど離れた左側の畑は見るからに不健康だ。地面はカラカラに乾いてひび割れ、作物はまばらで、その多くはかつて緑色だった葉っぱが茶色く枯れている。何を育てていたのかとグレンに尋ねた。

「大豆だよ。現代種の大豆だ」と教えてくれた。最初、トリスは四種類同時の作付けをためらい、畑に大豆だけを植えたのだという。

グレンは健康な畑を指さし、つぎに見るも無残な畑を指さした。「結局、大豆は使い物にならない。何も手に入らないよ。ひとつもね。大枚をはたいて新しい種を買ったのに、すべておじゃんだよ」。干ばつが始まると大豆はすっかりやられてしまった。現代種の大豆は根っこが短いからだという。

この日の午前中、僕は古いものを色々と見せられた。忘れられた伝統農法を回復させようと奮闘するグレンにはノスタルジアが漂っている。しかしいまや、伝統農法が逆に近代的で複雑で、しかも時代を先取りしているようにも思えてきた。これから気候はますます予測困難になり、厳しさを増してくるだろう。だから地元の環境に適応した品種を各種取り揃えておけば、農家が危機を分散するために役立つはずだ。グレンのランドレース農法は失われた料理を再現するだけが目的ではない。未来の食を支える種子の確保も目指しているのだ。

〈グラスオニオン〉

グレンは〈グラスオニオン〉というレストランをランチの場所に選んだ。建物はカラシ色で、看板には何の変哲もないねぎの絵が描かれている。サバンナハイウェイを降りてすぐの場所にあり、アメリカのハイウェイの出口でよく見かけるカジュアルなチェーンレストランと雰囲気は変わらない。しかし黒板に書かれているメニューは意外なものばかり。ラムとオイスターとマッシュルームのラグー（煮込み）、バターミルクに漬け込んだウズラのフライ、地元産のシュリンプにベントンさんのベーコンと粗挽きトウモロコシの付け合わせ、といった具合だ。地ビールやバイオダイナミック農法のワインもある。しかも少数の例外を除き、メニューに掲載されている料理は一〇ドルに満たない。

「ここのオーナーはホワイトテーブルクロス、つまり高級レストランで修業を積んだ。彼女はしばらくの間、優秀なレンジラットとして働いた。でも、自分は気取らない雰囲気の南部料理のほうが好きで、特殊な鍋を使った料理には向いていないことに気が付いたんだ」（「レンジラット」とは経験を積んだラィンクックを指す。「特殊な鍋を使った料理」とは、予め作っておいたソースや付け合わせを二重鍋で湯煎にしてから使う料理のことだ）。僕たちはメニューにあるほとんどの料理を注文し、〈アンソンミルズ〉の粗挽きトウモロコシを使った一品も付け合わせとして頼んだ。

どの料理も南部料理の名にふさわしいものばかりで、周囲の環境と同じく飾らない雰囲気だ。しかも、どれもおいしくて、グレンは猛烈な勢いで料理をフォークで口に運ぶが、口に入れてからはゆっくりよく噛んで味わい、期待どおりの味に満足しているようだ。マッシュルームのラグーも付け合わせのコールスローも素晴らしいし、なかでも蒸したコラードは絶品だ。能天気な世間との長年の戦いで、彼の顔には疲労が刻みこまれている。

「僕はグルメじゃない。ただ食べることが好きなんだ」

グレンが好んで食べるのは初期段階の料理、つまりほとんど加工されていない野菜などで、まだ新鮮なものを楽しむ。しかしそれ以外に、「味覚の閾値〔味を感じることのできる最小値〕のさらに下の部分」にも興味を持っているという。どういう意味なのかと尋ねると、こう説明された。「口が味覚を感じる範囲外の要素だよ。直感だね。優秀なシェフには備わっているし、マギーも指摘している」（マギーとは作家で食品科学者のハロルド・マギーを指している)。

具体例を求めると、つぎのように説明してくれた。「そうだね、うちのグラハム粉に対する反応を思い出してほしい。優れた味を生み出したのが健康な土壌なのは間違いない。でもちょっと、その先のことを考えてみようよ。僕たちの小麦は茎の先が乾燥しきらないうちに収穫する。青々とした状態ではないけれど、そこそこに熟している。水分は二〇パーセントぐらいかな。水分が一四パーセント程度の十分に乾燥した状態になる前に収穫する。だめになるまで待たない。空中に放り投げたボールを、地面に落下しないうちにつかむような感じだね。でも、この国で栽培されている九九・九九パーセントの小麦は死んでいる。精白粉だけじゃないよ。全粒粉にしても、殺菌をすませてから加工されるだろう。最終的に目指すのが安定感のある粉で、貯蔵庫での長期間の保存を可能にするためには、どうしてもそうなる。せっかくの種は乾いてパサパサで、死んだも同然の状態なんだよ」

「つまり、適切な収穫時期を数週間超えてしまうと味が変わるわけ?」

「そういうことだね。一晩でも長ければ違いはわかるよ。そもそも大昔から小麦を育てて収穫して粉に挽いてきたのは、よい味を確保するためだった。注意深く観察すれば、タイミングはわかるようになってくる。むしろ赤ん坊のほうが敏感かもしれない」。そう言うと、シュリンプの最後の一匹が残っている皿を僕のほうに近づけた。僕が遠慮すると、彼は皿を元に戻して孤独な甲殻類に目を向けた。

「うちでは小麦を直前に挽くんだ。注文を受けてからね。きみからグラハム粉の注文をもらったら、翌日に小麦を挽いて、その翌日には手元に送り届ける。きみたちは新鮮なミルクや桃がほしいだろう。僕にとって小麦粉はそうした生鮮食品と同じなんだ。生きているのさ」

「ほかのみんなのやり方とは違うよね?」

「みんなは保存可能な期間に注目する。ほとんどの小麦粉は保存状態を良くするため、少しだけあぶって焙煎するね。でもこうすると穀物を乾燥させるわけだから、水分がすっかり抜けてしまう。僕たちはそれを食べているのさ。小麦は成熟した状態をずいぶん過ぎてから収穫され、分解された挙句、ミイラみたいカラカラにされる。製粉所は小麦の墓場のようなものさ」

挽き立ての小麦の価値がわかれば人びとの態度も変わるのかなと、僕はグレンに尋ねた。

「いいかい。ここではきみみたいなシェフが関わってくる。きみたちがそれを求めて実現しないといけない。いまは誰も冷蔵保存してくれないから小売りができない。棚に並べられている粉を見たら『お邪魔しました』と言って引き下がるしかないよ」

ウェイトレスが蒸し立ての粗挽きトウモロコシの付け合せを持ってきて、ほかの皿をすべて片づけた。グレンは彼女を呼び止め、一匹だけ残っていたシュリンプを手でつかむと口に放り込んだ。

「ぼくはあきらめない。これは啓発活動なんだよ」とグレンは言った。「あらゆる手を尽くさないかぎり、こちらが請求する金額を快く払ってくれるシェフはいない。でも、ここが肝心なところだ。シェフに優れた味を提供すれば、素晴らしい結果が手に入る。シェフは闘犬みたいなものさ。壁を崩し、すごい味の作品を作り出す。シェフに活躍してもらえば従来の基盤は消滅するんだ。そうすれば、ほかの人間はどこからともなくやって来る。ぼくは毎日自分にこう言い聞かせている。いいか、グレン。おまえは啓発活動をやっているんだぞってね」

粗挽きトウモロコシはどの程度までおいしくなるだろう。ここ南部の食文化の中心地のレストランで提供されている一品は、最高の穀物を育てて収穫し、粉に挽いたものから作られている。僕がちょっとした啓示を期待しても責められないだろう。ところが残念なことに、粗挽きトウモロコシはとてもおいしいのだが、人生最高の粗挽きトウモロコシと人生最悪のトウモロコシとのあいだの大きな違いが感じられない。僕はグレンに専門家としての意見を求めた。

「そんなはずないよ」と言って彼は視線をそらし、はっきり不満の表情を浮かべた。グレンが大学時代に送ったコメを母親に酷評されたときも、おそらく同じような表情をしたのだろう。なぜ大差がないのと、僕はなおも尋ねた。

南部の紳士だからか、あるいは〈アンソンミルズ〉の得意客を怒らせたくなかったのか、グレンは声をひそめて、シェフが粗挽きトウモロコシを調理するときの温度が高すぎて、時間が短すぎたのだと言った。「高温で調理しては台無しだね。たとえば既製品の粗挽きトウモロコシは精白小麦粉と変わらない。もともと死んでいるし、味が平坦でシンプルだから、高熱で短時間調理してもかまわない。でも、ここに出されているような挽き立ての穀物にとって、強火で加熱することは大敵なんだ。味がすっかり吹き飛んでしまう」

ここでようやく僕にも理解ができた。地球の果てまで出かけて失われた種を発見し、その歴史を研究したうえで栽培作物の複雑なシステムに組み込み、肥沃な土壌で栽培し、完璧なタイミングで収穫することは可能だ。しかし、慌ただしいランチタイムにシェフがあわてて粗挽きトウモロコシを加熱すれば、それだけですべての努力は水の泡になるのだ。グレンは椅子の背にもたれ、明るい表情にかすかな不安を浮かべている。せっかくのライフワークが呆気なく崩れ去ったと考えれば無理もないだろう。

グレンは気を取り直すと、粗挽きトウモロコシの皿をテーブルのすみに押しやった。「イタリア人は正しいやり方で料理するけど、その理由はひとつだけ。イタリアの農民はポレンタを調理するときにお湯をどんどん沸かしたりしない。なぜかって、薪がたくさん必要になるからさ。温度を低く低くしてポレンタを作る。ゆっくりとね。クラウディオはいつもそう言っている。低く低く、とにかく低く」

僕は思わず「クラウディオって誰なの」と尋ねた。

「クリスのシェフだよ」

「クリスって誰なの」

「クラウディオの上司さ」。うーん、わからない。悩む僕を尻目に、グレンはウズラの最後の一口を食べ、これはおいしいねと感想を述べた。

隣人になる

昼食後、グレンはチャールストンの近くにある由緒あるプランテーションのひとつに車を走らせた。最近の干ばつによって、彼の提供するカロライナゴールドがどんな影響を受けているかを観察するため、一八エーカーの田んぼを訪れようとしていた。幹線道路を外れると、車は両側に樹木が連なる道に入り、いくつかのプランテーションをつぎつぎ通り過ぎていく。どの敷地も鬱蒼と茂る草木に囲まれている。大きな門をくぐると車道が延々と続き、保存状態の完璧な古い豪邸が姿を現す。このあたりは昔ながらの南部の面影を残しており、奴隷たちが作業していた当時をイメージしやすい。

「ここから四〇〇メートルほど離れた場所でおふくろは育った。きれいな場所だろう」とグレンは言った。

大恐慌に見舞われてグレンの祖父が一文無しになったとき、グレンの母親は一四歳だった。「未だに当時のことを驚くほどはっきりと話してくれる」と言って、いまは認知症でラホヤの介護施設で暮らしていると教えてくれた。「大金持ちだったのに、いきなり一文無しになったんだ。こんなふうにあっという間にね」と言って指を鳴らした。「実に呆気なかった。父親から呼び出されてこう言われたんだ。『これからは車も服も……住んでいる家も、全部なくなる』とね」。グレンは周囲の豊かな緑を指さして言った。「おふくろは実際にこの素晴らしい環境で育った。でもぼくは違う。過去の話や料理についてただ聞かされただけだよ」

車で走り続けながら、僕は突然閃いた。グレンはカリフォルニア出身だけれど、実際にはここで育てら**れ**たのだと。いままではピンとこなかったが、グレンの母親のコメへのこだわりが少しだけ理解できるようになった。コメというより、失われた子ども時代へのこだわりだったのだ。彼女にとってコメは単なる「米」ではなく、エース盆地のローカントリーで過ごした華やかな少女時代の象徴だった。その意味でグレンは、母親が失った物事や文化的経験を取り戻す努力に生涯をささげ、それによって自分自身の喪失感を埋め合わせてきたのだろう。

「さあ、どうかな」とグレンは僕の説について一瞬考えてから言った。彼は後ろを振り返らず、前進したがっているように見える。「前にも話したけれど、カロライナゴールドを復活させたければ、そのことだけ考えていてはだめだよ。復活させたければ、種以外のものを過去から呼び戻さなければいけない。ここが肝心だよ。子どものそのまた子どもの代まで長続きさせたいと思うなら、もっと複雑な構想を思い描かないとね。僕はそうしてきた。できるだけ複雑になるよう努力してきた」

『複雑』って、具体的に何を指すの？　クレムソン大学でやっている輪作の実験？　コメの遺伝学者と取り組んでいる種子の研究？　それとも粉に挽く方法とか」

「そのすべてだよ。全部さ。それにもう少し加わるかな。いまのきみはコメのことばかり考えているけど、それだと、僕が発見したことは見えづらいだろうね。いいかい、現代の農業（agriculture）は、農業（agri）と文化（culture）を完全に分けて考え、言葉の本来の意味を抹殺してしまった。このわずか三〇年ほどのあいだに完全に分断したんだ。その結果、穀物の文化的遺産は置き去りにされて、単なる商品として生産されている。おいしさではなく、画一性が評価されるようになって、地域の特徴は顧みられない」と説明して言葉を切り、少し考えて言った。「きみたちも、エアルーム種の野菜を育てるだけで満足しちゃいけない。それだと農業は長続きしない。そこを考えてほしいな」

そうか、グレンのビジネスは「エアルーム種の野菜の栽培に限定されない」のだから、〈ストーンバーンズ〉を実験の場として利用することを思いつくのは難しくなかった。むしろ当然だろう。当時僕たちが育てていたのはエアルーム種といっても野菜で、穀物は含まれていなかったのだ。

「つまり、きみがフリント種の八列トウモロコシを送ってきたとき、期待していたわけか……その、うちが穀物を栽培することを」と僕は尋ね、ジャックが農場で確保できる畑はわずか八エーカーだったことを指摘した。

「ああ、期待どおりの展開だったね。それをきっかけに何かが動きだし、「ランドレース農法」の食材を使った料理への意識が高まるんじゃないかとね」。「ランドレース」の食材を使った料理は、挽き立ての粉が大前提だとグレンは説明した。「注文を受けたらその場で挽いて、すぐ料理に使うんだ」。まったくその通りだ。グレンが八列トウモロコシを送ってくるまで、僕は自分の手で粉に挽くなんて考えたこともなかった。でもグレンの八列トウモロコシを挽いてからは、小麦を挽くようになった。従来のやり方から抜け出すきっかけが与えられたのだ。

「たった八エーカーの畑でジャックが本当に穀物を育てると思った？」

「ああ、もちろん。実際その通りになったじゃないか。しかもスリーシスターズを使ったよね」と言ってグレンは、ジャックが北米先住民の作付け戦略を取り入れたことを思い出して笑顔になった。「でも、いきなり結果が出ることを期待したわけじゃない。きみたちが最終的にトウモロコシを生産するようになれば、おいしいポレンタを食べさせてもらえるとか、種を買わせてもらえるとか計算したわけじゃないよ。コミュニティの創造、それが動機さ」

僕が困惑しているように見えたのだろう、グレンはわかりやすく説明してくれた。「トリスの話をしたよね。あれと同じだよ。ぼくたちは隣人同士なんだ。ぼくたちがホピブルーのトウモロコシの種を提供し、そこから成長した収穫物で彼は利益を上げて、毎年種子を保存している。そして周囲の農家も同じビジネスに参入した。クリスの農作業を観察して見倣ったんだ。せっかく過去を再現しても、何かを始めても、隣人がいなければ何にもならない。ぼくたちは隣人であり、コミュニティの仲間なんだ」

「でも、〈ストーンバーンズ〉はすでにコミュニティを持っていたよ」と僕は言った。

グレンはどう反応しようかと思案するように口を開いた。「きみの言葉を繰り返してみるよ。すでにコミュニティを持っている、そう言ったね。たしかにそうだ。でも僕はもっと大きなコミュニティを追い求めている。穀物を料理の大事な要素として認識するようなコミュニティをね。料理を複雑にしなければいけないというのは、そういう意味なんだよ。僕が自分ひとりで八列トウモロコシを栽培するだけで満足しなかったのはなぜか、自分を駆り立てる原動力が変化したのはなぜか、どちらも答えは同じさ。カロライナゴールドを栽培するために正しい輪作の方法を考案し、優秀な遺伝学者と共同で作業すれば、とりあえず収穫することはできるだろうね。でも長続きしなければ、まったく意味がない。長続きするというのは、数百年以上という意味だよ」

「だから八列トウモロコシを植えたらお金を払うと……」

「隣人になるためさ。きみたちには灯台になってもらいたいと思った。暗闇を照らす小さな光にね」

思い出のカロライナゴールド

僕たちは、干ばつに脅かされているカロライナゴールドのプランテーションに到着した。一八〇〇年代を通じ、ここの農場ではコメ、綿、トウモロコシ、小麦が栽培されてきた。グレンはプランテーションのオーナーたちを説得し、一八エーカーの田んぼでコメを栽培してもらうことに成功した。トリスにトウモロコシを栽培してもらったときと同じやり方で、種と設備を寄付したうえで販売できる市場を保証したのである。

コメの収穫に成功したらどうするのかと僕は尋ねた。「きみに送った八列トウモロコシと同じだよ。

どこかの誰かに金を払って育ててもらうさ」。いまではグレンは国内の三〇以上の州に穀物の種を配給するだけでなく、その範囲はメキシコやカナダにまでおよんでいる。

「それで、どんなビジネスモデルなの？　つまり、〈アンソンミルズ〉はどうやって成り立っているの？　話を聞くと、農家に種を提供して育ててもらう会社みたいだけれど、どうやって利益を出しているんだ」

「利益なんかないさ。収入はせいぜい三〇〇万ドルだね。収穫されたものを三二〇〇人のシェフに買ってもらう。シェフが頼りなんだ。毎年それを全部引き出して、銀行口座をゼロにする。現金はすべて種の事業に費やしている」。グレンの手にかかると、シェフの力がこのような形で役立つのか。僕は自然と謙虚な気持ちになった。

レンタカーに戻る道すがらグレンは、〈アンソンミルズ〉の発展の軌跡をつぎのように総括した。「いまから五〇年たてば、僕の仕事も何らかの意味を持ち始める。かりにこの瞬間に僕が突然死んだとしても、会社は続いていくよ。すでにしっかり存在しているからね。だから、僕が提供したコメを誰が栽培しているかわからなくてもいいんだ。すごい進歩だと思わないかい？　いまは種を何トン提供しても、料金をいっさい請求しない。それでも成り立っている。でも五年前には、種を無料で提供するなんて不可能だった。だから進歩しているんだよ。それも光のようにすごいスピードで。それに、提供された種を蒔いた人たちはみんなこう言ってくれる。『何千年も試行錯誤を繰り返してきたすえに、これだけのものが完成したのか。こんなおいしいものは、食べたことがない』ってね」

グレンが提供する種はユニークな農業や文化の青写真である。そしてやがて、ユニークな料理の青写真にもなるだろう。

料理がなければ農業は長続きしないとグレンは語る。「長くはもたないだろうね。僕たちが生きているあいだ、いや、子どもたちが生きているあいだは続くかもしれないが、結局は忘れられてしまう。食べものや料理は我々の文化の重要な一部であるべきなんだ。文化に燃料を一方的に補給するだけの存在ではない。食べものを燃料と見なすのは危険な考え方だよ。でもいまはそういう時代だ。食べものは燃料と見なされる。だからおいしくないし、農業のシステムも崩壊している」

グレンは車に到着する前に立ち止まり、大事な点を強調した。「いまやっていることを十分に機能させるためには、食は文化だという事実を忘れちゃいけない。もちろん、食べなくちゃ生きていけないけど、ただ作ればいいってもんじゃない。優劣はつけられないけれど、どちらも同じように大切だよ」

＊

チャールストンを訪れた数カ月後、僕はグレンに連絡をとった。最近クラースから提供されたワプシーバレーというトウモロコシの品種について尋ねるためだ。グレンは「ワプシーによって放任受粉は再び脚光を浴びるようになったんだ。スタインブロンのおかげさ」と教えてくれた（「放任受粉」とは、鳥やミツバチが媒体になって自然に受粉が行われる品種で、アドルフ・スタインブロンとは二〇世紀半ばにアイオワ州フェアバンクスで活躍したトウモロコシの育種家である）。

このときグレンはラホヤにいた。そこで、南カリフォルニアでランドレースを試すつもりなの、と軽い気持ちで尋ねた。「そのうちやるかもしれないね。でも、いまここにいるのは、最近おふくろが死んだからなんだ。今朝、墓参りに行ってきたところさ」と言う。それを伝える口調はいかにも残念そうに聞こえた。

僕は哀悼の意を伝え、お母さんはきみのカロライナゴールドを試食するチャンスがあったの？と尋ねた。

「うん、間に合った。以前、最初に粗挽きトウモロコシを送ったら、すごく喜んでくれて『ようやくおまえも、一人前にトウモロコシを作れるようになったね。コメも大丈夫じゃないの』と言われた。おふくろらしいよ。だから挑戦してみるよって約束したけれど、思っていたよりずっと時間がかかってさ。数年後にようやく完成すると、飛行機に乗って、収穫したばかりのカロライナゴールドをおふくろに届けた。もちろん、僕には手を出させなかった。おふくろが自分で料理したよ」

きみの作ったコメについてお母さんはどんな感想を持ったのかと尋ねた。

グレンとの会話でそんな経験は一度もなかったのだが、彼はしばらく沈黙してから「それがね、何も言わなかったんだ」とようやく口を開いた。「ひと言もね。ふたりで食卓に座って料理を分け合った。コメを食べながら静かに物思いにふけるなんて、滅多にない経験だよね」

第30章　交配種はモンスターではない

二〇〇九年の春、トマトの苗を積んだ数台のトレーラートラックがアラバマ州の卸専門の種苗場を出発した。目的地は北東部の大型小売センター、ウォルマートやホームデポやKマートだ。何千本ものトマトの苗を運ぶ大型トレーラートラックの一団は、特にめずらしいものではない。毎年春の風物詩だ。大規模小売店は種から苗を育てるのではなく、大手の育種家に定期的に苗を注文して在庫をそろえる。特に二〇〇九年は、ミシェル・オバマがホワイトハウスで始めたガーデンプロジェクトが丸一年を迎えたこともあり、家庭菜園に興味を持つ人が急増していた。そのため、普段よりもさらにたくさんのトマトの苗が出荷されたのである。

しかしこの積み荷にはひとつ問題があった。多くの苗が葉枯れ病と呼ばれる真菌症に侵されていたのだ。ジャガイモやトマトを襲う葉枯れ病は深刻な被害をもたらす。最初は茶色のしみや病斑がところどころに現れる程度で、なんでもなさそうに見えるが、あっという間に症状が悪化していく。たくさんの実をつけて茎もしっかりしている健康そうな苗が、わずか数日後にはチェルノブイリ級の放射能を浴びたかのような姿に変わってしまうのだ。アイルランドのジャガイモ飢饉を覚えているだろうか。あの原因も同じ菌類だった。

北東部のほとんどの農家はこれまでも様々な状況に適応してきたので、何らかの形で葉枯れ病が発生することも想定内だ。日に焼けたり蚊に刺されたりするのと同じで、遅かれ早かれ経験するものと考えられている。被害を最小限に食い止めるだけでなく、悪影響をすっかり回避するための対策もあるが、結局のところ葉枯れ病はほぼ常に存在している。菌が活動していないから気づかないだけだ。

しかし、二〇〇九年は状況が違った。まず、通常よりもずっと早い時期にこの病気が発生した。葉枯れ病〔英語でレイトブライト〕は名前からもわかるように、苗の成長期の終わりごろに発生し、真菌胞子が苗から苗へと広がっていく。つまり、誰もが油断している隙を狙って襲ってくるのだ。そしてもうひとつ、病気の被害も未曾有の規模で瞬く間に広がり（普通なら数週間かかるところを、わずか数日で北東部全域に広がった）、猛威をふるった（有機的な予防策として銅の局所散布が有効だが、このときは効果を発揮しなかった）。これには強者ぞろいのハドソンバレーの農民もショックを受け、この甚大な被害は「聖書で語られる天災に匹敵する規模だ」という声もあった。

有機農家は、トマトの苗に殺菌剤を散布するか、あるいは苗がだめになるのを黙って見守るかという厳しい選択を迫られた（ある地元の生産者はそれまで農薬を使ったことがなかったが、今回ばかりは散布にふみきるつもりだと僕に語った。「トマト畑を失ったら、娘を今年大学にやれないんだ」と言う）。しかし殺菌剤には病気を抑える効果はあっても、病気を治してくれるわけではない。定期的に殺菌剤を散布している農家も、不本意ながら予防措置として使用している農家も、葉枯れ病によってこの年の収穫高は大きく落ち込んだ。

この葉枯れ病の大発生の原因として天候を指摘する人は多い。実際、この年の六月は記録的な量の雨が降って湿度も高くなり、真菌類にとっては四ツ星ホテルのような環境が整ったのである。しかし、初夏に気温も湿度も高いケースは以前にもあったのだから、天候だけではこれほど猛威をふるったことの説明にならない。葉枯れ病は常に被害をもたらすが、これほどの惨状をもたらした年はなかった。

トマトの苗をあちこちに運ぶトレーラートラックが、真菌胞子の培養器のように作用したという説もある。病気に感染した苗が運搬中に何百万もの胞子をまき散らし、それが北東部全域に降り注いだ可能性は否定できない（胞子は最大六〇キロメートル以上も飛散していく）。菌に感染したスターター苗が店に到着すると、誰もその危険に気づかないうちに購入され、庭に植えられてしまう。そうなると病原菌は小さなトロイの木馬に隠れた兵士たちのように裏庭から市民農園へと広がっていくのだ。

＊

〈ストーンバーンズ〉でも六月の第二週目には、葉枯れ病が未曾有の規模で発生する可能性についてジャック・アルジエルの耳に入っていた。彼はある土曜日、自分の種を注意深く点検してから、「問題ないよ。実もきれいだし、実際、今年は豊作になりそうだな」と僕に報告した。ところがその四日後には、「いよいよやって来たよ。イナゴの大群のように広がっている」というほど、状況が変化してしまった。

その数週間後のどんよりした雨模様の日、僕はジャックと一緒に畑に立っていた。ここは数年前にエリオット・コールマンが目をつけた畑で、つい最近までブランディーワイン、チェロキー・パープル、ブラック・クリムなどエアルーム・トマトの苗が一〇〇〇本も育てられていた。しかしいまは拷問か爆撃を受けたあとのような無残な姿だ。菌類がジャガイモに広がるのを予防するため、ジャックは感染した苗のほとんどを取り除いたが、結局はジャガイモにも感染してしまった。僕は畑の惨状を観察し、トマト抜きで夏のメニューをどうやって準備しようかと頭を抱えていた。ところがそのとき突然、畑の片隅にあるものが目に留まった。小さな一角に並んでいるのはトマトの苗で、完璧な形をした赤い実が艶やかに輝いている。どういうわけか、周囲で繰り広げられた大虐殺を免れたらしい。僕はそれに近づいていった。

「な、すごいだろう」とジャックは僕に追いついて言った。「これを見てもらいたかったんだ。マウンテンマジックというコーネル大学で実験中の種で、葉枯れ病への抵抗力がある」

この新種は、ランドグラント大学〔連邦政府所有の土地を州政府に供与し、その土地に設立した大学〕の認定を受けたコーネル大学の植物育種家たちが開発したもので、農家に利益をもたらすために実験が続けられていた。★28 しかし僕は、選り好みできる状況でもないのに、このトマトに胡散臭さを感じた。いまにもはちきれそうに実が熟しているが、あまりにも印象がよすぎる。あまりにもよく手入れされ、画一的で、つるには無数の実がついている。スーパーでよく見かけるトマトにそっくりだと言ってもよい。当時の深刻な状況を考えれば、そんな馬鹿な発想もないのだが、エアルーム種のトマトと言えば不格好な形が普通で、ごつごつと不揃いであることがおいしさの証明でもあった。トマトにせよ、桃や豆にせよ、エアルーム種の野菜や果物は不完全だからこそ自然のよさが表現される。そしてきれいに手入れされた大量生産型の品種よりも明らかに味が優れている。

熟したマウンテンマジックの実を何個か摘み取り、ジャックは僕の偏見を和らげようとした。彼によれば、エアルーム種は祖母から受け継がれた銀食器のセットのようなもので、「見事な一品だし、理由があって保存されているけれど、時間が止まっている。自分のものになれば嬉しいけれど、負担にもなるんだ」という。

それでも僕は、目の前の見事なトマトに期待する気持ちになれなかった。あまりにも整ったトマトの味なんて消しゴムのようなものだろうと決めつけ、ソースにするしかないと思った。ところがマウンテンマジックは甘くてフルーティーで、エアルーム種でも味わえないような香りと酸味を備えている。しかもエアルーム種よりも水気がなく、その分だけ味が濃い。そして実が熟してから一週間、あるいは二週間たっても表面に傷やしわが現れなかった。その意味では、まさにマジックだった。

このトマトは本当においしかったので、ディナー客から質問が出始めた。葉枯れ病が流行しているのに、ジャックがこんなに見事なトマトをどのように有機栽培できたのか、多くの客が知りたがった。そこで僕たちは小さなトレーを準備して、その半分にはマウンテンマジック、もう半分には葉枯れ病に侵されたエアルーム種のトマトを載せ、それをテーブルに持っていって継続中の実験について説明することにした。だが、僕たちはマウンテンマジックを生み出した技術のすごさを強調しすぎたのかもしれない。というのも、驚くほど否定的な反応が多かったからだ。「うん、これは﹅す﹅ご﹅い﹅。つ﹅ぎ﹅の﹅料﹅理﹅が﹅待﹅ち﹅き﹅れ﹅な﹅い﹅」という代わりに「うーん、フランケンフードだね」と言うのだ。どうやらディナー客は、マウンテンマジックを遺伝子組み換え型トマトだと思ってしまったようだ。

そんな誤解を考えれば、客たちの反応は意外ではない。遺伝子組み換え食品[★29]は自然交配種と違い、実験室で遺伝子を組み換えることによって作られるため、一九八〇年代に登場して以来、多くの議論を巻き起こした。一九九四年、アメリカの消費者はフレイヴァーセイヴァーという名前のトマトによって、この新しい技術の創造物を本格的に味わった。バイオ関連企業〈カルジーン〉社の遺伝子工学者は実を成熟させる遺伝子を操作して、腐敗の進行の遅いトマトの苗を作り出したのである。それまで農家はトマトをまだ青いうちに収穫し、エチレンガスを封入した箱のなかで成熟させるのが通例だったが、この新しい技術のおかげで、畑で熟してから収穫できるようになった。これは魔法のトマトとして市販されるようになり、農家も、そして消費者もその恩恵を受けた。ところが、政治や生物倫理の世界で遺伝子工学についての論争が繰り広げられているあいだに（「フランケンフード」というのは当時の造語で、自然を操作する技術に対して人びとが抱く恐怖を反映していた）、フレイヴァーセイヴァーは単純だがべつの重要な理由で失敗した。名前から受ける印象とは違い、味（フレーヴァー）がなかったのだ。一九九七年、モンサント社はカルジーン社を買収し、この革命的なトマトの製造を中止する。

客の混乱を避けるには、僕はもっと上手に説明しなければならなかった。そして、コーネル大学が昔ながらの方法で開発したマウンテンマジックと、モンサントのような企業が創造したGMトマトの違いについて、僕自身が正確に理解する必要があった。

ランドグラント

ランドグラント大学で行われている育種プログラムは、長いあいだ最先端の取り組みとして評価されてきた。少なくとも部分的には、葉枯れ病が僕たちのトマト畑にもたらしたような災難を回避するために創られたと言ってもよい。

かつて農業は研究の価値がないものと見なされ、学校で教えられる機会もほとんどなかった。一八六〇年には全米で三〇〇の大学があったが、そのほとんどが私立で、講義内容はリベラルアーツが中心だった。そこで議会は、農業の効率を高めるべきだと考えた。

やがて一八六二年になると、その決意を後押しするような動きが始まった。まずホームステッド法が成立し、西部への入植者が一気に増加した。そして米国農務省が設立される。しかし、この記念すべき年のなかでも最大の成果は、モリル・ランドグラント法の成立だった。連邦政府の所有する土地を実験用に供与されたランドグラント大学が全米各地に創立され、農業や工学のような「メカニカルアート」、すなわち技術の教育が始まったのだ。[★30] 今日ではすべての州に少なくともひとつのランドグラント施設が存在している。

一八八七年にはハッチ法が成立し、「農業試験場」への資金提供が義務付けられ、新しい輪作のパターンや植物病理学など、あらゆる分野の研究が可能になった。そして一九一四年にスミス・レーバー法が成立し、ランドグラントの複合体に三つ目の要素が加わった。施設外での実地研修が始まり、農家が大学関係者から直接指導を受けられるようになったのだ。関係者は最新の技術革新についての情報を農家に提供するだけでなく、病気の初期症状はないか畑の点検も行った（僕たちを見舞った葉枯れ病は細かく点検するまでもなかった。ガーデニングの経験が未熟な人だって見落とさないだろう。トマトの苗の様子からは、深刻な事態が迫りつつあることが一目瞭然だった）。

農家をサポートするため、植物育種家は農務省と協力して研究を重ねた。そして各州の農業大学は科学的な選別方法を利用して、収穫量の増加と害虫や病気への耐性の向上を目指した。各地の実験場では新種の穀物や野菜や果物が開発され、試験が成功すれば農家に提供され、情報交換を経てさらに改良が進められた。

一八六二年から一連の法律が成立した結果、全米各地で農家が実験や学習に参加するための体制が整った。種子が改良され、最先端の技術が適用されるようになると、大きな成果が得られた。収穫量が増加して、価格が低下したのだ。そして食べものの品質も向上する。しかし、事態は思いがけない方向に進んだ。進歩の延長として化学的農業の時代が到来し、環境が著しく破壊されたのだ。もともと、ランドグラント制度は公共善のための手段として考案され、一〇〇年以上にわたって信じられないほどの成功を収めたのだが、最終的には悲惨な結果を招いてしまった。

＊

マウンテンマジックのお披露目から数週間後、ジャックは果物や野菜の新種に関して協力する機会を増やすため、コーネル大学の植物育種家を訪れた。

そして、戻ってくるとつぎのように報告した。「本気で話をしたがっている。食への関心は相当なものだ。育種家はおれたちの意見を聞く必要があるし、おれたち、つまり農家もシェフもウェイターも、育種家の意見を聞くべきだよ。いっそ、育種家たちをディナーに招待しないか」。そう提案されて、答えに迷いはなかった。なぜもっと早くそれを考えなかったのだろう。

二カ月後、育種家の一行が〈ストーンバーンズ〉に到着した。農場を見学した一行は、農業関係者だけでなく、仕事前のコックや給仕スタッフからそれぞれの仕事について説明を受けた。どの育種家も特定の作物を専門に取り組んでいる。ブルース・ライシュはブドウ、マーガレット・スミスはトウモロコシ、コートニー・ウェバーはイチゴとラズベリー、ウォルター・ド・ジョングはジャガイモ、そしてマイケル・マズーレクという若い期待の星はカボチャとメロンとコショウという具合だ。

マイケルは、料理の世界と切り離された世界で働く育種家の苦労について語った。「育種家はどんな形の品種改良がよいか決断しなければなりません。それは車輪を回転させて進むべき方向に設定するような作業です。でも、目指す方向として指示されるのは、収穫量と画一性なんですよ」。ほかのメンバーはその通りという様子でうなずいた。

その点、マウンテンマジックは例外だったとマイケルは指摘した。通常、育種家は最大の市場を探さなければならない。「実際、種についてのアイデアを考案する際には、市場が存在していることを予め証明しなければなりません。一〇〇年前の品種改良は、地域の農家が対象でした。でもいまはニューヨークだけでなく、テキサスやオレゴンで栽培する種についても考える必要があります。しかも今日の農業では、全人口の一パーセントが残りの九九パーセントに食べものを供給しているのだから、細かく配慮する余裕なんてありません」というマイケルの言葉に一行は大きくうなずいた。

「今日行われている品種改良が正しいとは思えません。結局、種の袋に書かれたふたつの文章が我々の目標になってしまう。いいですか、品種改良の可能性のすべてが、たったふたつの文章にまとめられてしまうんです。ひとつは収穫量、もうひとつは画一性です」

育種家は建築家のような存在で、グレンによれば、種を使って農業システムの青写真を描いていく。農家が実際に作業を行う前の段階、すなわち輪作を行って土壌を改良し、作付けする品種を選ぶ以前に、種は土台を築くのである。この土台の部分で収穫量と画一性が決定要因になれば、畑で栽培された作物が流通して市場に届けられるまでのシステム全体がそれに基づいて確立される。すべては「種から始まる」と言われるが、まさにその通り。だから僕たちは、最初にどんな種を選ぶべきか、慎重に考えていかなければならない。

残念ながら、拡大を続ける地産地消運動のなかで育種家は顧みられなかった。今回、育種家の一行のディナーを準備しながら、シェフにもその責任の一端があるのだと僕は気づかされた。僕たちシェフは厨房にイノベーションや近代化をもたらしたかもしれないが、材料に関しては過去に目を向ける傾向が強かった。エアルームや在来種を味の模範のように理想化し、農家をその管理人として祭り上げてきた。しかしオリジナルのレシピを創造する育種家に目を向けようとしなかったせいで、地域に根差した味のよい品種の開発を妨げていたのである。

食事の最後に僕はマイケルに尋ねた。冬カボチャを品種改良すれば、マウンテンマジックのような濃厚な香りが実現するだろうか。「カボチャのサイズを縮めて、同時に味を改良できると思う?」

すると、実際にそのような品種改良に取り組んでいるところで、秋にはサンプルを送りましょうという答えが返ってきた。それからマイケルは声をあげて笑い、メガネを落ち着かない様子でいじり回し、足元に視線を落として言った。「こんな意外な展開もあるんですね、悲劇が一転すばらしい話になってしまうなんて。僕は長年品種改良に取り組んできました。おそらく何万回も新しい品種を試してきましたよ。でも、味のよい品種を作ってほしいと言われたことは一度もなかった。ひとりも頼む人はいなかったんです」

味の品種改良

品種改良で味のよい小麦を作れるものだろうか。

コーネル大学の育種家一行の訪問を受けてからほどなく、僕の頭にはそんな疑問が浮かんだ。きっかけはリサからの一本の電話だった。おそらくエドゥアルドかミゲルに関する最新情報だろうと思ったが、そうではなかった。アラゴン3号というスペインの古い小麦についての問い合わせだった。ある文献でその存在を知ったが、この五〇年のあいだにほぼ消滅した品種だという。

スペインの農家が一九八〇年代にアラゴン3号を放棄したのは、現代の品種に比べて収穫量が低かったからだ。ところがスペイン北東部の小さな町で、ある家族が家庭用に細々とその栽培を続けていた。毎年最高の種子を選んで次の年に蒔くプロセスを繰り返した結果、品質が改良され、いまこの小麦が見直されているのだという。パン屋からの需要が拡大したため、栽培を希望する農家も増えていた。

収穫量の低さをべつにすれば、アラゴン3号は現代の育種家が求めている特徴のすべてを兼ね備えている。たんぱく質の含有率が高く（なんと一七パーセントもある）、病気や干ばつへの耐性が非常に強い（リサによれば、アラゴン3号は「朝露だけで十分に育つ」品種だと記されていた）。そのうえ、味が素晴らしいのだという。

貴重なエアルーム種が、収穫量を追求する農業のなかで消滅しかかったのだ。アラゴン3号をテーマにすればよいストーリーが出来上がるとリサは考えた。そうだ、この品種をメニューに加えてみたらどうか。アラゴン3号を復活させれば、優れた味の消滅を回避できる。このプロジェクトはグレンに任せるのがふさわしいのかもしれないが、どうも先日招待した育種家のことが頭から離れなかった。育種家に頼めば絶滅危惧種を復活させるだけでなく、新しい品種を発明できる可能性があった。

そこで僕はスティーブ・ジョーンズという人物にeメールを送った。スティーブはワシントン州立大学の育種家で、グレンをはじめ、数人の関係者が彼の名前を口にしていたからである。彼は小麦の品種改良を小さな規模で手がけており、その味へのこだわりは有名だった。僕はメールで自己紹介をしてから、あなたの仕事についてもっと知りたいと続けた。その日の午後には返信があった。

スティーブはまず、農家が自分で品種改良できるようになる手助けをすることが自分の目標だと説明してから、ある地元農家の話を紹介した。その人物は一〇年前に悲劇的な事故で息子を失い、一二歳の孫娘レクシーを農業に関わらせたいのだがどうすればよいか、彼にアドバイスを求めてきたのだという。

「お孫さんに小麦の品種改良を任せたらどうかと彼に話しました」とメールには書かれていた。スティーブはレクシーに自分の温室を提供し、種の交配を手伝ってやった。最終的に彼女が開発した品種は祖父の畑に蒔かれ、毎年夏には最もよさそうな苗を選別して品質の改善に努めた。そして数年後、スティーブはレクシーの名前を冠した新種の小麦——レクシー2号——を州の主催するコンテストに出展した。これは太平洋岸北西部の小麦のなかからトップ六〇を決めるコンテストで、モンサントやシンジェンタのような企業だけでなく、大学の研究グループも参加していたが、レクシー2号は収穫量においてトップの好成績を残した。

「小麦の品種改良に生涯を捧げ、昔ながらのやり方にこだわり続けてきた頑固な育種家が、収穫量で最高の成績を挙げたことはこれまでなかったし、これからもないでしょう」とスティーブのメールには書かれていた。

同好の士を見つけたと確信した僕は、翌日にはアラゴン3号についての情報をスティーブにメールで送った。そして、種を保存してきたスペインの家族との仲介役としてリサを推薦するが、スティーブには誰の援助も必要なかった。「アラゴン3号は手元にあります」と数日後に返信があった。「あなたの地元の品種の小麦と交配させたいと考えています。何かよい考えがあれば、教えていただけると幸いです」という文面のあとに、「面白くなりそうですね」と付け加えられていた。しかしメールの言葉からはほとばしる情熱が感じられず、隣人の観葉植物の世話を引き受けたときのような反応に思えた。

翌日の午後、僕はスティーブに電話をして、種を手に入れたいきさつについて尋ねた。「きみからeメールを受け取ると、種子バンクにいる友人に問い合わせた。そうしたら郵送されてきたんだよ」というスティーブの説明からは、突然本物の情熱が宿ったように感じられた。「アラゴン3号は賞賛に値する。自分が親代わりになって価値を認めさせたい」と言う。リサが話していた特徴を引き出せるし、改良することも可能だし、アラゴン3号と地元の品種をかけ合わせればニューヨークでもよい成果が得られると太鼓判を押してくれた。「かりに夫婦による交配がうまくいかないときは、愛人を見つけてくるよ」

そこで僕はスティーブをクラースに紹介することにした。ふたりはお互いの存在について聞いてはいたが、まだ会ったことはなかった。アラゴン3号との相性がよい品種についてクラースは数週間かけて調査した。「よい結婚と同じで、世界観は共有しても特徴が同じではいけない」とクラースは言った。ジェーン・オースティンの農学バージョンというわけだ。最終的に彼が推薦したのはジョーンズ・ファイフという品種で、北西部の気候や環境にうまく適応した品種だ。「ジョーンズ・ファイフは交配相手にふさわしい候補だと思うよ」とクラースはメールに書いてきた。

僕に異存はない。ふたつの興味深い品種が大きな可能性を秘めた子孫を生み出そうとしているのだ。それを邪魔するべきではないだろう。しかし一抹の不安はつきまとった。僕たち——すなわちスティーブ——はアラゴン3号を純粋な形で永続させる道を放棄してしまった。それは、現代の品種改良への欲望を捨てきれないからだろうか。エアルーム種のトマトよりもマウンテンマジックを支持する姿勢は、独創的で現代にふさわしいようにも感じられる。しかし実際の交配プロセスにまで立ち入ってよいものだろうか。これでは臨床実験と同じではないか。僕は突然そんな気持ちに襲われた。正直言って、少々薄気味悪い気分もした。

僕はグレンと彼が手がけている「ランドレース農法」について考えてみた。予測できない混乱状態のなかから、優れた特徴を選び出す作業を根気強く続けていく。ところが今回僕は、そんな手間をいっさい省き、ふたつの品種を簡単に結びつけようとしている。そのふたつは同じ風に当たった経験も、同じ土壌に触れた経験もないのに、それを強制的に組み合わせて子孫を作ろうというのだ。それが正しい行為なのかどうか、自分でも確信が持てなかった。グレンの作業は自然の意思を尊重している。エドゥアルドもミゲルも同じだ。最もおいしい食べものを創造するためには、それが最善の方法なのではないか。僕はスティーブという魔法使いの弟子として、自然の意思に干渉しているのではないか。

数カ月後、アラゴン3号とジョーンズ・ファイフが薄いプラスチックの膜の下で共生している写真がスティーブから送られてきた。「交配は終了しました。ぜひ見にきてください」というメッセージがそこには添えられていた。

*

シアトルから北に一時間の場所にあるマウントバーノンの〈ワシントン州立調査研究センター〉に到着したときはすでに夕方になっていた。建物の入口の外で待っていてくれたスティーブはカーキ色のズボンのポケットに両手を突っ込み、真面目そうな表情を浮かべている。一九〇センチメートル以上の長身だが、ベースボールキャップを軽くうかせるようにかぶっているので、さらに高い印象を受ける。僕をスカジットバレーに案内してくれた彼の様子は、優秀な育種家や大学院教授というより高校の野球のコーチのような雰囲気だった。

スティーブに案内された研究センターは改築したばかりで、豪華なオフィスやカーペットを敷き詰めた玄関やおしゃれな照明が目を引く。株式上場をすませたばかりのテクノロジー関連企業のようにも見えるが、実際、ここではそれに近いようなことが行われてきた。研究費用が不足していたため――通常、ランドグラント大学には提供されるのだが――スカジットバレー周辺の農家がセンターの費用の多くを肩代わりしてきたのである。彼らはこの機関を新興企業のように見なして投資を行い、自分たちの利益の一部を基金に寄付するなど、作物の研究や新しい種子の開発、害虫戦略などに協力してきた。最終的に投資が報われれば、市場での優位を確保することができる。

美しい農地が九万エーカーも広がり、しかもその一部は国内有数の肥沃な土壌に恵まれているのだから（スカジットバレーは世界で最も肥沃な土地二パーセントのなかに含まれている）、成功は約束されていると思うかもしれない。しかしスカジットの農家には大規模生産者と違い、マーケティングを進めていく力がなかった。

「ここではほとんどの農家が、土地を孫のように大切にしている」とスティーブは語った。「施しや補助金を受けられないから、自分たちが力を合わせて働き、未来に投資するしかない。ある意味、そのおかげで俗化されたシステムに組み込まれずにすんだけれどね。同じ作物を何度も繰り返し植える必要がなかったし、独創的にならざるを得なかった」

この地域では有機農業がどの程度行われているのかと僕は尋ねた。すると、大した規模ではないけれど、そこだけ見て判断しないでほしいという答えが返ってきた。実際、すべての農家が混合農業を実践し、輪作を通じて土壌の改善に努めている。そのなかで小麦は、病気のサイクルを断ち切り土壌に空気を送り込むので、果物や野菜や花など主要な商品作物を育てる環境作りに役立っているという。

「持続可能な農業システムのなかで、小麦を欠かせない要素にすることが僕の仕事だ。小麦はいまでも輪作の役に立っているけれど、もっと活用させたい。でもそのためには、品種改良によっておいしい小麦を作り出し、パン屋から注目されるようにならないとね。このあたりでは収穫量に関して、小麦はこれからもマイナーな作物だろうね。でもできることなら、マイナーな作物でもメジャーな存在になってほしい。小麦はトマトと同じわけにはいかないけれど、でも、発想を改めれば新しい価値が見つかるはずだ。それが僕の目標で、そのためにここで働いているんだ」とスティーブは語った。

ジョーンズ博士

スティーブは大学時代に小麦への興味を持ち始めた。このとき参加したプログラムでは、なんでも好きなものを栽培するために五エーカーの土地が学生に提供され、利益は自分の懐に収めることができた。

スティーブは小麦とインゲン豆、それにマリファナをこっそりと植えた。「すべて発芽したんだよ」と彼は小声で教えてくれた。「これはもうかったな」。マリファナは四〇〇ドルの純益を生み出したのである。しかし豆には苦戦した。「休む間もなく働いたよ。午前二時に起きて水やりをした。あんなに働いたことはなかったけれど、一銭にもならなかった」。一方、一一月に植えた小麦のほうは順調で、六月には収穫できる準備が整った。しかもほとんど手間をかける必要がなく、四五〇ドルが手に入った。

「これを始めるしかない。そう思ったよ」

そもそもスティーブが農業に興味を持つようになったのは、ポーランドからの移民だった祖母の影響である。祖父母はブルックリンに移住すると翌週には、新居の前の芝生や駐車帯に鍬を入れ、あっという間に畑にしてジャガイモとキャベツを植えてしまった。祖母は東欧風の料理をよく作り、パンも焼いてくれた。スティーブは八歳のときにこの祖母と同居するようになり、ベーグルの作り方を習ってその後何年も作り続けた。「大学で小麦を育てるほかに、僕はベーグルもたくさん作った。みんなから変人だと思われたけれどね」

祖母の影響を除けば、スティーブ少年は地元のゴルフコースの芝刈りに才能を発揮した程度で、後に農業に生涯を捧げるようになる予兆は見られなかった。ましてや、アメリカでも有数の小麦育種家になる徴候もない。ところが実際にはそうなってしまった。

スティーブはスカジットバレーにやって来る以前、ワシントン州立大学の小麦育種プログラムの責任者を二〇年近く務めた。活動の場はワシントン州東部で、ここの小麦栽培にはカンザス州のような単一栽培がふさわしいように思えた。当初彼は、商品小麦を生産する大規模農家の収穫量や利益を増やすために貢献したいと情熱を燃やし、課題に取り組み続けた。そして彼の仕事ぶりは非常に優秀だった。しかし一方で、小規模の小麦農家——あまりにも規模が小さくて商品市場では競争することができないような農家——や、有機栽培農家の支援にも興味を持つようになった。病害虫の被害を未然に防ぐことは、有機農家にとっては特に切実な問題で、解決策が待たれた。しかし大学はその活動に乗り気ではなかった。

「おそらく当時の僕は少々世間知らずだったんだろうね。自分は公務員だから、すべての人に尽くさなければならないと考えたんだ」と言う。「でも大学は、そう、どのランドグラント大学も、最大の顧客層にばかり関心が向いていた。僕たちの場合は、ワシントン東部の生産者だよ。二五〇万エーカーの畑で作られる小麦は工業用小麦粉の原料としてそのほとんどが輸出されてしまう。そんな名もない小麦の品種改良をずっと期待されていたんだ」。スティーブには少なくとも当初、既存のシステムを変えるために戦うつもりはなかった。しかしいつの間にか、有機栽培や小規模栽培のための小麦の品種開発に取り組み始めるようになっていた。

それから数年後のある日のこと、彼は学部長に呼び出された。「会議室には学部長が座っていた。それから副学部長と、モンサントの社員が三人いたよ。それを見て、何だか大変なことになりそうだと思った。案の定、あいさつもそこそこにこう言われた。今後ランドグラントの土地は、遺伝子組み換え小麦を栽培するために使われる。この小麦は、除草剤のラウンドアップへの耐性が備わっている、とね。いいか、やるんだぞと命令されたような気分だった。でもこれが実現すれば、何千年も続いてきた小麦の品種改良の伝統が断ち切られる。それって素直に喜べることだろうか」

ラウンドアップとはモンサント社のベストセラーとなった除草剤で、一九七〇年代に開発されると世界中で使われるようになった。この当時、スティーブが担当する小麦農家のほとんどすべては作付け前の畑でラウンドアップを使用していた（今日、小麦を従来の方法で栽培するためには、実際のところ選択の余地がない）。そしてこのときスティーブは、小麦の種子の遺伝子を組み換え、ラウンドアップへの耐性を持たせるよう命じられたのだ。そうすれば農家が作物や周辺の農耕地に除草剤を散布しても、雑草は枯れるが作物は丈夫に育つ。難しい話ではない。小麦を雑草と競わせず、収穫量を増やそうとしたのだ。

除草剤への耐性を持つ遺伝子組み換え作物の開発は、綿、トウモロコシ、大豆、アルファルファですでに成功していた。GM小麦の市販は認可されていなかったが、モンサントをはじめとする関連企業は開発のためのロビー活動を行っていた。スティーブは彼らが全米各地の大学の小麦育種家にはたらきかけ、政策がまもなく変更されるだろうと自信たっぷりに話していたことは耳にしていた。そしてモンサントからこの会議に派遣された社員も、スティーブが喜んで従うと決めつけていたのだ。

「こう言われたんだ。『この遺伝子をきみの小麦に組み込んでほしい。そうすれば我々がまとめて商品化するよ』ってね。モンサントみたいな企業は科学者を抱えているけれど、遺伝資源を持っていないんだ。これは問題だった」とスティーブは説明してくれた。遺伝資源とは、遺伝の機能を備えた生物由来の素材のことで、幅広い分野での利用価値があった。

民間企業は種を品種改良する際、公共機関から遺伝子の提供を受けなければならない。「だから彼らにとって、遺伝子プールにアクセスできる大学関係の育種家が必要なんだ。それに、僕たちが生産者と築き上げた信頼関係も魅力だった。ワシントン州立大学では一八九四年から小麦の品種改良を続けてきた。一〇〇年かけて信頼関係を築いてきたんだ。だから僕に白羽の矢を立てたのさ。使用料の提供を申し出れば、無条件で飛びつくと思われたんだね」

従来、育種家は開発した種を農家に無料で提供してきた。ところが一九八〇年にバイ・ドール法が成立すると、研究成果に対する報酬の提供が義務付けられることになった。そしてこれをきっかけに、育種家はビジネスの世界に引き込まれていく。スティーブの言葉をかりれば、バイ・ドール法は公共機関の研究の友好的買収を後押しするようなもので、意図的ではないにせよよからぬ結果をもたらした。大学は営利目的のプロジェクトに傾斜していったのである。*

一九九〇年になると、ランドグランド機関での研究に対して民間企業から提供される資金は、農務省を上回るようになった[★32]。そしてそのギャップは拡大し続ける。わずか一〇〇年あまりのあいだに、ランドグラント大学によって奨励された地域密着型の食システムの精神はあっけなく崩れてしまった。

*

向かい側に座っているモンサントの重役から条件のよい話を聞かされても、スティーブはべつの問題に関心があった。それは自分ひとりの問題ではなかった。

主要穀物の品種改良は企業が独占している。しかし当時は（そしていまも）小麦だけは例外で、ランドグラント機関が企業からの資金に頼らず独自に品種改良を行っていた。小麦は自家受粉するので次世代の種を保存しやすく、しかも費用がかからないので、民間企業の干渉を受けずにすむのだ。これは農家にとってありがたい。なぜなら、種子会社が販売するハイブリッド種は収穫量が多くて画一性の面で優れているが、農家は毎年新しい種を購入しなければならないからだ。

* 一九八三年、ジョン・ブロック農務長官は、今後、連邦政府の研究機関は民間部門との競合を避けるため、育種プログラムへの援助を段階的に減らしていくと発表する。この傾向は未だに継続している。カリー・ファウラーとパトリック・ムーニーは今日、種子企業関係者は「『分業』体制について好んで語る[★31]。新しい品種の開発は公共機関が手がけ、研究の成果を民間企業に引き渡し、『最終的に市場で利用してもらうのだ』」と説明している。「要するに、革新的でも費用のかかる基礎研究は政府が手がけ、大企業は市場での利益を手に入れる」のだ。

「小麦は最後のフロンティアなんだ。すべての小麦生産者の半分以上が未だに種を保存している。それに、たとえ種を自分たちで保存していなくても、ランドグラント機関が代わりに保存や改良を手がけてくれる。現代の農業の基準から見れば、これは驚くべきことだよ」

ラウンドアップへの耐性を備えた小麦がモンサント社の思惑通りに完成すれば、収穫量は増加して、少なくとも当初は農家の収入が増えるだろう。しかし種に特許が適用されれば、農家は種を自分で保存できなくなる。そしていったん失われた伝統は取り戻せない。

「小麦市場も支配下におさめるためには、農家が自分たちで生産できないものを提供すればいいのさ。ラウンドアップレディー〔除草剤耐性農作物〕さえあれば、いきなり市場の支配者になれる。モンサントがそんな展開を望んだとしても、非難できないよね。年次株主総会に出席した株主だって、『来年、わが社は世界の小麦市場を独占します』と聞かされたら、『よし、どんどんやれ』って激励するだろう」

*

向かい側に座っているスティーブがいつまでたっても提案に熱意を示さないので、モンサント社の重役は困惑を深めた。ラウンドアップへの耐性を持つ小麦の開発に成功すれば、スティーブは研究成果に対する使用料という形で大きな利益を手に入れることができるのだ。スティーブの上司に当たる学部長も恩恵を受ける。使用料の一部は大学に提供されるので、政府からの資金が大幅に削減されても困らない。だからモンサント社は自信満々でこの会議をセッティングしたのだ。スティーブを除き、モンサントからアプローチされた育種プログラム関係者は、何らかのパートナー関係を結んで研究から利益を得る道を選んだ。本書執筆時点ではまだ商品化が認可されていないが、今後一〇年のうちに遺伝子組み換え小麦は大量に生産され、確実に市場を支配するようになるだろう。

会場には気まずい沈黙が流れた。「おそらく彼らは、僕が小躍りして喜んで感謝する展開を期待していたんだろうね。でも、学部長がかんかんに怒るのはわかっていたけれど、はっきり自分の意思を伝えた。『農民は何万年もかけて小麦を改良してきました。毎年改良しては翌年に新しい種を蒔いてさらに改良を進めてきました。自分で収穫したものを植え直すのは、人類の最も古い権利のひとつではないでしょうか。バイオテクノロジーはその権利を奪います。ランドグラント大学の活動が、何万年も続いた伝統を奪ってもよいものでしょうか。おそらく簡単にできるでしょう。でも僕はそこに加担したくない。だから返事はノーです』とね。それからだよ、一一年におよぶつらい経験が始まったのは」

＊

モンサント社の重役との会議のあと、スティーブは裏切り者と見なされるようになった。遺伝子組み換え作物に公然と反対する彼の姿勢に、大規模農家は不信感を募らせた。遺伝子組み換え小麦はまもなく国の認可を受ける予定で、ほかの大学はそれを視野に入れた品種改良プログラムの準備を進めていると信じ切っている農家は、ワシントン州の小麦が取り残されるのではないかと案じたのである。

さらにスティーブの同僚たちも、彼にはリーダーとしての資質が欠如していると激しく非難するようになった。「ついにある日、僕は学部長のもとを訪れてこう言った。『あと二〇年間、この状況で戦い続けることもできますが、前進する選択肢も考えられます。後輩に道を譲るのも悪くないかなと』。学部長は反対しなかった。それで終わりさ」

スティーブは所属していた学部を離れる決断をする。ワシントン州立大学との関係は悪化していたが、結局は同じ大学でべつの職に就くことになった。大学から車で西に六時間ほどの距離にあるマウントバーノン調査研究センターの所長である。メインキャンパスで有名な小麦品種改良プログラムの責任者を務めていたこれまでのキャリアを考えれば、この異動は明らかに降格だった。ゼネラルモーターズ・デトロイト本社のヴァイスプレシデントの職を解かれ、カラマズー〔ミシガン州南西部に位置する都市〕の支店の所長に任命されたようなものだ。

このポジションでは、小麦の品種改良に関する専門知識は要求されなかった。実際、この研究センターが過去に小麦の品種改良に取り組んだことは一度もなかった。「僕はそんなセンターの運営のために雇われたんだ。小麦はもうおしまいだった。これからは特産の果物や野菜を栽培する伝統豊かな環境で、農家のニーズに貢献するのが仕事になるだろうと覚悟した」

しかしこのポストの最終面接会場へと車で向かう途中、スティーブは小麦畑を見つけて高速道路を降りた。妻のハネロアは嬉しそうに写真を撮った。ところがその道路を数百メートル走ると、また小麦畑があり、その先にも小麦を栽培している畑が広がっていた。「嘘だろう、小麦だらけじゃないか。今までなんで知らなかったんだと思ったよ」

実はこのスカジットバレーで栽培されているのはすべて軟質小麦で、麺類や柔らかいパンの材料として韓国やシンガポールに輸出されていた。そしてスカジットの農家は、高価な肥料を購入する代わりに小麦の輪作を利用していた。

「ここの農家は大事なことを理解していた。いいかい、それも現代風の奇抜な発想の持ち主だったからじゃない。土壌を肥沃にする作業に真剣に取り組んでいたからなんだ。規模は小さくても小麦を正しく栽培すれば土壌が大きく改善されるし、驚くほど利益がもたらされるんだよ」とスティーブは言った。ただしスティーブがやって来るまで、大した利益はもたらされていなかった。小麦を低価格で輸出するほうが肥料を購入するよりもコストがかからないのは事実だが、違いはわずかだった。「小麦を栽培するのは、そのほうが損失が少ないからだって打ち明けてくれた農家もあった」

そこでスティーブはたくさんの可能性を考えてみた。もしも小麦の地産地消が実現したらどうだろう。スカジットで個性のない小麦を栽培する代わりに、収穫量が多くて味も抜群に素晴らしい小麦を品種改良で作り出したらどうだろう。この素晴らしい品種をサポートする市場が地元に存在したらどうだろう。農家への見返りと製パン業者に供給する小麦粉の品質の両方を改善するのは可能だろうか。このような可能性がそれまで検討されなかったことに深い理由はない。小麦はしょせん小麦。ちょうど水揚げされたばかりの魚はどれも同じだと考えられていたのと変わらない。ジルベール・ル・コーズやジャン＝ルイ・パラディンのようなシェフが登場し、零細漁師のための市場を創造した結果、ようやく魚は見直されたのだった。

実際、この地域では小麦がしっかりとした歴史を受け継いでいるという事実をスティーブは学んだ。一八五〇年から一九五〇年にかけて、ワシントン州では一四三以上の品種の小麦が栽培されていたのである。しかもスカジットバレーのすぐ西のウィドビー島では、一エーカーにつき一二〇ブッシェル〔小麦一ブッシェル＝約二七キログラム〕近くの小麦が収穫され、世界記録を樹立していた。

「『この地に小麦はふさわしくない』ってよく言われるけど、そんなことはない。カンザスのような場所が小麦の本場だと考えられているけど、それは違う。カンザスは小麦を育てるのに最高の場所じゃない。カンザスでは、栽培される唯一の作物が小麦なんだ」

そこでスティーブが地元スカジットの農家に小麦の品種改良を提案してみると、驚くほど前向きな反応が返ってきた。彼らにとって結局のところ失うものなどなく、しかもこの地域にはイノベーションの伝統が根付いていた。

「採用が決まると早速、すべての農家を集めて朝食会を開いた」とスティーブは回想した。「大柄でおっかなそうな男が立ち上がって、こう言うのさ。いいか、モンサントなんておかしなやつらは承知しないからな。その男はマイクを手にする前から非難の言葉を浴びせてきた。『何をやるつもりなのか、どんな研究をするのか知らないが、みんなの利益を忘れちゃ困る。商売っ気なんて出すんじゃないぞ』とね。ほかの参加者もそうだという表情でうなずいた。思わず声をあげて笑ったよ。わかるだろう。すごいじゃないか。彼はね、僕と同じことに反対していたんだ。僕は二〇年近くもひとりで戦ってきて負け続きだったけど、今度は反対されるどころか、どんどんやれとはっぱをかけられたんだ。正しいことをやらなくちゃいけないんだ。その男の体に腕を回し、しっかりハグしたい気分だった」

エアルーム種へのこだわりを捨てて

アラゴン3号の交配種を見るために温室へ向かう途中、スティーブはオフィスのすぐ外にある八エーカーの研究用の畑に案内してくれた。農業の観点から見れば、これほど多様性が豊かな畑は初めてだ。畑は一・二メートル×三・六メートルの区画にきちんと分けられているが、多様な小麦の品種が全体におよぼす効果には圧倒される。どの列にもユニークな種類の小麦が並び、色や形状が万華鏡のように鮮やかだ。これに比べたら、グレンの畑でさえ見劣りする。

スティーブは立ち止まり、振り返ると「ここにいると、歴史のなかに立っている気分になる」と言った。そう話すときの様子は畑にいるときのクラースと似ている。でも実際に僕たちが立っているのは、種を実験している畑のなかだ。そこでどういう意味なのかと尋ねると、こう教えてくれた。「ここの品種はすべて、古代まで遡る遺伝子を持っている。だからそれを大事に守ってきた農民やコミュニティについて考えるようになった。普通はトマト畑に立ったら、『きれいでおいしそうなトマトだな』と思うぐらいじゃない。実際、それ以上に深い意味はないよ」

一体いくつの品種に取り組んでいるのか尋ねた。二〇〇〇種類ぐらいはありそうだ。「四万種類以上かな」とスティーブは言った。

「えっ、四万種もあるのに、よく経過観察できるね」

「専門的に言えば、これは実験系統であって品種じゃない。でも、これだけあると数字もすごくなるよね」。この畑の遺伝的多様性には圧倒される。僕の目の前にある苗はどれも素晴らしい可能性を秘めている。それを交配して品種改良していけば、可能性は無限に膨らむ。多様性の際立ったテーマパークが完成するだろう。

スティーブの熟練の技は見事と言うしかないが、それよりも印象的なのが、彼の顔に浮かぶ素直な喜びの表情で、若い新人を監督するヘッドコーチのような雰囲気だ。「これを見て」と言って、スティーブは長年取り組んできた系統の苗を大事そうに両手で包んだ。まだ十分に成熟はしていない。スティーブは体が反射的に動く。発言しながらジャブを繰り出したり、何かを叩いたり触ったりする。その光景を見ていると、小麦の成功や失敗を自分自身の出来事として考えていることがわかる。「ねえ、あれはきれいだろう。ゴージャスじゃない？　レッドチーフという名前だ。品質がすごくよいわけじゃないけれど、きれいだからとっておいた。ゴージャスだよね。黄色がかった赤い色が、本当にきれいだよ」

育種家の仕事は種子の脚本を書いているようなものだ。その脚本は育種家ごとに異なる。スティーブの場合は、異なった遺伝系列の品種に備わる望ましい特徴をかけ合わせ、新しい品種を創造する。その際、望ましい方向に結果を誘導するわけではないし、種の未来を支配しようとも考えない。それでもつぎの世代がどのような姿になるか、驚くほど正確に予測できる。それに比べると、グレンの戦略はもっと自由奔放だ。品種同士の交配には関心がない。何かを後押しするとすれば、自然が素直に好きな方向へと進む手助けをする程度だ。そこでは「突然変異体」や異系交配が評価される。一方、小麦の収穫高の増加に貢献したノーマン・ボーローグはまったく異なる脚本を書いた。厳密な指揮系統のもと、あらゆる犠牲をはらって収穫量と効率の改善に努めた。

では、最も強力な必勝法を考案したのは誰だろう。僕が意見を求めると、スティーブはこう言った。「グレンのやり方は効果がありそうだね。僕も昔ながらのやり方や伝統的な作物が大好きだよ。でもね、古い品種のすべてが素晴らしいわけではないという認識を持つべきだね。昔の環境を再現して古い品種を復活させる取り組みは面白いし、ある程度の成果は期待できるけど、農学的な観点でみるとリスクも伴う。もちろん、グレンは自分で創造した環境に小麦をうまく適応させているけど、世の中に彼のような逸材はそうたくさんいないよ」

僕もそこまでは考えていなかった。シェフの目には、古い品種の栽培に取り組む農家は全員が正しいようにうつる。でもスティーブはかならずしもそうではないと言うのだ。農家がいくら頑張っても不測の事態は発生する。実際、収穫量が少なかったり、病気への耐性が欠如したりするリスクが発生するケースはめずらしくない。

きみは自分の戦略がノーマン・ボーローグよりもグレンの系統に近いと思う？　とスティーブに尋ねると、彼は一瞬躊躇してからこう答えた。「いや、僕のほうが範囲は広いと思うよ」。そして、グレンが取り組んでいる「ランドレース農法」は収穫量を優先させていないと指摘して、こう補足した。「古い遺伝子の再現も、収穫量の多い品種の改良も、どちらも悪いことじゃない。結局、病気への耐性、味、機能――そのすべてを僕たちは求めないと。何かを得るためには他の何かを犠牲にしなければならないという発想はいただけないな」

「収穫量を減らさなくてもよい味は創造できるの？」

「だって、きみたちシェフもそれを確信しているだろう」

「エアルーム・トマトはたしかにそうだね」

「ならば小麦だって、収穫量と味は反比例しない。味が改善される余地は十分にある」。収穫量と味のトレードオフが発生するのは作物の栽培化が進み、水分を多く含むからだとスティーブは説明した。

「本物の野生のトマトはチェリーよりも小さい」と言って、人差し指の先を示した。「野生の食べものの味がよいのは、『水ぶくれ』していないからさ」

スティーブは形のよい小麦が並んでいる一角を指さした。フランスの古い品種で、交配のために利用しているのだという。「昨年は本当に味がよくて、しかもたんぱく質をたくさん含んだ素晴らしい小麦が一七〇ブッシェルも収穫できた。一エーカーにつき五トンの計算だよ。すごいだろう。カンザスでの平均収穫量は、一エーカー当たり一・五トンなんだ」

「小麦はケーキの材料だから、口に入るよね。そのとき、味はひとつの遺伝子によって引き出されるわけじゃない。味はね、様々な遺伝子の相互反応や組み合わせによって生まれるものだよ。神さまはそのようにお創りになった。それなのにひとつだけ遺伝子を選ぶと、どこかの時点で災難が引き起こされる」

その点は小麦の栄養も同じなのかと尋ねると、そうだという答えが返ってきた。緑の革命で矮性種が導入されてから生まれた新しい品種に比べ、古い品種のほうが微量栄養素の含有量が多いことがスティーブらの研究から明らかになった。[★33] カルシウムも鉄も亜鉛も、古い小麦のほうが五〇パーセント多い。

「一エーカー分の小麦を一度に食べるわけじゃないよ。でも、少しずつ食べれば栄養が蓄積される。そして、古い品種の小麦で作ったパンのほうが、栄養分が豊富なんだ。同量の栄養を現代の品種のパンで摂取するためには、二倍の量を食べなければいけない」

スティーブは立ち止まり、新しい取り組みについてひとりの大学院生と話し始めた。僕は彼を残して歩き続けた。数メートルごとに小麦はまったく異なった姿を見せる。色が濃くてほとんど熟しているのもあれば、色が薄くて白っぽく、子房が出来上がった兆候を見せているものもある。僕よりも背が高く、樹冠のように茂っているものもある。これと同じように背の高い小麦を見たのは、グレンと一緒にクレムソン大学の試験場の畑を訪れたときだった。

スティーブが学生との会話に没頭しているので、僕はグレンに電話しようと思いつき、彼に目の前の情景を説明した。彼は絶好調だった。「うん、たしかに小麦は背が高いね。でも、きみは注目する先を間違っている。本当に圧倒されるのは、根っこのほうじゃないか」

きみが取り組んでいる「ランドレース農法」に頼らず、実験室で交配された小麦についてどう思うかと、僕はグレンに尋ねた。「どう思うかって？　すごいんじゃない。小麦に栄養や味を取り戻せるならどんな方法でもいいさ。結局は同じことだって、シェフなら誰でも知っているだろう。どんな方法でもかまわない。僕みたいなランドレースでもいいし、いまきみが見ているように、実験室で新種を発明してもかまわない。僕はすべての方法に賛同するよ。だって小麦はすべての基本となる要素だからね。我々の文化のいたるところに存在している。小麦が正しくないと、文化は崩壊してしまう」

そこで彼は一瞬沈黙してから続けた。「僕はいつもこう言われる。なあグレン、ランドレースや混作で世界中の人たちをどうやって食べさせるんだってね。そんなときは、世界中の人たちを食べさせる方法なんてわからないと答える。手がかりはないさ。でも、いまきみがいるスカジットには、おそらく我々の未来への答えがあるんじゃないかな」

＊

スティーブが戻ってきて再び一緒に歩き始めたとき、小麦の味を改良するためには昔の品種に頼るのが唯一の方法だと考えてきたが、そのこだわりが揺らぎ始めたことを僕は素直に話した。すごい可能性を秘めた小麦が四万種類も育っている畑を見せられたら、そう思わないわけにはいかない。

「エアルーム種は素晴らしいよ。敵対する必要はないさ。でも、我々はその先に進むこともできる。エアルームにこだわれば、進歩はそこで止まって時間は凍結されてしまうんだ。でも、そもそもエアルーム種だって、そのような形で開発されてはいないよね。トマトも穀物も、リンゴもそうさ。常に改良されてきたんだ」。スティーブは「ランドレース農法」のエアルーム小麦を現代の地元品種と交配させ、改良してみたいと語った。

「アラゴン3号のように?」

「そうだよ。アラゴン3号の味を改良できるだろうか。農家のために病気への耐性を改善できるだろうか。栄養価を高められるだろうか、鉄分や亜鉛の含有量を増やせるだろうか。こうした問題に取り組み、ぴったりの組み合わせを選ぶだけで、二倍の成果が得られる。しかも金をかけずに」

「金をかけずに?」

「だってそうだろう。クラゲから遺伝子を取り出して小麦に組み込むわけじゃない。小麦にはすでに、とてつもなくたくさんの品種が存在している。栄養分の多い系統もあれば、少ない系統もある。だから、そこから目当ての特徴を探し当てればいいのさ。本質的にこれは、何万年も実践されてきた作業と変わらない。自分たちの環境に小麦を合わせるのさ。誰もがやってきたことだよ」

こうした努力は地元産小麦のルネサンスに欠かせないとスティーブは語った。「一〇〇年前、メイン州にはおよそ三万エーカーの小麦畑があって、すべて地元で製粉され消費されていた。しかし今日、メイン州では基本的に小麦を栽培していない。バーモントでもニューハンプシャーでも、栽培していない。しかし突然、一部の農家が輪作の一環として少量の小麦を育てるようになった。おそらくシェフやパン屋が味の良い全粒粉に強く惹かれ、地元にその市場が誕生したからだろうね」

たとえばエアルーム種など、クラースが育てているような古い品種は収穫量が少ない。そして従来の品種には味がない。「そんな短所が改善されるように育種家がサポートし続けなければ、従来の小麦に代わる品種は絶対に定着しない」

後に僕はスティーブの話をクラースに聞かせた。反論されると思ったが、彼は意外にも心から賛同を寄せてきた。「その通りなんだよ。選択肢がたくさんあるわけじゃない。種子会社に問い合わせて古い種を購入するだけじゃ壁にぶつかる。エアルームにせよランドレース農法にせよ、大量生産はできない。二〇〇エーカーの畑も、いや、五〇エーカーだってだめだろうね」

さらにクラースはつぎのように説明した。自分とメアリ＝ハウウェルが手がけている種子ビジネスは、ある意味ニッチを埋めるためには役に立ったが、実験的に品種改良を手がけるほどの時間と資源は持っていない。では、ニューヨーク州の一角できみが育てている畑に、スティーブ・ジョーンズのような育種家を関与させるのが問題の解決になるわけ？　と僕は尋ねた。

「大事なのはね、どの州のどの一角にもスティーブ・ジョーンズのような人物が存在することさ」とクラースは言った。このとき二人とも気づいていなかったが、議会が一五〇年前にランドグラント制度を創造したとき、皮肉にも、まさにそのための手段を提供していたのだ。

バーバー小麦

スティーブの温室は、八エーカーの実験用畑に沿って建てられており、病院のような雰囲気を感じさせる。きちんと整頓されて非常に清潔で、頭上で回転するファンが新鮮な空気を循環させる音が聞こえる以外はひっそりしている。新たに交配された品種が何百種類も、新生児室の赤ん坊のように連なり、冠毛には清潔な袋がかぶせられている。

いくつかの育種室の前を通り過ぎていくが、どの部屋も清潔このうえない。ある一角に差しかかると、スティーブは歩みを止めてアラゴン3号の交配種を指さした。なんて美しいのだろう。僕の新生児はほかのたくさんの交配種に囲まれていたが、その存在は際立っていた。背が高くて抜群のプロポーションで、茎の先がややカーブを描いている。

「僕の小麦だから、バーバー小麦だね」

「うん、いいよ。実はね、ふたりの名前をとってジョーンズ＝バーバーという名前を考えていたんだけれど」とスティーブは笑顔で答えた。

僕は二〇年前のことを回想した。南フランスのレストランで長くて厳しい修業を終えた僕は、地元のファーマーズマーケットを初めて訪れた。陳列された商品を見ながら歩いていると、赤い斑点のあるアプリコットが目に留まった。そのあまりの完璧さに驚き、しかも試食してみると信じられないほどおいしかった。僕は店番をしている年配の女性にフランス語で「どこで生まれたの」と思わず尋ねた。スティーブの温室で保育器のなかのバーバー（あるいはジョーンズ＝バーバー）小麦を見下ろしていると、あのときと同じような感動に包まれた。

「どうやって誕生したの？」

方法はかなり簡単だった。交配による品種改良のメカニズムは驚くほどわかりやすく、九年生のときに生物学の教育を受けただけのシェフにも容易に理解できる。スティーブは小麦を「完璧な花」と表現したが、これは見解というより植物学上の定義である。自家受粉する小麦には雄と雌の両方の部分が含まれる。葯《やく》〔雄しべの部分〕と柱頭〔雌しべの部分〕だ。交配の第一段階がアラゴン3号とジョーンズ・ファイフの結婚の仲介だとすれば、つぎの段階では、どちらが雄でどちらが雌になるかを決めなければならない。スティーブはアラゴン3号の葯を取り除いて去勢すると、ジョーンズ・ファイフの先端の部分（葯はそのまま残されている）をアラゴン3号の上に密着させた。雄が雌の上にまたがるなんて古風で性差別的な印象を受けるかもしれないが、このようにして機能させるプロセスは欠かせない。花粉を柱頭に直接落とさなければならないからだ。スティーブはふたつの小麦のまわりを透析スリーブと呼ばれる袋（ビニールのように見えるが通気性がある）で包み、しっかりと固定する。そして翌日、袋をカサカサと「タバコの吸い殻を片づけるときみたいに」揺すると、ジョーンズ・ファイフの花粉がアラゴン3号の柱頭に落ちていって、受粉が完了する。それから五週間後にバーバー小麦が誕生し、種を蒔く準備が整ったのである。

「子孫の繁栄は大丈夫なの？」と僕は親としての本能に突き動かされて尋ねた。

「まあ、植えてみるんだね。最初に収穫されるのはF1といって、両親の特徴が五〇パーセントずつ発揮される。そのつぎに収穫されるのがF2で、あらゆる特徴が現れる。これでようやく目当てのものが手に入り、成果を確認できるわけだ」

「この段階で、希望する特徴を備えた種を選ぶわけだね」

「そう、選んで植えて育てる」とスティーブは言った。

「そしてつぎに、また選ぶんだよね」と僕は推測した。

「よさそうなものを選んで、またそれを植える」

「それからは何をするの?」

「同じことの繰り返しさ」

「繰り返し?」

「そう、ずっと続けるんだ。延々とね」

数世代にわたる選別を繰り返した末に誕生した小麦は非常に画一的で、完全に「純粋な」系統が出来上がる。しかしほとんどの育種家とは違い、スティーブは一部の小麦のなかに多様性を意図的に残す。グループを選別する際には、天然種を残すことも忘れない。その根拠はグレンと同じ。生まれつきの遺伝的多様性を残すのは小麦に保険をかけるようなもので、環境に適応しやすくなるからだ。それはスティーブにとって最も大切なことだ。いまや彼は、全米各地を対象に多くの品種の創造に取り組んでいるからだ。

ランドレース農法との違いについて僕は尋ねた。

「まず、我々は交配を積極的に行う」とスティーブは言った。ランドレースによる品種改良は自然への依存度が大きい。そしてもうひとつ、スティーブの場合、この半世紀のあいだに進歩したツールを使う機会も多い。

普通、育種家と言えばふたつのイメージが浮かぶ。ひとつは古いタイプの人間で、交配をコツコツと続け、目当ての新種を開発するために生涯をかける。そしてもうひとつはモンサントのような企業のマニアックな研究者で、植物の新しい遺伝子配列を創造するために先端技術を駆使する。スティーブはちょうどその中間のような存在だ。古典的な品種改良を評価する一方、ゲノムマッピング、マーカー利用選抜、染色体ペインティングといったテクノロジーを動員し、「植物のはらわたまで覗き込もう」とする。そうすれば数世代にわたる交配の結果を畑で確認しなくても、どんな特質が現れるのかを理解できるからだ。

僕は、翌年の春には革命的な新しい品種が誕生しているところを早くも想像して言った。「もっと早く厨房で使えるようにならないかな。何か方法はない?」そのためには費用を惜しむつもりはなかった。

「もちろん、早く手に入れたいよね」とスティーブは僕に相槌を打って言った。「最新の技術で武装するのは簡単だよ。でも最後はみんな、あそこに行くんだよ……」。そして、いま歩いてきたばかりの畑を指さした。「きみの小麦はあの厳しい環境で成功しなければいけない。冬も春も、日照りも大雨も経験し、成功を勝ち取っていくんだ。それには時間がかかる。必ずしもみんながそんな話を聞きたくないのはわかるよ。最新技術が現実を変えてくれることを期待する。でもそれはできない。それだと長続きしないんだ」

僕たちは温室から出て、実験が行われている八エーカーの畑に戻った。生まれたばかりで僕の名前が付けられた新種はまもなく、ここで育てられている四万種の小麦と競うことになる。そう思うと、僕は不安に襲われた。子どもたちのサマーキャンプよりも激しい競争ではないか。

「自分が開発して名前を付けた品種には、いつでも父親のような気持ちを抱くものだよ」とスティーブは言って、僕の不安に理解を示した。そして荷物をまとめて飛行場に向かう僕に、バーバー小麦はきちんと世話するから大丈夫だよと約束してくれた。

第31章　地産地消をめざして

生まれたばかりのバーバー小麦は、僕の高い期待を上回らないまでも十分に満たしてくれそうだ。では、この新種の小麦をパン屋に使ってもらうためには、何が障害になるのだろう。これはスティーブが畑で管理しているすべての新種にも言えることだ。

アクセスの問題は障害のひとつだ。スティーブ・ジョーンズのような育種家はこの国にひとりしか存在しない（嘘ではない。全米では五六〇〇万エーカー以上の畑で小麦が育てられているのに、この現実はとても信じられない）。そしてクラースのような農業関係者も簡単には見つからない。おまけに供給量は未だに乏しく、価格も高い。

ニューヨーク市の〈バルサザール・ベーカリー〉の創業者であるポーラ・オランドは、クラースのような農家と取引しない理由は価格だと言った。「人びとがパンに払う料金はいまが限界。すでに高級品市場になっているのよ。これ以上利益を出すのはキツイ状態なの」。市場を育てて価格を引き下げるためにはクラースのような農家がもっと必要だが、生産したものを販売できる市場がそもそも存在しなければ、そんな農家は誕生しない。そうなると結局、パン屋に話は戻るわけだ。

価格以外の問題として（パン屋が消費者の説得に成功し、味のよいパンに高い料金が支払われるようになったと仮定して）、パンの仕上がりの一貫性が問題として挙げられる。自然環境で収穫される作物の例に漏れず、小麦は予測がつかない。天候や土壌の状態に常に左右されるからだ。クラースが〈ブルーヒル〉に小麦を届けるようになると、収穫のたびに異なる小麦粉が出来上がるという事実を僕たちは理解するようになった。だから小麦の特徴に合わせてレシピを調整し、毎日二〇斤のパンを上手に仕上げた。収穫される小麦の多様性を評価するようになったと言ってもよい。しかし二〇〇〇斤のパンを焼くとしたらどうか。配達のたびに小麦の特徴が異なっていたら、ビジネスが成り立たなくなるのは時間の問題だろう。

ほとんどのパン屋が大手の製粉所から粉を購入するのはそのためだ。大きな製粉所は五〇軒の農家から届けられた五〇種類の小麦を上手に加工して（たとえばたんぱく質の含有量が高い小麦は低いものと混ぜ合わせる）、味の統一された小麦粉を作り出してしまう。

ロサンゼルスの〈ラ・ブレア・ベーカリー〉の元オーナーであるナンシー・シルバートンは、このシステムが確立された理由について、リピート客が毎回同じ味を期待することにあると結論した。「よい製粉所で小麦粉を購入すれば、こちらの注文に合わせて配合してくれるし、完成品の違いはわずかなの。味に一貫性のあるパンを作るため、小麦粉を理想的に調合してくれるのよ」

大手のパン屋も町のパン屋も、味に一貫性のあるパンを好み、決まった製粉所から小麦粉を購入する。水と混ぜ合わせたときの粉の反応が常に同じならば、安心してパン作りができるからだ。

「パン屋としては、オーブンから取り出すまで何が出てくるかわからなかった時代がなつかしいわ」とナンシーは語った。「パンを焼くって、そういうものだと思っていたもの。でも、お客さんはそうじゃない。果物や野菜の味が季節ごとに変わっても、チーズの味が時期によって変わっても文句を言わないのに、パンを見る目は違う。主食としての安定性が要求されるから、それを損なってはいけないのよ」

〈サリバンストリート・ベーカリー〉のジム・レーヒーは、パン屋の——そしてパンの消費者の——意識を変えるべきだと確信している。「レストランにはそれぞれプライドがあって、それを表現する機会も多いが、パンのコミュニティは違う。[★34] レストランは食材の生産地にこだわり、シェフは畑で摘みたてのハーブを使い、客はソムリエから極上のワインを注文するのに」とかつて語っている。

もし、ある年のブドウが雨にやられていつもと違う味になったとしても、客はその違いを拒まないものだとレーヒーは僕に語った。「ところがパンにそんな甘えは許されない。パン職人は素敵な商売だと思われているけれど、要するに労働者だよ。洗車のあとで車を拭いてくれる人間より少しましな程度だ。我々はルールの決定者ではない。ルールに従わなければいけないのさ」

ブレッド研究所

だが、そのルールも変わりつつある。徐々にではあるが、小麦の世界——小麦だけでなく、農家や製粉所やパン屋、そして育種家も含めた世界——は従来の型から脱しつつある。現在の小麦はジョージ・バーナードショーの戯曲『*Too True to Be Good*（良すぎて信じられない）』のような状態だと言ってもよい。「青年期と老年期のはざまにある男が汽車に乗り遅れ、前の汽車に乗るには遅すぎたが、つぎの汽車までには早すぎる」★35といった段階にある。

「万能型の小麦農場――ひとつの品種の小麦を一万エーカーの畑で栽培する農家――は時代遅れになった」とスティーブは語り、緑の革命で吹き込まれた思考様式が衰退しつつあると強調した。「新しいパラダイムが将来的に定着すれば、小麦はすべて地産地消型となり、必要とされる畑の面積も驚くほど小さくなって地域に深く密着した小麦が誕生する。そこまでいけば理想的だけれど、いまの状況では達成が難しい。生産システムも、いまいましいフードチェーンも、古いパラダイムから抜け出していない。同じものを少しでもたくさん押し付けようとする傾向がなくなっていない。モンサントはすぐに消滅しないだろうし、僕だって戦っているわけじゃない」

たしかにスティーブは表立って戦ってはいないが、実は小麦の将来のための戦いを目立たない場所で黙々と続けている。僕がワシントンを訪れてから数カ月後の朝、それは具体的な形で現れた。この日、午前四時に彼から送られてきたeメールを僕は開いた。

僕はいつも早朝に送られてくる彼からの報告をこのときも期待していた。スティーブは研究室や畑で毎日を過ごしているが、夜には――時には一晩じゅう――自分の小麦を実験するため裏庭にある薪オーブンでパンを焼いて過ごす。彼ほど睡眠を必要としない人間を僕は知らない。午前一時から六時のあいだに受信するeメールには、自分で麦芽エキスを作っているとか（「すごいんだ、神の食べものだよ」）、パン種――風味に大きく関わる――を乾燥させて棒状のキャンディーのように仕上げ、外出時に必要になると、水を加えて柔らかい状態に戻すといった話とか、様々な話題が登場する（「旅行中に眠れなくなると、時々何かを焼いてみたい気持ちが抑えられなくなる」)。かつては「小麦を水攻めにする」というタイトルの長くて具体的な報告もあった。そこには、新種の小麦が発芽したときに少しでも良い味になるよう、水浸しにしたり水を抜いたりしてストレスをかけている」と記されていた(「二時間おきに目覚ましをセットしなければならないので、奥さんの不興を買ってしまったそうだ」)。

しかしこの日の朝のeメールは、普段のようなユーモアとは無縁だった。自らのライフワークのために新しい研究室を作ることを決断した喜びに満ちあふれていたのだ。実はスティーブはマウントバーノンでの採用が決まったとき、大学から好きなプロジェクトの立ち上げ資金の提供を約束されていたが、その支給を数年間延期してもらったのだという。「自分が何をやりたいかわからなかったからね。でも、ようやくわかったんだ」と彼は記していた。

農家を説得して自分の小麦を栽培してもらうためには、小麦粉を積極的に購入して商品を作ってくれるパン屋の存在が欠かせないことをスティーブは認識したのである。ただし、ほとんどのパン屋は従来と異なる小麦粉の購入に興味を示しても、熱意にまで至るケースはほとんどない。製粉業者も同様に保守的で、パン屋が買わないような小麦をほしがらない。需要がなければ、農家に栽培してもらうことも難しい。

僕が早速連絡すると、スティーブはこう説明してくれた。「どのように循環しているかというとね。パン屋がいつも同じ小麦粉を買い求めるのは、どんな味かわかっているからだ。製粉業者はいつもパン屋から話を聞いているから、相手がどんな小麦粉を必要とするのかわかっている。そして農家も、そう、農家も求められるままに生産するものを決めるんだ。このサイクルが循環していくのさ」。それを断ち切るために、スティーブは自分の小麦とその品質の高さを関係者全員に理解してもらいたいと考えた。

「ほとんどの場合、パン屋に小麦粉を売るのはシボレーやフォードに鉄鋼を売りつけるようなものさ」とスティーブは言った。「相手は変化を好まない。育種家は特定のタイプの小麦粉を完成させるために品種改良を行い、ほかの要素はすべて廃棄する。畑で高い収穫量が確保できなければ一巻の終わりだよ。十分な量が確保できなかったり、歯ごたえが予想外だったり、何か『意外な』事態が発生すれば、そっぽを向かれる。小麦粉が少し黄色くなっただけで廃棄処分さ！　でも、もう飽き飽きしたよ。それに、そんなのおかしいんじゃないかって、最初からずっと思ってきた。廃棄処分にされた黄色い粉には何が含まれていたんだろう。何か違うものがあったのは間違いない。もしかしたら、すごくおいしくて、健康を増進してくれるものだったかもしれない。だからいやになったんだ。生涯同じものを作り続けるのは真っ平だと思った」

小麦の特質や遺伝子に詳しい科学者をそろえた研究所を開設するために、スティーブは大学側に資金提供を要請したわけではなかった。彼が資金を使って開設しようとしていたのはまったく新しいタイプの研究所で、世界のどこかにあるかもしれないがアメリカにはまだひとつも存在していないものだ。公共の研究スペースに農家だけでなくシェフやパン屋や育種家が集まって、小麦の新しい品種を自由に試すことを目指した。彼はここを〈ブレッド研究所〉と名づける。

＊

数ヵ月後、僕はバーバー小麦の発育状況を点検するためワシントンを再訪した。ちょうどスティーブはバーバー小麦の第一弾を八エーカーの実験畑に移植したところだった。ところが僕が到着したとき、まだ赤ん坊のバーバー小麦にも、ほかの四万種の苗にも彼は興味がなさそうだった。ブレッド研究所を僕に紹介することで頭がいっぱいのようで、完成したばかりのピカピカの建物の廊下を小走りで進んだ。

研究所のなかには近所の小さなパン屋で見かけるような、ミキサーや大型のデッキオーブンが置かれている。そしてちょっと場違いな雰囲気で、アルベオグラフなどの珍しい機械もいくつか並んでいる。スティーブはその使い方を披露してくれた。小さくへこんだドームの中心に、数グラムのパン生地を入れる。すると、機械からの空気圧でパン生地が膨らみ、ソフトボールのような気泡が出来上がり、パンを焼くときに放出される二酸化炭素がシミュレーションされる。このようにすると小麦の「拡張性」が測定されるのだという。拡張性とは気泡を生み出す能力のことで、おいしいパンのふわふわ感に欠かせない要素である。彼は突然手を伸ばして大きな泡をパチンと叩くと、嬉しそうに笑った。

「これがないと中世に逆戻りだ」と少々大げさな物言いをするが、その姿は得意げだった。

スティーブは「これはフォーリングナンバーをテストしている」と言って、つぎの機械を紹介した。フォーリングナンバーとは粘度の評価基準で、湿気や雨のせいで収穫直前に発芽が促される割合が測定される。発芽、すなわち種子が芽を出し始めると、酵素の一種であるアルファアミラーゼの量が増加する。このアルファアミラーゼには、でんぷんを分解して糖を生成する働きがある。スティーブが大きな試験管に一定量の小麦粉と水を入れてよく振ると、懸濁液が出来上がり、石うすで挽いたオーツ麦のような香りがかすかに漂った。彼はそこにプランジャー〔ピストンの一種〕を挿入してから、お湯のなかに全体を浸した。
「発芽によってでんぷんが分解されている状態になっていなければ、プランジャーは少しずつ下がっていく」と説明してくれた。実際、プランジャーはゆっくりと懸濁液のなかを下がってゆき、数分かけて試験管の底に到達した。「でんぷんによって粘度が加わると、コシの強さと軽くてやわらかな歯ごたえの両方を備えたパン生地が作られるんだ」と言う。

　これに対し、発芽した状態で収穫された小麦の場合、でんぷんは分解されて糖が生成されている。そうすると、プランジャーは懸濁液のなかを短時間で下がっていく。こうした状態の小麦を材料に使ったパンはネバネバして締まりがなく、形が整わない。コシの弱さは大手の製パン所にとって大きな問題である。パン粉が粘ついていたら、スライサーでパンを均等に切り分けることができない。しかしこれは小さな店のパン職人にとっても問題である。パン作りに挑戦した経験はあるだろうか。そのとき、味はよくてもネバネバしていたら、発芽が進行して小麦のでんぷんが失われている証拠だ。さらにコシの弱さはパスタにとっても大敵だ。どんなに手際よく調理しても、麺はダラリとした状態になってしまう。

　こうした問題は育種家にどう関わってくるのだろう。フォーリングナンバーと言っても、収穫前の雨の状態の測定値ではないか。どの小麦にも同じように雨が降り注げば、同じように発芽するのではないか。それが自然界のルールではないだろうか。
「いや、かならずしもそうじゃない。一〇〇〇種類の異なる小麦を同時に育てている畑に、数日間雨が降るとするだろう。そうすると発芽状態はそれぞれ異なるんだ」とスティーブは説明してくれた。湿度の高い状態で発芽しやすい品種もあり、スティーブはそれを早熟児と呼んでいる。「面白いよね、ぐんぐん発芽するものもあれば、簡単に発芽しないものもある。実に幅広いんだ」

では、発芽の決定要因が遺伝子だとすれば、発芽しない小麦を選べばよいのではないか。そうすればおいしいパンが保証されるのではないか。

「そこが複雑なところでね。それだけに注目して選ぶと、ほかのたくさんの特徴が失われてしまう。いいかい、ひとつだけを見ちゃいけない。肝心なのは様々な特質の相互作用だよ。要はバランスだね」とスティーブは言う。そうしたバランスは大手の製パン所にとって優先事項ではない。流れ作業による大量生産のため、グルテン含有量の多い小麦粉の供給を育種家に要求する。スティーブはこれをパンの「ワンダーブレッド化」と呼んでいる〔ワンダーブレッドとは安くて栄養価が低く、保存料を加えたパンの代名詞〕。

「高速での撹拌に耐えられるように小麦の品種改良が行われ、おおよそ五〇〇〇万から六〇〇〇万エーカーほどの畑でその品種が栽培されて販売されている」とスティーブは説明した。このように効率の良い品種の小麦が製パン業界には定着し、パンを購入するアメリカ人の期待に十分応えているのだ。

スティーブはさらにＮＩＲ（近赤外分析計）と呼ばれるもうひとつの機械を見せてくれた。これはたんぱく質の含有量を測定するための機械で、アルベオグラフやフォーリングナンバー測定器と同じく、このＮＩＲもどことなく場違いな印象を受ける。デザインはおそらく、一九六〇年代に低予算で制作されたＳＦ映画に触発されたのだろう。「これで光の吸収度を測るんだ。吸収がよいほど、小麦にはたくさんのたんぱく質が含有されている」と説明してくれた。

スティーブは一〇年近く前に開発したバイエルマイスターをひとつかみ、じょうごに注いだ。ボタンを押すと、小麦は機械のなかに送り込まれた。くぐもった音がシューシューと聞こえ、彼はたんぱく質の含有量を示す目盛りを読んだ。

「一〇・五パーセント。うん、良い数字だよ。それにバイエルマイスターはセクシーな小麦だろう。チョコレートみたいな味がするからね。でもこれを大手の製パン会社に持っていくと、笑われるんだ。一〇・五パーセントっていうのは軟弱な小麦なんだ。男らしさを評価されるためには一四パーセント以上が必要だ。さもないと、ほかのものとブレンドするか、豚の餌になるしかない」

僕は以前、フランスでは一一・五パーセント以上のたんぱく質を含む小麦が役立たずと見なされることを本で読んだ。その話をすると、「そうなんだよ。でもフランス人は軟弱だって非難されない。誰でもフランス人をけなしたがるけど、『フランス人はおいしいパンの焼き方を知らない』なんて、誰も言わないだろう」とスティーブは言った。

パンの味が画一的になった原因のなかでも、大手の製パン会社の影響力は見逃せないとスティーブは考えている。育種家が選ぶ種だけでなく、小麦の育て方まで、大手企業の思惑によって決められてしまう。「たんぱく質の数字をこれだけ大きくするためには、畑に肥料をやる必要がある。健康な土壌と十分なたんぱく質含有量のあいだに直接的な相関関係が存在するのは事実だよ。でもそんなことより、毎回数字を達成するため、農家は人工的な方法を強制される。毎回だよ。自然はそんな形で機能しないのにね」

こうやって、小麦農家は――そして結局はパン屋や消費者も――環境の汚染に加担している。たんぱく質の割合を高めるため、収穫直前に合成窒素を余分に施す農家も多い。「六〇〇〇万エーカーの畑が肥料を過剰に与えられている。何のためかって？　パン業界が一時間に焼けるパンの数を増やすためさ。豊かな成分を武器に、消費者に高い料金を払わせるためだよ。ろくでもないものをパンにたっぷり付け加えれば、業界は安泰なのさ」

スティーブは愛情をこめて、バイエルマイスターを指で何度かトントンと叩いた。「たしかにね」と彼はひとりで話し続けた。「みんなが小麦を有機栽培してくれれば嬉しいよ。でも業界から一四パーセントのたんぱく質含有量を求められたら、有機栽培を忘れないといけない。窒素を使わなければ、目標を達成できない」

こうした事情が背景となって、スティーブは研究所の建設に踏み切ったのである。たんぱく質の含有量やフォーリングナンバーには興味がなく、パンの品質にこだわる人たちにアピールしたいと考えた。スティーブが評価するような熟練のパン屋の多くはフランスのパン作りの伝統を受け継いでおり、砂糖をほとんど加えない。実際、最高級のパンはイーストや余分な塩も使わない。小麦に存在している天然の酵母菌や細菌が発酵作用によって活性化するからだ（小麦粉と水を混ぜて、大事な成分が出来上がるまでじっと待つ）。そうするとでんぷんが分解され、そこから生まれた糖分が、市販のパンには存在しない味の深みと複雑さをもたらしてくれる。

「もちろん、二〇分で簡単にできるところを一日半かけてパン作りをするのは大変だよ。でもそうすれば歯ごたえも味も改善され、しかも栄養価がはるかに高くなるんだ」とスティーブは言った。

コミュニティを広げる

グレン・ロバーツと同じくスティーブも隣人を大切にして、ある意味、コミュニティの主宰者にもなった。結局のところ、そうなる運命だった。品種改良で優れた小麦を作るためには、育種家以上の存在になる必要があることを認識したのである。

育種家としての仕事を発展させるためには交際範囲を同心円状に広げなければならない。中心に近い円には農家が該当する。結局のところ、品種改良した小麦を農家に栽培してもらわなければ話は進まない。しかし彼らを説得するためにはその前にパン屋を説得し、もっとよい小麦を使うべきだと納得してもらわなければならない。ただしスティーブは、そのために従来の方法には頼らなかった。パン屋に小麦を提供し、使い方を指導するのではなく、発想を逆転させた。何を希望しますかとパン屋に尋ね、それを実現する方法を農学的見地から探し出したのだ。

「そうする必要があったんだ。特別な性質や味、あるいはユニークな機能などを積極的に追究して品種改良に取り組まないと、ほぼ一〇〇パーセント、何も見つからないよ」とスティーブは考えている。まもなく彼は、農家と同じくパン屋も出発点のひとつにすぎないことを認識した。たとえば、僕が紹介された大学院生のブルック・ブラウワーは、大麦から麦芽を製造する技術を開発するために最近採用された。大麦は丈夫で病気への耐性が強く、動物の飼料としてはすでに貴重な存在になっている。しかしスティーブは、大麦の価値はさらに高められると確信していた。というのも、ワシントン州の地ビール醸造所は年間二万五〇〇〇トン以上の麦芽を使用しているにもかかわらず、それは地元産の麦芽ではなかったからだ。質のよい麦芽への需要が高まりつつあった。

「小さな醸造所は優秀なパン職人と同じだ。味を重視して、地産地消を目標にする。これはすごいチャンスだよ。禁酒法の時代以前の大胆な味を取り戻す可能性があるんだ」とスティーブは言った。しかし麦芽製造者は、大手の醸造所に販売するほうに興味があった。「バドワイザーみたいなところさ」と言う。この数十年間というもの、全米各地の農家は際立った特徴のない大麦を育ててきた。ここでもやはり、循環論法が幅を利かせていた。麦芽製造者がそんな大麦を購入するからで、なぜそうなるのかと言えば、大手ビール業界がそれを注文するからだ。

そこでスティーブは新しい取り組みに挑戦した。「たまげるほど見事な味のする大麦の品種を開発している」のだ。そして最近ではコミュニティをさらに広げるため、ブレッド研究所に製粉業者を招いた。地元では、製粉所は食肉処理場と同じように過去の遺物になっていたという。「ここにいちばん近い製粉所は一九二〇年代に建設されたものだった。でも、そこはいまイタリアンレストランになっている。隣のジェファーソン郡にあった古い製粉所もイタリアンレストランになった。シアトルの近くの製粉所は？　取り壊され、廃材はキッチンキャビネットやフローリングの材料としてシアトルやポートランドで使われている」

いまなお残っている小さな製粉所は、いずれも同じ方法で運営されている。毎年一軒の農家から一種類の小麦を購入し、粉に挽いたものを一握りの地元のパン屋に販売するのだ。大手の製粉所のように小麦粉をブレンドしないので、製品の質は常に流動的だ。

「一軒の農家だけから小麦を購入するというとロマンチックな印象を受けるかもしれないが、これも長続きしない」とスティーブは言った。

長続きしないって？　と僕の心はその言葉に反応した。なぜなら僕はクラースと協力してこのやり方を実践しており、自分たちで粉を挽いていた。

「きみはパン屋じゃないからいいよ。でもウチと直接取引のあるパン屋ですら、そんな奇抜なやり方に専念する余裕はないよ。実際、パンはおいしいほうがいいし、ボロボロにくずれないほうがよい。しかも常に歯ごたえがよく、色と味が統一されていなければいけないんだ」。そう指摘され、僕はナンシー・シルバートンの言葉を思い出した。人びとはパンに安定性を求める。それに盾突くことはできないと彼女は言っていた。

しかし、大手の製パン業者と同じように、小さなパン屋にだってチャンスが必要だ。自分たちがほしいのはどんな小麦か、製粉業者にきちんと説明できるようにならなければいけない。「それにはみんなが交わらなくちゃ。そのためにブレッド研究所があるんだ。製粉業者に学びの場を提供すれば、ネットワークが育っていく」

部屋の一角には粉挽き専用の場所があった。小さな石うす、スチールプレート付きの製粉機、実験用のハンマーミルが並んでいる。「こいつは毎分一万九〇〇〇回転するんだ。これだって、小麦を十分きれいに粉砕してくれるよ」とスティーブはハンマーミルを指さして言った。

スティーブは小麦粉の一貫様性の改善に熱心に取り組んでいるが、その一方、パンの文化に変化を起こす機会を見逃してはいない。彼は、ブレッド研究所を誰もが安心して実験に取組める場所として開放している。小麦は画一的ではないし、複雑な穀物だという現実について、シェフやパン屋が学ぶ場所になってほしいと考えている。

「パン屋が小麦粉を注文するときには、どんな特徴が手に入るか予めわかっている。でも、どんな特徴が手に入る可能性があるのかわかっているわけじゃない。シェフもパン屋も未知の可能性に目を向け、少しでもよいものを提供していかないとね。ただし、そんなことしても大した利益にはならないし、失敗する余裕なんかない。でも、ここなら失敗は大歓迎だ。むしろ奨励されるんだよ」

＊

僕はスティーブの新しいパラダイムが機能している現場を見学した。〈ブレッドファーム〉という地元のパン屋で、スティーブの研究センターから数キロメートル離れた、エジソンという小さな町にあった（人口は一三三三人）。僕たちは路上に車を止めた。近くの畑は草刈りがすんだばかりで、湿った地面や刈り取られた草のにおいが漂ってくるなかで、焼き立てのパンの香りがひときわ存在感を発揮している。チェ・ゲバラのポスターの横を通り過ぎると、スティーブは僕のほうを向いて言った。「革命の地へようこそ」

スティーブが研究センターで続けている取り組みは地元の社会に食の革命をもたらし、その影響は直接住民におよんでいる。彼はランドグラント大学制度の掲げた公約を真の意味で実践しているのだ。畑で作物を栽培する農家を訪れるだけでなく、この町にあるようなパン屋、つまり「肝心要《かなめ》の場所」にもはたらきかけている。

パン屋に入ってカウンターに近づくと、スティーブの様子は一変した。フランス人作家オノレ・ド・

バルザックの友人はかつて、グルメで有名な彼の食事中の様子をつぎのように描写している。「洋ナシや美しい桃が山のように積み上げられている光景を前にして、(彼の)唇は震え、目は喜びで輝き、手は嬉しそうに動いている……タイを外し、シャツの胸元を開き、ナイフを手に持ち……(彼は)まわりの人たちがびっくりするような大きな声をあげて笑っている……喜びでとろけてしまいそうだ[★36]」

スティーブが無料のサンプルを楽しみながらお気に入りのパンについて説明する様子は、実にいきいきとしている。きっとバルザックも、こんな感じだったのだろう。「このパンはサミシュリバー産のポテトを使っている。酸味が強すぎないし、本当においしい。それから、これを見てよ」と指さしながら「石うすで挽いた小麦のミッシュだよ。地元産の小麦で、僕が品種改良したんだ。心のこもったパンだね。大きくて本格的な雰囲気を漂わせている」と言った。

品ぞろえを確認してから、スティーブは首を横に振った。真面目そうで理知的な彼の顔にはあきらめというか、むしろ落胆の表情が浮かんでおり、こんなに素晴らしいパンなのに、なぜもっとたくさんの人が楽しんでくれないのだろうと訴えているようだった。

「なぜブレッド研究所という名前を選んだのかって、尋ねられることがある。たとえば小麦研究所とか、活動の内容をもっとわかりやすく表現したほうがよかったんじゃないかって」。そう言うとスティーブは、サワードウを味見するが、小さなボウルに用意されたオリーブオイルに浸すことなく口に入れた。「何が問題かって、どのランドグラント大学も特定の業界のために尽くし、どんな要望にも応えてきたことだよ。でも、ストレスの強い環境に置かれた豚の柔らかい肉をほしいと思う? 貯蔵寿命が一万年のチーズスティックは? あるいは、湿度が高くてもパリパリのポテトチップスはどうだろう。そんな品種改良は農業のためじゃない、巨大食品産業のためなんだ」。ブレッド研究所はそんな業界基準から距離を置くのではなく、「自分たちで基準を創造している」のだという。

やがてオーナーでありパン職人であるスコット・マンゴールドが現れた。服装は乱れて粉だらけで、早くパン生地のところへ戻りたがっているのは明らかだった。店内を手短に案内してから、いくつかの質問に答えてくれた。わざわざ時間をとってくれてありがとう、とスティーブはお礼を言った。僕はどのパンを買って帰ろうかと選びながら、新しい品種の小麦は味がどのように異なるのか、スコットに尋ねた。

当初、小麦はまだ発見されていない味を秘めている可能性があるという発想に懐疑的だったとスコットは語った。少なくとも、スティーブが指摘するようなレベルは達成できないと考えた。「だって、彼が最初にワシントン州にやって来たとき、『ここの小麦はアプリコットやチョコレートの風味を表現できる』なんて、とんでもないたわごとを聞かされたんだ。すごい自信家だと思いましたよ」

実際にスティーブの小麦を試すようになってからも、スコットは機能性、すなわち技術面に目を向け続けた。そしてある日、スタッフと一緒にブラインド・テイスティングをやってみることになった。

「みんな、ただ茫然と立ち尽くしていました。部屋はしんと静まり返ってね。気まずい沈黙が続いたんです。それで私が口火を切って、『これはチョコレートの味だ』と言ったら、その場にいるみんなの目がパッと輝き、『そう、そうなんだ。チョコレートだよ』と大騒ぎになった。ハイタッチが繰り返され、感動的な場面でした」

その品種が何だったか覚えているかと僕は尋ねた。「覚えているかって？　当たり前でしょう。スティーブからもらった小麦、バイエルマイスターですよ」

＊

僕が空港へ向かう前に、スティーブはもう一度八エーカーの実験畑を案内してくれた。四万種類もの小麦の実験が行われている畑は見事な景観で、これほどの規模のものは過去にも見た記憶がない。様々な品種がてんでんばらばらに成長している情景を見れば、小麦がどこにでもある平凡な穀物だという見方は一笑に付したくなる。多様性も味の可能性もトマトに劣るとは思えない。無限の可能性を秘めているように感じられる。だから、これだけの種類を育て続ける意味もあるのだろう。多様性も機会もどんどん広がっていく。立ち止まってそんなことを考えていたとき、僕はふとあることに気づいた。以前ジャックは地下で進行していることを教えてくれたが、ここではそれが地上で表現されているのだと。健康な土壌には様々な種類の微生物が存在しており、それが植物の健全な成長を約束してくれるが、その仕組みはちょっとしたミステリーだ。様々な品種の小麦が育つ畑を眺めているうちに、僕はあのときと同じ気持ちになった。これだけの可能性が創造される裏にはどんな謎が潜んでいるのだろうか。

バーバー小麦が世界一の品種になってほしいと僕は願ってきたが、その考えの浅薄さをいきなり思い知らされた気分だった。いま目の前にある小麦と同じように潜在力を発揮できるようになれば、バーバー小麦にとってはそれがベストのシナリオなのだ。特有の環境で繁殖し、地域性が自由に発揮されれば十分ではないか。ちょうど緑の革命の立役者ボーローグの逆を行くわけだ。どこでも育つように小麦の特性を取り除いていくのではなく、地域の優れた特徴を際立たせるために品種改良は行われる。

スティーブの畑とそれを取り巻くコミュニティ、すなわち農家、パン屋、シェフ、製粉業者、醸造業者、育種家で構成されるコミュニティは、ありとあらゆる小麦を集めた現代版のノアの方舟と言ってもよい。過去を大切に保存することによって、遺伝子の将来的な繁栄が約束される。ここでは人間と小麦との関係が大胆に作り直され、子どもたちに伝えたいような形で実践されている。遺伝子が将来に受け継がれるだけでなく、小麦の特徴が大切に育まれるように配慮されているのだ。

*

僕は多様性を高いところから見下ろしてみたいと思った。数年前、屋上からデエサを見渡したときの経験を繰り返してみたかった。あのときは、農地が美しい風景を創造していることが一目瞭然だった。草を食む牛や羊を豚が先頭に立って誘導し、有名な緑の草原が見渡すかぎり広がり、そのところどころに大きな樫の木が茂っている。そして住居と教会から成るコミュニティが点在していた。それを見たとき、すべてがつながっているという事実を実感できた。

しかしここでは、わざわざ屋根にのぼるまでもなかった。スティーブの実験畑では、すべての要素を結びつける中心が畑ではなく、〈ブレッド研究所〉がその役目を担っていることが、低い場所からでも十分に理解できる。研究所なのだから、本来なら新しい品種の小麦の開発に専念すべきところだが、スティーブはビジョンを拡大し、複雑な構図を描いた。スペインでエドゥアルドが光にかざしたハモンイベリコには白い脂肪の筋がきめ細かく走っていたが、それと同じ機能をブレッド研究所は果たしている。ここには異なった様々な要素が集められ、お互いに混じり合うことを要求されているのだ。

ジョン・ミューアは、自然界のすべてのものは「宇宙に存在するほかのすべてに結びついている」と語ったが、現代の食のシステムについて同じ指摘は当てはまらない。なぜなら、僕たちの食のシステムは結びつきが断ち切られているからだ。野菜はここ、動物はあちら、穀物はほかのところと言った具合に、各要素がべつの場所で機能しているような状態だ。互いに切り離されているから、いかなる文化とも結びつきを持たない。

社会の形成に貢献してきた作物である小麦を復権させるため、スティーブは〈ブレッド研究所〉を思いついた。その目的はコミュニティの創造であり、そのなかでは人びとの交流が欠かせない要素になっている。クラースとメアリ＝ハウウェルが始めた製粉所が、アイデアの交換をペンヤンのコミュニティの農家に促したのと同じだ。スティーブは結びつきが実現するための道を整え、後押ししている。

スティーブの畑にはとにかく圧倒される。カンザスの単一栽培の畑とは対照的で、小麦にこれだけの種類があるなんて知らなかった。しかもここでは古くから受け継がれてきた農業のシステムが、おいしい料理にとっての未来を提供している。

おわりに――〈ブルーヒル〉2050年のメニュー

厨房からの眺め

プロとして料理を始めて以来、僕は晩春から初秋にかけての夕方五時半から七時の時間帯に強く惹きつけられてきた。写真家や映画監督がゴールデンアワーとも呼ぶこの魔法の時間は、地平線近くに下りてきた太陽の柔らかな光が、あたり一面を美しい黄金色に包み込む。

だが、ほとんどの厨房には窓がないため、シェフはこのゴールデンアワーを経験できない。僕にとってこれは一大事なのだが、ほかのシェフが不平をもらしているのを聞いたことはないし、誰かが文句を言うところを耳にしたこともない。そんなわけで、僕がシェフとしてのキャリアを続けるかぎり、すなわち僕の人生のほとんどにおいて、一日のなかで最も魅惑的な時間を経験できずに大きなストレスを感じるようになるとは誰も教えてくれなかった。コックたちが下準備を終えてディナーを開始する体制が整うのはちょうど五時半を過ぎた頃で、最初の注文が入ってくる。僕が観賞できないゴールデンアワーに、厨房の小さな世界では次第に空気が張りつめていく。

〈ストーンバーンズセンター〉が一般公開される四年前、僕は初めてこの地を訪れた。時はすでに夕方で、僕はかつての搾乳場に足を踏み入れた。ここは〈ブルーヒル〉の厨房の予定地だった。このとき僕の心をとらえたのは、場所の広さでもなければ、これから進められるプランでもなかった。南側の壁には窓が五つあり、光がさんさんと降り注いでいた。窓の外に見える中庭は、ノルマン様式の複数の納屋に取り囲まれている。窓だ、と僕はそれが最重要事項であるかのようにつぶやいた。この厨房にこんな素敵な窓があるなんて、僕は世界一幸運なシェフになった気分だった。

ところがゴールデンアワーの夕日が古い納屋に降り注いでいる光景に感激してからほどなく、僕がどれだけ驚いたか想像してもらいたい。せっかくの景色を楽しむ余裕など、まるでないことに気づいたのだ。これからの自分に何が欠けているのかわかってみると、窓は僕のみじめな気分を増幅させる存在でしかなかった。

ごく最近のことだが、ある夏の晩、クラースとメアリ＝ハウウェルのキッチンで夕食を共にしながら、僕はそんな失われた時間について思い出していた。ふたりの農場を訪れるのは二年ぶりで、後ろを振り返って窓から外を眺めると、エンマー小麦の畑一面に黄金色の太陽の光が降り注いでいた。

シェフは農場のこうした情景に特別の魅力を感じるようだ。畑で栽培される作物の品質によって料理の出来栄えが左右されるからではない（もちろんそれも事実なのだが）。窓のない混乱状態の厨房の小さな世界に閉じ込められていると、農場のように安定感のあるものの存在が貴重に感じられるのだ。このときも沈みゆく太陽と小麦畑が演出する魔法を眺めているうちに、僕の心は静まり穏やかになった。

しかし、毎晩食卓の同じ場所に座って妻と食事をとっているクラースは、この光景にまったく違う感想を持った。長いあいだ、彼は自分の畑をひどく落ち着かない気分で眺めてきたという。景色を変えてみたい、動物たちが牧草を食べている場面を含めたいと願い続けてきた。そうか、彼は自分の夢を実現したのだということを、この日の食卓は思い出させてくれた。窓の外の野原では乳牛が草を食み、そのすぐ近くにある納屋では、豚が藁を引っ掻き回している。食卓にはメアリお手製のスペルト小麦のパンのほかに、メアリが牛のミルクから作ったバター、それに三本の大きなポークチョップが載せられていた。

＊

その前の年、クラースは農場をさらに拡大するため、それまであまり乗り気ではなかった家畜を導入した。〈ブルーヒル〉はクラースが育てるものの大半を購入する方針を採用している。そこで僕は、自分と無縁ではない農場に動物がどのように組み込まれているのか観察するために彼のもとを訪れたのである。このときクラースはすでに五〇代後半で、農家の働き手としては引退とまではいかなくても経営の縮小を考える年代に差しかかっていた。それなのに、なぜ彼は「事態を少々複雑にする」決心をして、未知の分野に挑戦することにしたのか、その理由を知りたいとも考えた。

食事をしながら、僕は彼に疑問をぶつけてみた。「ねえ、きみはすでに画期的な実験で成功を収めてきたよね。複雑な輪作を考案して土壌を肥やし、古い重要な品種の穀物を復活させ、農薬に頼らない農業をコミュニティ全体に啓蒙し、奥さんと一緒にその実現に欠かせないインフラを農家に提供してきた。今回の決断で何かよいことがあるの？」

クラースはバターのかたまりをパンに載せたが、それがあまりにも大きいのでふざけているのかと思ったほどだ。「きみと初めて会ったのは一〇年前だったね」と彼は淡々と話し始めた。「当時は有機農業で世界を変えてやるって意気込んでいた。まあ、冗談半分のところもあったけれど、その活動がどんな形で進化したと思う？　世界を変えるためには実際のところ何が必要か、それがよく理解できるようになったんだ」

農家が輪作を行って土壌を肥やしても、あるいは食べものを生産するために広大な土地を確保しても、それだけでは十分ではない。ひとりでも多くの人たちに食べものを直接供給できるようにならなければいけないとクラースは語った。

「それがまだできていないなら、もっと努力しなくちゃ」と言う。実際のところクラースとメアリは、人間が食べられるものを少しでも多く生産するための工夫を重ねてきた。だからそもそも小麦の生産を始めたのであり、大した利益を確保できないインゲン豆のような作物を栽培し続けてきたのだ。

「おれたちは利益と倫理のバランスを大切にしてきた。そしていまは、払うべきものは払い終わったし、子どもたちも大きくなった。だからこの問題に本腰を入れて取り組めるんだ。今回、自分の農場を客観的に見つめて、バランスを正すためにはどうすればよいか考えた。みんなに食べものを供給し、土壌を肥やし、利益をもたらすためにはどうすべきか。答えはすぐそばにあった。気づかなかっただけなんだ」とクラースは言った。

見えなかったものが見えるようになったのは、その前年に夫婦で出かけたヨーロッパ旅行がきっかけだった。「どこに行っても、動物の姿を見かけた。特に牛は多かったよ。しかも、動物のいる場所に足を踏み入れると、信じられないほど土壌が豊かなんだ。あんなに肥えた土は初めて見たよ」

その後、クラースはメアリを〈ラバーストーク〉に連れていった。ここは一〇年近く前、僕がクラースをはじめとする一二人の優秀な農業関係者に初めて会った場所で、彼らは「一二人のスーパー農家」と呼ばれていた。一二人を招いた元カーレーサーのジョディー・シェクターは、ここで始めた農場経営で大成功を収め、何千人分もの食糧を供給する事業を発展させていた。ジョディーのダイニングルームの食卓についたクラースとメアリは、窓から穀物畑や牧草地を眺めることができたが、そこには牛や鶏や豚だけでなく、バッファローの小さな群れまで見えた。しかも土壌は黒々と豊かで、このときのランチの材料もすべて農場から調達したものだった。

ジョディーが一二人のスーパー農家のアドバイスに真摯に耳をかたむけたのは明らかだった。彼が「栄養サイクルの確立」を短期間で成功させたことにクラースは大きく感動した。あるところから出た廃棄物がべつのところの食糧となるサイクルが繰り返され、作物の輪作と放牧のローテーションが見事に調和していた。そして農場全体が、土壌の生物学的健康を支えるために運営されていたのだ。

いかにもクラースらしいというか、そこが彼の素晴らしいところなのだが、かつての生徒の農場経営が成功したことを彼は屈辱的に受け止めたりしなかった。悔しがるどころか、早く自分も農場に戻りたいという思いを募らせた。やるべきことが見つかったからだ。

「そのランチのあいだずっと自分にこう言い聞かせていた。おれのキッチンの窓からの風景に必要だったのはこれだ。これが欠けていたんだってね」

＊

クラースとメアリはまず農場に数頭の乳牛を導入し、小さな規模から始めることにした。娘のエリザベスは牛が大好きで、一時は獣医になろうとまで考えたほどだ。ほどなく牛の数は増えた。農場では土を肥やすためにクローバーなどの被覆作物が植えられていたが、クラースはそれを動物たちに食べさせた。牛たちは草の先端部分、「反すう動物のロケット燃料」と彼が呼んだ部分を食べ、その排泄物が土に鋤込まれて土壌の微生物の養分となった。

この新しいシステムは意外にも、クラースの兄弟たちにも恩恵をもたらした。飼料価格高騰の影響で、兄弟の酪農場の利益は年々落ち込む一方だったため、ミルクを高い価格で販売する有機システムへの転向を決断したのだ。

クラースは自分の努力が報われたと思っただろうか。かつて兄弟たちは、有機農業に転向した彼を嘲笑したものだ。「兄さんたち、だめだなあ、だから言ったじゃないか」という気分だったのかと尋ねると、彼は質問には答えずこう言った。「兄弟全員にとってすごくよい展開になったんだ」

クラースは被覆作物を収穫すると、その一部を高品質の飼料として兄弟たちに売った。一方、兄弟たちは有機農法を始めるにあたって搾乳を一定期間禁じられたこともあり、乳が出なくなった牛をクラースの農場に連れていき、クラースの娘が育てていた牛と一緒に草を食べさせた。おかげで土壌にはさらに多くの排泄物が鋤込まれるようになった。

「いま、おれたち兄弟は共生関係にあるんだ」とクラースは笑顔で言った。「ジョエル・サルトンは

〈ラバーストーク〉でこう話しただろう。『各部分の総和以上の力を出す』ことを目指せって。それを忠実に実践したんだ。それがいかに賢明な目標か、一〇年前にはわからなかったけれど、いまようやく理解できるようになったんだ」

＊

夕食後、ふたりは長男のピーターから送られてきたばかりのチーズを大きく何枚かに切り分けて出してくれた。ピーターはドイツの有機酪農場でインターンとして働いていた。クラースは再生可能エネルギーや生乳チーズの分野におけるこの農場の成果を高く評価している。

「チーズには製品としての付加価値がある」と言って、クラースは息子のピーターがいまに酪農のすそ野を拡大する可能性に期待を寄せた。

いや、クラースの活動は、もっとスケールが大きい。家畜を導入し、チーズ作りのインフラを整備するだけでなく、農場がエネルギーを確保する方法の見直しにまで取り組むとなると、これは数世代にまたがるプロジェクトだ。メノナイトと同じような発想で（あ、な、た、の、子、育、て、は、い、つ、か、ら、始、ま、る、か）、一〇〇年後にも家族を支えられる農場の整備が目標になる。

この数年間、僕は農業が最高の形で実践されている現場を訪れてきた。デエサの草原には樫の木が点在し、〈ヴェタ・ラ・パルマ〉には運河網が細かく張り巡らされていた。どのシステムも流動的で、何度も調整を繰り返しながら、健全な生態系と人間の食べものの確保という課題のバランスを取り続けている。クラースのキッチンの窓から、僕は彼の畑の景色を眺めた。そう、ここにも、同じものが進化している証拠が存在している。一見それはのどかな景色だが、決して静止しているわけではない。クラースとメアリの有機農業は数種類の穀物から始まった。しかしわずか二〇年のうちに、エアルーム種の小麦や野菜や豆から成る複雑な輪作を始め、新たに多くの土地をリースした。さらに種子の生産に着手するだけでなく、盛況な穀物の製粉・流通事業を補完するために種子を供給する会社を立ち上げた。そして今度は、小さな酪農場を創造したのだ。

いまから一〇〇年後、クラースの子孫も同じように活動しているだろう。ただしそれは、変化に逆らうからではない。あらゆる世代が変化を大切に考えるからだ。

ひょっとしたら、最も大きな変化はまだ訪れていないのかもしれない。クラースは、農場を単なるひとつの組織とは考えず（最初からそうだったというわけではないが）、もっと大きなコミュニティを円滑に機能させるために必要なピースのひとつとして考えている。

「農場だけであらゆる活動に取り組む必要はないし、そうすべきでもない。その思いは強くなる一方だ」とクラースは、大きなチーズをかじりながら時々考え込むように話し続けた。「ここが肝心な点だよ。異なった様々な組織同士がうまく調和して、資源を上手に活用できるようなコミュニティを構築できると思うかい？　これはやりがいのある挑戦だね」。この「挑戦」とは、彼にとっては未来に向けた新たな挑戦である。農場に変化を引き起こし、各部分の総和以上の力を引き出そうとする彼の努力はいつまでも続けられるだろう。

持続可能性を考える

本書の執筆に先立つ調査で、僕は農家や育種家やシェフから様々な情報を集め、貴重な洞察や見解を得ることができた。しかしそのなかでも、何度も思い出さずにおれない経験がある。

それはクラースの農場についてウェス・ジャクソンと話し合ったときのことだ。クラースの農業が持続可能性のお手本だと僕が話しても、ウェスは賛同してくれなかった。「長続きはしないよ」というひと言で、クラースの成果だけでなく、同じような方法で変化を引き起こそうとしている農家の努力を否定したのである。僕はこれを頑固者の発想として無視したいと思う反面、もしかしたら彼の言う通りかもしれないという思いもつきまとった。いくつかの近視眼的な決断が重なっただけで優れた農業があっという間に解体することとは、実際に歴史が証明している。

僕たちの国の食べものの好みは気まぐれで当てにならない。現在、「ファーム・トゥ・テーブル」運動が盛り上がっているのは事実だが、残念ながら、持続可能性の適用範囲は相変わらず購入する食材に限定されている。全体像が思い描かれるケースは稀で、その結果、真に持続可能な食のシステムは単純ではないという事実がほとんど認識されていない。持続可能な食のシステムを支える農業の原理はひとつやふたつではないし、優れた食材をひとつやふたつ生産しただけで満足してはいけない。

全体像とは、僕が屋上から眺めたデエサの光景のようなものだ。ここでは二〇〇〇年の歴史をかけて農業の営みが様々な形で考案され、その実践を通じて開墾された土地が見事に機能している。デエサが何世代も受け継がれて繁栄してきたことは、ウェスも認めている。

スカジットバレーも例外的な存在だと言える。スティーブ・ジョーンズにはまだ課題が残っているが、努力を評価してもよいだろう。彼が農家と協力しながらブレッド研究所を創設したのは、コミュニティを中心に正しい農業やパン作りを進めていくためだ。

彼のビジョンは長続きするだろう。そして不思議なことに、スティーブと一緒に時間を過ごしてみると、ウェスの発言の真意がよく理解できるようになった。たしかに農家やシェフや育種家が協力し合えば、複雑な人間関係がクモの巣のように構築されて土地の健康が支えられる。そしてスティーブは肝心な点を理解していた（僕はそれをデエサで教えられた）。永続的な食文化がすべてを支える土台として存在しないかぎり、せっかくの人間関係は長続きしない。残念なことに、スティーブのように各部分を巧みに結びつけられる農業関係者は滅多に存在しない。

もっと身近な例を取り上げてみよう。スティーブと同様、重要で長続きするものを創造するための機会はクラースにも与えられている。しかしクラースの作る作物は、優れた料理を通じて人びとの文化に定着しているわけではない。その足りない部分は、僕のようなプロのシェフが作る料理、あるいは家庭料理によってのみ補うことができる。

残念ながら、これまで僕は大した仕事をしてこなかった。シェフの役割がオーケストラの指揮者のようなものだとすれば、僕たちは調和の創造を目指さなければならない。ひとつのセクションの音だけが拡大され、残りが犠牲になってしまうような事態は避けなければいけない。僕がクラースの小麦で行った実験は成功を収めたし啓発的でもあったが、それでもひとつの目的に特化しすぎた点は否めない。クラースの農場のたった一種類の収穫物のプロモーションだけしか考えなかったからだ。クラースの小麦があれほど美味なのは、キビ、亜麻、大豆、ソバ、ライ麦など、様々な穀物や豆類を含めた「混獲」作物のおかげであることをまったく顧みなかった。そしてもちろん、いまでは乳製品のように、新たに加わった要素も考慮しなければならない。こうした収穫物を使って料理を作ることは、土地の生態系の健康を長期的に維持するための絶好の機会であると同時に、シェフの義務なのではないだろうか。

同じことは〈ストーンバーンズ〉や、〈ブルーヒル〉に食材を提供してくれる無数の農家との関係にも当てはまる。「ファーム・トゥ・テーブル」を掲げるシェフの例に漏れず、僕は日々の収穫物を購入することによってシステムを支えてきた。でも、自分が料理に使ってみたい食材だけに特権を与えてきたのは事実だ。重要であっても評価されない作物や肉の部位を擁護する努力を怠り、極上の食べものを生み出すために必要な要素を無視してきたのだ。

すべての農家が真の持続可能性を手に入れるためには、シェフである僕が農場を丸ごと料理する方法を学ばなければいけない。

＊

では、農場を丸ごと使った料理とはどんなものだろう。

僕は考えれば考えるほど、それは世界各地の農民が何千年も昔に考案した料理に他ならないと考えるようになった。今日の僕たちには食事の好き嫌いがあるが、昔の人たちはそうではなかった。そもそも選択の自由がなかったからだ。その代わり、周囲の環境から提供される食材だけを使って料理を考え出した。

たとえばスペインのエストレマドゥーラ州の郷土料理であるミガスについて考えてみよう。残り物のパンを、有名な豚ばら肉と一緒に炒めたものだ。経済的で、おまけに味もよい。あるいは、アメリカの伝統料理と言えばローカントリーのホッピン・ジョンだろう。これはコメとサヤエンドウにカラードグリーンのようなアブラナ科の野菜（そして味付け程度に少量のポーク）を材料としており、ミガスと同じく地元の食材が大切に使われている。要するに、この料理は豊かな土壌を支える要素から成り立っている。サヤエンドウが土壌に窒素を供給すればコメを栽培する環境が整う。一方、カラードは、かつてこの盆地に海水があふれていた頃の名残である塩分を吸収してくれる。ほかにも優れた料理の事例は枚挙にいとまがないが、すべてが地元の環境から提供される食材を使って見事な形に仕上げられている。

少し前、僕はいま説明したような倫理観に基づいて未来の理想の食事である「第三の皿」のビジョンを思い描いた。そこで考案したのが「ニンジンステーキ」だが、これはジューシーなサーロイン肉のようにニンジンの形を整えて焼いたものに、牛のすね肉（普段は使われない部位）を炒めてから蒸して、脇役のソースのように添えた。肉が皿の主役を務める西洋料理の概念を覆したいと考えたのだ。優れた料理の未来の手始めとして、この試みは悪くはなかった。しかしこれは将来採用されるかもしれないメニューの入門編のようなものだ。音楽にたとえるならば、一曲だけヒットしても効果は知れている。アルバムを編成しなければならない。では、将来の食事はどのような形になるのだろうか。

子育ては子どもが生まれるはるか以前から始まるとメノナイトの人々が確信していたように、僕もその点を考慮したい。僕はつぎの世代に提供することを想定し、将来の〈ブルーヒル〉のメニューに取り組む決心をした。屋上から眺めたデエサの景色が体現する精神を尊重しつつ、農場、正確には農場のネットワークから提供されるものに食材を限定した。言うなれば、これは新しい料理の脚本であり、土壌の改善に役立つ作物の需要を創造し、味覚を正しく改善することを目標にしている。

僕は具体的な料理を考案しながら、想像力を膨らませた。食に関する新しいアイデアの数々がメニューに定着したとき、厨房の外の眺めはどのように変化しているのだろうか。

それでは、僕の考えたメニューを紹介しよう。

2050年のメニュー

◈オーツ麦茶とガマのスナック

食事はどのように始めればよいか。

アンヘル・レオンは魚から始めない。自家製植物プランクトン入りのパンから始める。この最初の一口は、大切な事実を思い出させてくれる。そもそもプランクトンがいなければ、海には魚が存在できないからだ。

アンヘルと同様、僕も大きなアイデアを連想させる一皿から、いや、実際にはふたつの料理から始めたい。ひとつはミルクのように濃厚なオーツ麦茶。使うのは成熟する直前の若いオーツ麦で、まだ柔らかくて甘い。多くの農家と同じく、クラースはオーツ麦を被覆作物として育てており、成熟する前に刈り取ってしまう。そうすると土壌は豊かになり、つぎに植える作物のためによい環境が整う。

土壌の肥沃度が回復されなければ、おいしい食べものは生まれない。僕はミルクのように濃厚なオーツ麦を通して、そのメッセージを伝えたい。お茶の材料になるのは穂先の部分だけ。成熟直前のオーツ麦の穂先には甘いミルクのような成分がたっぷり含まれ、深みのある香りが鼻を刺激する。それ以外の部分はクラースの畑に残しておけば、土壌を肥やしてくれる。

要するにエドゥアルドのガチョウを真似て、「半分もらい、半分残す」方式を採用するわけだ。エドゥアルドによれば、ガチョウはオリーブの実やイチジクを半分だけ食べ、半分は人間が収穫するために残してくれるのだという。「ガチョウはいつでもフェアなんだよ」と彼は語っていたが、僕もその姿勢を見倣いたい。

もしもこれがうまくいけば——つまりお茶が忘れられないほどおいしければ——被覆作物の市場が創造され、自分の農場にも取り入れてみようと考える生産者が増えるかもしれない。さらに、食べものが育つ土壌の健康も注目されるだろう。

もうひとつは、自然を大胆に表現した一皿である。ある日厨房に若いガマが持ち込まれたことがこのアイデアのきっかけになった。ガマは、池や湖の近くに自生しているが、実は吸収力に優れているので、水源地帯の重要な存在でもある。土壌から流出した化学物質をスポンジのように吸い取り、水の汚染を和らげてくれるのだ。汚染された池で養殖されたボラを食べたいとは思わないように、汚染された場所に自生しているガマには食欲をそそられないだろう。ガマの味は環境の健康を反映している。

ここではガマの表面をさっと削り取り、コケのような穂をバターとレモンジュースでソテーする。スクランブルエッグのように、ガマのソテーは柔らかく濃厚で、複雑ではないが完璧な味で、前菜として申し分ない。さあ、リラックスして、健康な土壌の恵みを味わってほしい。

豊かな味わいのオーツ麦は人間が品種改良を重ねた成果であり、一方、ガマは自然が丹精込めて生み出した創造物だ。どちらにも独特のおいしさがあり、対照的な料理を同時に味わうことで自然への理解が深まる。こうすれば、農場を丸ごと料理するという発想を上手に表現することができる。

❖一番目の料理——全粒小麦粉のブリオッシュにブルーヒルファームの一頭の牛のミルクで作ったバター

僕たちの食事は全粒小麦粉のブリオッシュから正式にスタートする。将来的には、いまよりもさらにおいしくなっているだろう。

それはなぜか。バーバー小麦が改良され、パンの風味が増すからだろうか。イエスともノーとも言えない。なぜなら、二〇五〇年にパンを焼くための材料として使われているのは、ブルー小麦という新しい品種になっているはずだからだ。これは〈ブルーヒル〉のために特別に開発された品種で、おいしさだけでなく、栄養分が豊富で病気への耐性も備えている。

ブルー小麦が開発されるに至った物語を紹介しよう。バーバー小麦は素晴らしい品種に育ち、何世代にもわたって選別のプロセスが繰り返された。もちろん、これはスティーブ・ジョーンズのブレッド研究所での辛抱強い努力の成果だ。そして最終的に近縁野生種と交配させた結果、親であるバーバー小麦よりも各段に優れた新種が誕生したのだ（その名のとおり、偶然にもひげの部分が青みがかって美しかった）。

「一〇〇年前の育種家は、決してイノベーションをやめなかった。だから我々もやめるべきではない」とスティーブは語る。研究や選別作業を繰り返したすえに誕生したブルー小麦は、ナッツのような香りのなかにも草のにおいがはっきりと感じられる。

スティーブは二〇一三年にストーンバーンズの農場を訪れたとき、この小麦のビジョンを思い描いた。実を言うと、ニューヨークに来てほしいとスティーブを説得したとき、僕はもっと大きなプランを考えていた。小麦の生産をクラースに全面的に委ねる代わりに、もっと近くで、そう、〈ストーンバーンズ〉でも実践してみたいと思ったのだ。ジャックの八エーカーの畑で小麦を育てるのは車の製造を食品加工場で行うようなもので、たしかに突飛な発想ではある。しかしこのとき、僕は以前スティーブから聞かされた話が忘れられなかった。僕たちは牛肉と言えば七オンスのステーキ肉を連想するように、小麦に関しては単一栽培の作物というイメージが定着しており、それをすぐにでも改めるべきだとスティーブは語っていた。そのために最もふさわしい場所はマンハッタンのミッドタウンから五〇キロメートルほど離れた、ニューヨーク州のポカンティコ・ヒルズではないだろうか。そう、〈ストーンバーンズ〉である。

しかしスティーブに敷地を案内しているうちに、ジャックの頭には現実的な心配事が浮かんだ。具体的にどこに小麦を植えればよいのか。

スティーブはいくつもの答えを教えてくれた。歩き始めると、彼は温室のちょうど向かい側の空き地を指さし、そこは小麦畑にふさわしいよと教えてくれた。つぎにレストランの前の草地を通り過ぎるときにも、彼は大きな体をかがめ、一瞬沈黙してから「ここはどうかな」と提案した。さらにしばらく進むと、べつの場所を指して「ここもいいね」と言った。そして今度は僕の肩を叩くとべつの場所を指さし、小声でささやいた。「小麦はこの場所にもお似合いだよ」。彼について歩くうちに、僕の頭のなかは、小麦がズッキーニのように列をなして植えられている光景でいっぱいになった。僕はふたたびジャックに目を向けた。何を植えるべきかアドバイスを受けている様子は、お節介な宿泊客から内装についてアドバイスを受けているホストのようで、その顔には相手に対する不信感が浮かんでいる。ところがそのとき、スティーブが濃い青みがかったグレーの種の詰まったプラスチックの小瓶をポケットから取り出した。そしてそれを彼は小瓶ごとジャックに手渡し、ぱっとしない色について謝罪した。

「この色は改善するつもりだ。すぐに、こんなふうに青くなるよ」とスティーブは言って、ジャックのシャツをさしながら「味は申し分ない。それに抗酸化物質もぶっちぎりにすごい。本当に、こんなのは見たことがないね」と説明し、これは遺伝子組み換え作物ではないし、大学が特許を取得している品種でもないので、誰でも自由に利用できるのだと補足した。

このような経緯で、ジャックは秋にブルー小麦を蒔いた。それ以来、僕たちは〈ブルーヒル〉で青いブリオッシュを提供するようになったのである。

＊

このブルー小麦はいつかマサチューセッツ州の〈ブルーヒルファーム〉でも栽培されるようになるだろうか。おそらくそうなるだろう。しかし当面、〈ブルーヒルファーム〉で生産されるものは、「一頭の牛のミルク」だけで作られたバターに限られるだろう。このバターは今日すでに使われており、将来はブルー・ブリオッシュの材料としても重宝されるはずだ。

一頭の牛のミルクだけでバターを作るというアイデアは、あるミルクをきっかけに思いついたものだ。それは僕たち家族が〈ブルーヒルファーム〉の一角を新しく農場に作り変え、そこで牧草肥育されるようになった牛から搾乳されたミルクだった。しかし本当の出発点はその数年前、僕と兄のデイヴィッドが〈ブルーヒルファーム〉を訪れ、牧草地が森に侵されている現状を目の当たりにしたときだったとも言える。

このときすでに、牧場の創設者である祖母のアンが死んで二〇年が経過していた。肉牛は姿を消し、僕が少年の頃にトラクターの座席から見た森林と牧草地の境界は、かつての活気を失ってしまった。土地は荒れ放題になり、イバラやシダ植物が鬱蒼と生い茂るのと反比例して、祖母が大切にしていた牧草地はどんどん小さくなっていた。そこで二〇〇六年、僕はデイヴィッドと相談のすえ、〈ブルーヒルファーム〉で放牧酪農を復活させる決心をする。放し飼いにされた牛が草を食べれば広々としたスペースが確保されるし、牧草肥育された牛のミルクをレストランに供給することもできる。

最初のミルクが届けられてほどなく、土地の管理を任せていた農業関係者がこう言った。「名前を付けられた牛は、名無しの牛よりもミルクの量が多いんですよ」。彼はその発見に基づき、アナベル、ダッフォディル、ジリアン、サンシャイン、ほかにも二〇の名前を記したプラカードをどの牛舎にもぶら下げた。名前も品種も異なる牛が混じり合い、あたかも牛の国際連合の様相を呈した。

ところがこのとき、僕の頭には少々異なった疑問が浮かんだ。名前を付けられた牛のミルクのほうが、名無しの牛に比べて味が際立っているのだろうか。もしも答えがイエスならば……いや、一日に二回、納屋にぞろぞろ入っていく群れは、色もサイズもまるで異なり、答えがイエスに違いないことは容易に想像できた。これだけ特徴が様々なのに、それを全部混ぜ合わせてひとつのミルクにしてしまってもよいものだろうか。

複数の牛のミルクを混ぜ合わせるのをやめた途端、違いは顕著に現れた。たとえば、草を手当たり次第に食べるダッチ・ベルテッド種のアナベルのミルクは、明るい黄色をしている。一方、ケリー種とショートホーン種の交配種であるサンシャインはもっと草を選り好みする傾向があり、ミルクからはアイボリーホワイトのバターが作られる。ただし夏の真っ盛りには黄金色になり、味もパウンドケーキのようになる。

このようにバターの仕上がりは各品種の個性に左右されることに加え、草の状態も見逃せない。穀物の飼料を与えると味に大差がなくなってしまうが、牧草地で放牧すると、草の状態がバターの特徴に変化を引き起こす。いまでもすでに季節ごとに味が異なるが、つぎの世代には味の違いがもっと大きくなるだろう。最近僕たちのレストランを訪れたひとりのフランス人の老シェフは、その未来を垣間見せてくれた。

このとき彼が試食したのはアナベルのバターだった。彼にとっては少々期待外れで、やや風味に乏しいと評し、考えられる原因として雨の影響を指摘したうえで（実際、〈ブルーヒルファーム〉では週のはじめに雨が降っていた）、牛はどこで草を食べているのかと尋ねた。納屋の近くか、それとも遠くの牧草地か、どちらかと尋ねたうえで、自分は離れた牧草地だと思うと見当をつけた。そこで管理人に問い合わせてみると、納屋からいちばん遠い牧草地の草を食べていたことがわかった。

なぜシェフは正解がわかったのだろう。かつてエリオット・コールマンが言っていたように、放牧酪農の場合には、最も遠い牧草地は最も草を食べられる量が少ないのが普通だ。その結果、離れた場所にある牧草地の土壌は肥沃度が劣り、草は繁らず栄養分も少なくなってしまう。シェフはこの違いを確実に区別することができたのである。

かつてクラースの草原を彼と一緒に歩いたとき、健康な牧草地の見分け方について僕は教えてもらった。「要は、土が語る言葉を学べばいいのさ」

土の状態を判断するうえで、一頭の牛から作られたバターは役に立つだろう。牧草だけを食べる牛のミルクで作ったバターは、季節や週ごとに、さらには放牧される牧草地や品種によって風味や色が様々に異なる。毎回異なった味を提供されるのだから、未来の世代は確実に味覚を発達させるだろう。

◈二番目の料理――輪作穀物のリゾット、898カボチャ

二番目の料理は、一番目の料理の延長線上にある。小麦だけに注目しないことは、おいしい小麦を作る秘訣だった。クラースが考案した複雑な輪作のメニューには注目されてこなかった穀物や豆類がいくつも使われており、収穫時にはどれもよい味に仕上がる。ただし、輪作を機能させ続けるためには料理による支援が欠かせない。すでに僕はオーツ麦をメニューに加えているが、こうした顧みられない作物を使って、おいしい一皿を完成できないだろうか。

つい最近、僕が実際に料理してみたのが、コメ以外の穀物を使ったリゾットだ。ライ麦（土壌に炭素を供給するため、クラースには欠かせない存在）、大麦（雑草の繁殖を抑える）、ソバ（土壌に蓄積された有害物質を取り除く洗浄係）、キビ（乾燥した気候で重要な存在）のほかに、金時豆や大豆（窒素を吸収する）などのマメ科の食材も加えた。

このリゾットはコメと違ってでんぷんの含有量が少なく、クリーミーな一貫性に欠ける。そこで僕はアブラナ属の野菜をピュレーにして混ぜ合わせた。ケール、ブロッコリ、キャベツなど、いずれもクラースの輪作で使われている（こうした野菜は窒素をたくさん吸収してくれる）。その結果、出来上がったポリッジ〔日本のおかゆのような料理〕にはリゾットのような統一感が備わり、しかもたくさんの種類の穀物や豆類を使っているおかげで味に深みが感じられる。

僕たちはこれをローテーション（輪作）リゾットと呼び、ニューヨーク市内の〈ブルーヒル〉のメニューにも加えた。ある晩、僕がダイニングルームに歩いていくと、客の質問する声が聞こえてきた。「このローテーションリゾットというのは何なの?」。ウェイターは巧みな説明を交えて上手に答え、最後にこう付け加えた。『ノーズ・トゥ・テイル』料理の植物バージョンです」。実にうまいたとえだ。ノーズ・トゥ・テイルとは動物を丸ごと食べるという意味で、最も人気のある部位だけを選別するわけではない。このローテーションリゾットも同じで、農場全体が料理のなかに詰まっている。

ローテーションリゾットは、将来も提供され続けていくだろう。なぜなら、クラースの輪作はこれからも継続されて進化を続け、息子のピーターに確実に受け継がれるからだ。しかしほかにも理由はある。ブルー小麦を採用したことによって、ストーンバーンズにも新たな輪作システムが全面的に導入されるからだ。

ジャックはこのプロジェクトのために、一エーカーの牧草地を放棄してほしいと家畜担当スタッフのクレイグを説得し、同意を得たうえで、小麦に引き続いて育てる作物について綿密な計画を立てた。もちろん土壌についても配慮し、豊かにするための最善の方法に関して工夫を凝らした。一方僕は、新しいメニューの考案に取り組みはじめ、ローテーションリゾットに新しい穀物を何種類加えられるか頭をひねった。

どのくらい期待できるかと僕が尋ねるとジャックはこう答えた。「数種類だな。ただ、いまのレストランはクラースのシステムにどっぷり浸かっていて、あいつは穀物が専門だけれど、おれたちは違うよ」。そう言って、ジャックはまったく異なる新たな輪作について説明した。「小麦の収穫がすんだら、ライ麦と被覆作物を植えて土を休ませる。一部はレストランの食材に、一部は豚の餌になる。そもそもこの土地は、クレイグがローテーションしている牧草地をしばらく借りたものだからね。彼にはお裾分けしないと。そしてその後は、マズーレクの冬カボチャを植える」

マズーレクとはコーネル大学の育種家マイケル・マズーレクのことだ。彼との初対面のとき、僕は味を重視した品種改良をリクエストし、そんなのは初めての経験だと感激された〔本書二六二-三ページ参照〕。早速マイケルは僕たちの求めに応じ、非常に甘い品種の冬カボチャの開発に成功した。それは実験番号898としてジャックに提供され、この数年試験的に栽培されてきた。外見は縮んだバターナッツ・カボチャのようで、非常に甘くてプディングのように滑らかだ。

僕は自分の幸運が信じられなかった。このカボチャが一エーカーの畑で栽培されるのだから。たしかに穀物もおいしいけれど、これほどのカボチャは食べたことがない。そして、これは穀物よりもずっと金になるとジャックは考えている。さらにマイケルによれば、通常のバターナッツ・カボチャに比べ、一エーカーあたりの収穫量はやや少ない程度だという。なぜならこの新種はトマトのマウンテンマジックと同じく、農家に多くの収穫量をもたらすために開発されているからだ。

未来のメニューで確実に変化する点を挙げるなら、シェフはエアルーム種の食材を評価するだけでは飽き足らず、意見を同じくする育種家との協力関係を深めていくことだろう。今日、品種改良の目的は増え続ける人口に食糧を供給することであり、収穫量を優先して味を犠牲にしてもかまわないという発想が定着している。しかし半世紀後、そんな考え方は時代遅れになるだろう。品種改良で同じものを大量に作り出しても評価されない。シェフと育種家がよい形で協力し合えば、味がよくて栄養価が高く、しかも地域の特性に合った理想的な作物を確実に生み出すことができるはずだ。

ローテーションリゾットに898カボチャのピュレーを加えた一品には、そんなメッセージが込められている。

❖三番目の料理——豚骨の炭でグリルしたクロサバウ種の豚とブラッドソーセージ

ノーズ・トゥ・テイル料理の将来がどうなるかと言えば、骨や血まで使うようになる。そしていまから数十年後には、それが〈ブルーヒル〉のメニューにも定着するだろう。というのも、将来的には〈ストーンバーンズ〉で飼育される豚の数が増えるはずだからだ。

スティーブ・ジョーンズが二〇一三年に〈ストーンバーンズ〉を訪れたとき、僕は豚に関して痛いところを突かれた。それなのに豚が増えると断言するのは、はたから見るとおかしいかもしれない。でも僕はどうしてもこだわりたい。このときスティーブと僕は、バークシャー種の豚の集団が餌の穀物に群がっている場所で足を止めた。豚は排泄物を落とすから、それを使って小麦を栽培する土壌を肥やすんだと僕は説明した。

「多くの生産者はこう考える。うちには動物の排泄物があるから、窒素もリンも地面にたっぷり行き渡るとね」とスティーブは言って、ジャックの隣で言葉を慎重に選びながら続けた。「でも、排泄物はどこから来るの。餌の穀物からだろう」

その通りだった。当時の僕たちは、土壌を改善するために（肥沃度を高めるために）排泄物を肥料として施していたが、その供給源はよその農場から購入した穀物飼料を与えられている豚だったのだ。「あちこちの鉱山から資源を集めてくるのと同じだね」とからかわれた。スティーブの何気ない指摘は、新しい取り組みの継続性に疑問を抱いたウェスの見解にも通じる。

ところがそれから数ヵ月のあいだに、僕の目の前では思いがけないシステムが動きだし、しかもそれは生態系だけでなく、料理にもすごい結果をもたらした。僕たちのアキレス腱を指摘したスティーブの発言をクレイグが小耳にはさんだかどうかはわからないが、彼は温室の真裏にある小さな森から、枯れて役に立たなくなった樹木を撤去し始めた。そしてつぎに豚を連れてきて下生えを食べさせ、きれいになった場所には草の種を蒔き、その作業を繰り返していったのである。

翌年の春、ある日の午後にその場所を通りかかった僕は驚いた。まるでデエサのレプリカだったからだ。たしかにデエサのような樫の木はなかった。樫の木がたくさんあるにはあったが、エストレマドゥーラのようによく手入れされているわけでも、ドングリがたわわに実るわけでもない。それでも豚たちの餌になる草や根っこはたっぷりあるし、樹木は本場スペインのサバンナと同じ役割を果たしていた。

クレイグは公表しなかっただけで、実は長い時間をかけてひそかに計画を練っていたのだった。デエサと同じようなシステムを牧草地の全域にいくつも創造したいと考えていたのである。そうすれば、自前の糞で土を肥やすことができる。

「混乱を引き起こして持続可能性を生み出すわけね」と〈ストーンバーンズセンター〉の理事のジル・アイセンバーガーはある日、このプロジェクトについての感想を述べた。生産性を高めるために土地の秩序をあえて乱すが、それが最終的に周囲の環境にかえってうまく調和する。

ミゲルが〈ヴェタ・ラ・パルマ〉を「健全な人工的システム」と評したことを僕は思い出した（「そう、人工的です。でも、いまさら自然もないでしょう」と彼は語った）。彼の指摘はもっともで、最高の生態系は人間の干渉を排除しない。実際、生態系に貢献する姿勢を人間が失わないかぎり、むしろ人間による干渉に頼るケースも多い。ジルの発想はたしかに正しい。

クレイグはさらにふたつのアイデアを思いつき、その結果、環境への恵みと料理への恵みを結びつけた。おそらく自ら創造したミニデエサに触発されたのか、それともスティーブの育種家としての天才的能力に刺激されたのか、あるいはその両方が動機なのか、クレイグはオサバウ種の去勢されていない雄豚を一頭購入し、バークシャー種の二頭の雌豚と交尾させた。オサバウ種はデエサのイベリコ豚の直接の子孫で、体は同じように樽型で、足は筋肉質、そして鼻は細長くてドングリを嗅ぎだす作業に理想的だ。

交配の結果として誕生した品種は「クロサバウ」と呼ばれ、僕がこれまで料理したなかでは最高の豚肉になった。見事な脂肪が筋肉全体にきれいに行き渡り、エドゥアルドが得意げに光にかざしたハモンイベリコを思い出さないわけにはいかない。これから何頭のクロサバウ種をクレイグがレストランのために育ててくれるのか、僕の胸は期待で膨らんだ。土地が豊かになっていけば、豚の味も改善されるはずだ（正直、味を想像するのは難しいが）。

料理にもたらされたふたつめの恵みは、料理を引き立ててくれるグレービーソースに匹敵する存在と言ってもよい。本物のグレービーソースではないが、ポーク料理の一部としてこれが手に入ったのは非常に幸運だった。あるときクレイグは、枯れて使い物にならない樹木から木炭を作るプログラムを始めた。それまで〈ブルーヒル〉のグリル部門では店で購入した木炭を使っていたので、スタッフにとってこれは実にありがたい贈り物だった。

自家製の木炭はそれぞれ香りが異なる。豊かなバリエーションに感動した僕たちは、ほかの材料も炭として使ったらどうかと考えるようになった。そこでまず注目したのが、使用ずみの豚の骨だった。レストランではいつも骨をスープやソースのだしとして使い、うま味の抽出された骨はごみ箱に捨てられていた。しかしこれを捨てる代わりに、木のように炭にしてみたらどうか。そして木と同じように、グリルする素材の香りづけにしたらどうだろう。僕たちはこのいずれにも成功した。調理のプロセスに豚骨の炭を取り入れたクロサバウのグリルは、際立った一皿に仕上がった。

では、豚の血はどのように使うのか。〈ブルーヒル〉で肉料理を担当しているアダム・ケイは、見過ごされてきたもうひとつの部位を利用して、独自のバージョンのブーダンノアールを創造した。ブーダンノアールとはフランスの伝統的なブラッドソーセージで、穀物や廃棄処分のくず肉がしばしば材料に使われる。アダムのバージョンは素晴らしいテクニックと凝固作用の奇跡を巧妙に合体させたもので、本当に血だけしか使わない。味は強烈で、個性的なソーセージと言ってもよい。つぎの世代は、このようなソーセージを大歓迎するだろう。動物を丸ごと味わうためには動物のあらゆる部位を使わなければならず、そこには骨も血も含まれる。

◈四番目の料理――マスの植物プランクトン添え

本書を執筆する以前の僕は、つぎの世代が食べる魚の種類は大きく限定され、メニューの品ぞろえも悲しいほど貧弱になると予測していた。しかしアンヘルに出会い、海からの贈り物に対する彼の真剣なアプローチを目にしたあとでは、もっと楽観的になった。彼の独創的な食材選びや料理はほかのシェフたちを大いに刺激する（そしてシェフは家庭料理に刺激を与える）。その結果、これまで顧みられなかった品種が見直されて需要が掘り起こされ、従来の魚に代わって低次栄養段階の魚が注目されるようになるだろう。

あるとき、そんな従来の魚の代わりになる存在が登場した。ちょうどジャックが〈ストーンバーンズ〉周辺の森を歩き回っていたとき、古いトラウトラダーを発見したのだ。トラウトラダーは簡単な装置で、これを設置しておけば、自然の川の流れを生かして上流で魚を育てることができる。このとき彼が発見したのは一九四〇年代、ロックフェラー一族のために魚を養殖する目的で作られたものだった。

今日では、アメリカでマスが養殖されている場所はほとんどが巨大な養魚池で、池の環境も育てられている魚の品質もよいとは言えない。しかしマスに正しい餌を供給し、自然に近い環境で育てると、味は驚くほどおいしくなる。

ジャックは将来、〈ブルーヒル〉の敷地内の小川でニジマスが育つようになることを期待している。魚の餌には、彼が温室の近くで育てている堆肥用のミミズを使えばよい。ミミズはレストランの野菜くずを分解して厨房の衛生環境に小さな貢献をしてくれるが、養殖マスの餌として生涯を終えることになる。

マス料理はアンヘルと同じような形で提供したい。植物プランクトンのソースをたっぷりかけて。幸運にも、ダートマス大学で生物学を専攻する大学院生が最近、僕が植物プランクトンに興味を持っていることを聞きつけ、自家培養したプランクトンを売ってもよいと申し出てくれた。最初に試した一品はアンヘルのレベルには程遠いが、まずまずと言える。ちなみにアンヘルは、養殖場や植物プランクトン培養施設を備えた新しいレストランを始めた。その事業は今後数十年間、世界中の人たちを確実に刺激するはずだ。そうなれば、「生命の源」を守り育てていくことへの関心はさらに高まっていくだろう。

このメニューでも、そんな将来を表現できればと考えている。アンヘルの言葉をかりるならば、小さなプランクトンの存在なくして提供できるものなど、海にはほとんど存在しないのだ。

◈五番目の料理——パースニップのステーキ、牧草肥育牛のソース添え

今日ではメニューの最後に野菜料理がくることはないが、つぎの世代にはそれに近い形が出来上がっているだろう。ちょうど僕が紹介したニンジンステーキのような一皿だ。

いま紹介している未来のメニューは、どの料理も肉中心の盛り付けを採用していない。それは生態系への配慮からだ。土地が僕たちに提供できるものを上手に生かしてメニューを考案すると、どうしても野菜や穀物が中心を占めるようになる。

野菜ステーキの構想は最近になって具体化された。ちょうどジャックが冬の最中、パースニップ〔ニンジン

に似た根菜」を収穫したときのことだ。一年近く植えられたままで、通常よりおよそ五カ月も長く放置されていた。おかげで収穫されたパースニップは巨大なTボーンステーキのようで、寒い環境に置かれていたため、ほぼすべてのでんぷんが糖に変換されていた。

デザートとしても通用するほど甘いこの見事な根菜を披露しないのはもったいない。そこでステーキのように焼いて、客のテーブルのそばのワゴンで切り分けた。数十年後も同じような形で提供されるだろうが、そのときは牛の骨髄とすね肉でだしをとった、豊かなコクのあるボルドレーズソースが添えられるだろう。

ビーフを加えるのは、クレイグが〈ストーンバーンズ〉で肉牛を育てる決心をしたからだ。農場のシステムの健康が改善し、複雑な輪作のおかげで牧草がさらに豊かに生い茂ってくれれば、羊のほかに新しい草食動物を加え、料理の幅を広げるチャンスも生まれる。

しかし、システムを拡大させるためには、すべての要素を料理が正しい形で支えなければならない。だからすね肉のように評価が低くて食べてもらうのも売るのも難しい部位が、パースニップのソースとして使われるわけだ。ジャン＝ルイ・パラディンが実践したように、ソース作りは食材の名誉回復に役立つ。これまで顧みられてこなかった様々な部位を寄せ集め、そこから深い味わいのある感動的な料理を作り出せば、完璧な形で名誉は回復される。

◈デザート――ライスプディング、ビールアイスクリーム

先日、僕が厨房の窓から外を眺めていると、育種家のグレン・ロバーツの姿が目に入った。いつもと

同じ白いポロシャツにカーキ色のズボンという服装で中庭に立ち、石造りの建造物のひとつをじっと見つめながら微笑んでいる。

この日は晩春の日曜日で、彼は妻のケイと一緒にストーンバーンズを散策して午前中の時間を過ごした。おそらく自分の縄張り、すなわち種蒔きと関係ない場所にいるせいか、ちょっと居心地が悪そうな印象を受けた。その証拠に会話がスティーブ・ジョーンズと彼の開発した新種のブルー小麦におよぶと、グレンはいきなり目を輝かせた。

そして対抗心を燃やしたのか、さりげない調子で提案してきた。「ジャックに黒米を育ててもらったらどうかな」。妻のケイは夫の性格を心得ているので、ふたりの会話に干渉してこない。

「コメ？　ジャックには育てる田んぼがないと思うよ」

「いや、これは乾地農法なんだ」とグレンは言った。コメに乾地農法があるなんて知らなかったと応じると、「いや、それがあるんだ。どうせ、ヒマラヤの湛水田しか思い浮かばなかったんだろう」と切り返された。

ヒマラヤでコメを栽培しているなんて知らなかったよと言いかけたが、ちょうどそのとき、幸運にもジャックが通りかかった。これはチャンスだと思い、僕はふたりをレストランのバーに連れ込み、グレンに詳しく説明してもらうことにした。

すでにこのとき、グレンは珍しい種類の黒米を手に入れていた。香りのよい短粒米で、普通の作物のように土で育てることが可能で、水を引いてくる必要がない。この種をアメリカで最初に試すチャンスをグレンはジャックに提供しようとしていた。かつて〈ブルーヒル〉に送られてきたフリント種の八列トウモロコシのケースと同じだ。

ジャックは同意する前にしばらく躊躇した。トウモロコシのときのように、種を蒔いたら数千ドルがグレンから支払われることを期待していたのかもしれない。結局、最後は「その話、乗るよ」と言った。かくして取引は成立したのである。

それから三週間後、僕はジャックを温室に訪ねた。コメはすでに発芽トレイのなかで芽を出しており、地面への移植を待っている状態だった。ジャックはこれを野菜畑のいちばん奥に植える計画だった。一〇年以上前のあの寒い一一月の夕方、エリオット・コールマンが振り返り、夕日に向かって手を高く上げたのと同じ場所だ。

未来を予測する際には、わずか一〇年後の出来事さえ思い描くのは困難だと言われるが、本当にその通りだ。あのときのエリオットは、この小さな農場が動物や野菜の様々な新種だけでなく、世界の三大作物、すなわちトウモロコシと小麦とコメの新しい品種まで育てるようになると予測できただろうか。

しかし現実にこれらの穀物は、農場の風景に欠かせない要素となった。ジャックが小麦とコメの栽培を決断してから三カ月のうちに、僕たちは三つの組織から立て続けに連絡を受けた。ひとつは〈ストーンバーンズ〉から八キロメートルほど離れたところにあるフィリップスバーグ・マナーで、一八世紀の製粉所を改造した博物館だ。博物館の石うすをきれいに修理したので、それで僕たちの小麦を挽かせてほしいとの申し出だった。

ふたつ目の組織は新しい麦芽製造会社で、僕たちの大麦を原料にしてビールを製造したいという話だった。ちょうど北東部では地ビール醸造所が爆発的に増えていた。その多くは若い起業家が始めたもので、ビールの品質を改善したいという意欲に燃えていたが、地元産の大麦が著しく不足していた。そこでジャックに白羽の矢を立て、小麦と一緒に輪作する穀物に大麦を混ぜてくれないかと依頼してきたのである。

そしてさらにべつの地元の地ビール製造所が、新しいビールの原料として小麦の一部を売ってほしいとジャックに問い合わせてきた。おまけに、小麦を原料とするビールの製造プロセスで発生するビール粕を、豚の餌にするつもりはないかとも持ちかけてきた。

このような機会は色々な形で確実に実を結んでいく。だからグレンの黒米も農場の輪作を通じて有効なパートナー関係を築くことができれば、思わぬ結果をもたらしてくれるはずだ。

そんな日が実際に訪れたら、僕はビールとコメをデザートで上手に使ってみたい。そうすれば、僕たちのメニューに遅ればせながら加わった食材を祝福することができるし、生産者と流通業者が助け合いながら活性化したコミュニティに敬意を払うこともできる。それだけでも十分に挑戦する価値はある。

＊

その日の午後、グレンとジャックと一緒にバーで話し合っているとき、僕はグレンに尋ねた。うちの農場で、コメは四番目の娘としての役割を立派に果たしてくれるだろうか。賢明にも北米先住民は、トウモロコシとカボチャと豆類のスリーシスターズによる輪作が効果的だという事実を発見した。この共生関係にコメの入り込む余地はあるだろうか。

「そんなのわからないよ」とグレンは両腕を上げて答えた。「それに、そもそもスリーシスターズなんて存在しないから、あやしいものだね」。まさか、グレンは冗談を言っているのだろうか。しかしジャックのほうを見ると、その通りという表情を浮かべている。

「一体どういう意味なの」と尋ねる僕の口調は、サンタクロースなんか存在しないよと言われた子どものように聞こえただろう。

「スリーシスターズという発想は素晴らしいよ。時間をかけて育まれ、誰もが理解しやすい形で伝えられてきた。たしかに建物の土台のような存在だけれど、物事はそんなに単純じゃないよ」とグレンは説明した。

グレンが「そんなに単純じゃないよ」と言うと、ジャックはそれを強調するかのように大きくうなずいた。そして僕のほうを向くと、「一体何を考えていたのさ。先住民が整地された畑で野菜をきれいに並べて育てているとでも思ったのか?」と問いただし、まさかという表情でこう語った。「そうじゃない。先住民はあちこちで作物を育てていた。だから、あらゆるものが結びつきを持つようになった。その結果、ひとつの大きな農場が形成されたんだ」

＊

そもそも本書を執筆するための調査は、逆の発想から始まった。何かひとつ、素晴らしい食材に注目し、それがどのように栽培されているのか発見することを出発点として考えた。そのうえでレシピを考案すれば、周囲の農家から提供される収穫物を食材としておいしい料理が出来上がり、ついでに、生態系にもよい影響がおよぶと考えたのだ。しかし最大の教訓は、優れた料理の決め手は食材だけではないという現実を認識したことである。実際には、複雑に絡み合う様々な要素によって支えられているのだ。

かつてアルド・レオポルドは、農業が正しく実践されれば自然界の構成要素はひとつも無駄にならないと書いた。「歯車ひとつでもおろそかにしないこと。賢明な修理屋は真っ先にそれを考える」[★1]と言う。正しい料理も同じだ。地面の上でも下でも、生き生きとしたコミュニティの発展を後押ししなければならない。そうしたコミュニティが、食べもののおいしさを引き出してくれるのだ。

僕がシェフとして、あるいは食事する人間として想像する未来の理想の一皿である「第三の皿」も、こうあるべきだろう。「第三の皿」を思い描く際には、選ぶ食材のことだけ考えても十分ではない。それぞれをどのような形で組み合わせるか、それが大きな全体像にどう反映されるかという点にまで配慮が必要だ。

様々な要素の結びつきは料理を作る前から始まり、終わったあとも継続していく。その結果、各部分の総和以上の力が発揮される。そしてその力は、文化に変化を引き起こすだけでなく、新たな風景を形作ることもできるのだ。

おそらくあの日、グレンと一緒にバーにいたときにジャックが語った言葉は、「第三の皿」の将来あるべき姿を正しく言い当てている。「第三の皿」が自然に深く根ざしていれば、ひとつの大きな農場という構想を実現するための青写真になり得る。この農場では、小さな要素が常に変化しながら大きなコミュニティの形成に貢献している。この壮大な構図を料理で表現すること。それこそがシェフに託された使命に他ならない。

謝辞

本書は〈ブルーヒル〉のレストランの厨房から始まったが、そもそもは〈ブルーヒルファーム〉の牧草地からスタートしたと言ってもよい。この素晴らしい景色に少年時代の僕が囲まれて育ち、農場が一家の所有物になったのは、ひとえに祖母アン・マーロー・ストラウスのおかげだ。本当にありがとう。

少年の頃の僕は農場の食卓の光景からも多くを学び、それが本書のもうひとつの出発点にもなっている。トービおばさんは二重鍋でスクランブルエッグを作り、僕にフランス料理の世界への扉を開いてくれた。そしてグルメであり食通でもあるスティーブおじさんは、摘みたてのトマトにも、トマトにかけるヘルマンマヨネーズにも、同じように大きな情熱を注いだ。しかし何よりも、おじさんはシェフや作家にとって最も大事な宝物を僕に残してくれた。それは飽くことのない好奇心である。

今回、僕が好奇心を絶やさず最後まで執筆を続けられたのは、言葉に関してたくさんのよい教師に恵まれたおかげだ。文献を読み込む作業では、特にふたりの方の後押しを受けた。まずアンドリュー・クラスマンのおかげで、ソローやエマーソンのようなアメリカの自然に触発された作家たちの重要性を認識し、作品を手に取るようになった。そしてもうひとり、ソル・ギトルマンの勧めで、僕はフィリップ・ロスの天才ぶりにふれることができた（フィリップ・ロス、あなたにもここで感謝を述べたい）。

作家には何かテーマとして書くものが必要だが、シェフには料理する場所が必要である。それを考えると、本書の起源は兄のデイヴィッドが僕の背中を押してくれた日まで遡ることができるだろう。レストランを持ちたいという願いを漠然と抱いていた僕に対して彼は、夢は叶うと力強い言葉をかけてくれた。そして僕のビジネスパートナーになって、ずっと支え続けてくれたのである。レストランを始めるためにはどうすればよいかと、若いコックからアドバイスを求められる機会は多い。そんなときには、デイヴィッドのような優秀な人間がそばでサポートしてくれるかぎり、成功は約束されると話すことにしている。そこに義理の姉のローリーンのような才能が加われば、成功はほぼ一〇〇パーセント保証される。彼女は〈ブルーヒル〉のすべてのものの中心的存在であり、デザイナーである。それでもさらに保険をかけておきたければ、姉のキャロラインのような忠実な弁護士を確保することをお勧めする。額にしわを寄せながら、僕の相談に乗って問題の本質を鋭く見抜いてくれる。僕が快適な人生をおくるうえで実に貴重な存在である。

さらに運も必要だろう。僕の場合、たくさんの幸運に恵まれた。〈ストーンバーンズセンター〉のレストランのテナント探しを担当していたジェイムズ・フォードは、僕たちをデイヴィッド・ロックフェラー・シニアと娘のペギー・デュラニーに引き合わせてくれた。ふたりが僕のプロジェクトを評価してくれたおかげで、本書執筆のきっかけが与えられたようなものだ。最初から、僕は〈ストーンバーンズ〉でたくさんの農業関係者のお世話になってきた。何も知らない僕を誰もが快く助け続けてくれた。

それから、ジル・アイセンバーガーが統率するスタッフ全員にも感謝しなければならない。ひとりひとりの名前を挙げることはできないが、〈ブルーヒル〉のチームを色々な形で温かく励まし続けてくれた。

本書が執筆されるきっかけは一〇年前に遡る。このときアマンダ・ヘッサーから、雑誌に月一回のコラムを書いてみないかと勧められた。企画会議用に、僕は最初に予定されていた一二本のエッセイのうち八本を執筆した。しかし名編集者のゲリー・マルゾラティは、エッセイの出来も（コラム自体も）簡単に評価してくれなかった。その厳しい指導がなければ、本書は実現していなかっただろう。

最初はエッセイを思うように書くことができずに苦労したが、エージェントのデイヴィッド・ブラックの励ましのおかげで、本になる可能性が生まれた。D・ブラックは僕にとってラビであり、熱烈に応援してくれるチアリーダーでありコーチでもある。彼のような人物がダッグアウトに控えていれば心強い。

アン・ゴドフはリスクを覚悟で、僕を彼女のチームに参加させてくれた。本当に感謝している。アンの忍耐力と率直な発言は実に貴重で、僕が道をそれそうになると、かならず元に引き戻してくれた。ペンギン社のチームのメンバー、特にベン・プラット、トレーシー・ロック、サラ・ハトソンにもこの場をかりてお礼を言いたい。

本書に登場する多彩な農業関係者は、なぜいまの仕事に取り組むようになったのか、実に根気強く長い時間をかけて説明し、そして僕には理解できないほど寛大な姿勢で協力してくれた。そんな農業関係者、それからシェフ、エコロジスト、育種家、科学者が本書にはたくさん登場する。その全員に感謝するためのひとつの方法は本書を素晴らしい形で仕上げることで、僕がそれに成功していれば幸いだ。

見えない場所でも、僕は大勢の人たちの教えを受けた。なかでも最も影響された人物として、農業関係者であり学者であり、よき友人のフレッド・キルシェンマン。そして優秀なジャーナリストであり、料理は人間の寛大さの表出だと主張したマイケル・ポーランの名前を挙げたい。ほかにも以下の方々の名前を記しておきたい。イングリッド・ベンギス、ボブ・カナード、ベティ・フッセル、トーマス・ハータング、サム・カス、リッジ・シン、ゲイリー・ナブハン、マリオン・ネッスル、ビル・ニーマン、フレッド・マグドフ、オーター・マトゥー、ビル・マッキベン、カスリーン・メリガン、ジョン・ミシャネー、フランク・モートン、ジョエル・サルトン、エリック・シュローサー、リック・シュニーダース、グス・シュマシェル、シーン・スタントン。

リサ・アベンドが存在していなかったら、僕は彼女という人間を発明しなければならなかった。本書の多くの部分はスペインのふたつのロケーションが舞台になっている。彼女の粘り強い努力がなければ、僕はそこに足を踏み入れることすらできなかっただろう。延々と続く通訳を根気強くこなす彼女の能力ならびに歴史的背景に関する優れた知識に、心の底から感謝を捧げたい。

シャーロット・ダグラスは、僕が本書の執筆に着手して以来ずっと協力してくれた。彼女は話を的確に聞き取り、判断には間違いがなく、パラグラフ全体の内容をていねいに確認する能力に優れている。僕が時に不適切な発言をしたり、動揺を見せたりしても、黙って受け止めてくれるスキルは実に見事だった。しかも、本書を僕と同じぐらい何度も読み返してくれた。僕の文章が改善されたのは、彼女のサポートと批評のおかげだ。

以下の方たちは本書に目を通したうえで、思慮深くて貴重なコメントをくださった。サラ・ボウリン、メアリー・デュエンワルド、マイケル・ギッター、キャロル・ハンバーガー、リズ・シャルデンブランド、ウェンディ・シルバート。そしてデイヴィッド・シプリーとジェイコブ・ワイズバーグのふたりからは、厳しいながらも賢明なアドバイスをいただいた。どうもありがとう。
厨房の管理は毎晩アメリカンフットボールのクォーターバックを務めるようなものだ。献身的なコックがチームにいなければ、シェフは成功はおろか生き残ることもできない。僕がいまにも退場しようというときにも、彼らはゴールラインまで押し戻してくれる。シェフのアダム・ケイ、トレヴォー・カンク、ジョエル・ド・ラ・クルズ、ミシェル・ガリナには特に感謝したい。彼らは僕のかたわらで全員合わせると四五年間も料理にいそしんでくれた。その思いやりと配慮は、僕の創り出す料理のすべてに痕跡を残している。

ここでチーム〈ブルーヒル〉の同僚を紹介しておこう。フランコ・セラフィン、フィリップ・ゴーゼ、クリスティーヌ・ランジェリエ、カティー・ベル、ミシェル・ビシエグリア、チャールズ・パグリア、チャーリー・バーグ、ダニエル・ハリティ、ピーター・ブラッドレー、ジョン・ジェニングス。いずれもレストラン用語では「フロントライン」を担当するスタッフで、このうえなく寛大で素晴らしいプロ意識を持ち合わせている。これ以上の人材を僕は知らない。そしてイレーヌ・ハンバーガーは当初二週間だけ手伝う約束だったにもかかわらず、すでに一六年間もそばで働いてくれている。長年にわたるサポートはむろん、様々な事柄に対する根気強い配慮にも心から感謝したい。

僕が大学卒業後、レストランの厨房で料理することを生業にしたいと父に伝えると、父からその理由を尋ねられた。僕が食べるものが大好きだからと答えると、父は、「父さんは本が大好きだけれど、生活のために読書はしないよ」と言った。しかし実際のところ父は生涯にわたって読書に打ち込んだ。本書の完成を待たずにこの世を去ってしまったが、僕の人生で事あるごとに励ましの言葉をかけてくれた。父の読書にかける情熱が、僕を本の執筆に駆り立てたと言ってもよい。

　僕が四歳のときに亡くなった母も読書が大好きだったという。母は作家を目指したこともあったという事実を、僕はつい最近知った。母は誰よりも本書の完成を喜んでくれるだろうか。中身はともかく、本の形になったことをきっと喜んでくれるはずだ。

　シェフの生活は楽ではない。だがシェフと生活を共にしている人たちは、もっと大変である。同様に、作家と一緒に暮らす人たちには気の休まる時間がないと聞いたこともある。この二重苦を耐え忍び、僕が調理するものや書くもののいっさいを正確な目でチェックしてくれる女性が、常に付き添ってくれたことは望外の幸運だった（この謝辞も彼女の指摘で書き直している）。妻アリアには心から感謝する。僕が幸せで充実した人生をおくっているのは妻のおかげであり、そして大事な娘エディスのおかげだ。

訳者あとがき

未来の料理はどうあるべきでしょう。本書の著者ダン・バーバーは、この問いへの答えとして、「第三の皿（サードプレート）」を提案しています。彼の提唱する「第三の皿」とはいかなるものでしょうか。

簡単に説明してみましょう。まずこれまでレストランでメインディッシュとして出されてきた料理が「第一の皿（ファーストプレート）」で、たとえば皿の中央には厚切りのステーキ肉が置かれ、その横に付け合せの野菜が添えられています。つぎに「第二の皿（セカンドプレート）」はそれよりも素材へのこだわりが強く、放牧された家畜の肉や有機栽培の野菜が使われ、メニューに生産者の名前が載ることもありますが、外見は「第一の皿」と大差ありません。そして「第三の皿」では、素材へのこだわりがさらに徹底します。一頭の家畜のあらゆる部位が無駄なく使われ、野菜づくりには土の改良から取り組み、持続可能性が重視されます。肉を偏重する傾向が見直され、たとえばニンジンステーキにばら肉で作ったソースが添えられるなど、主役と脇役が逆転します（本書の最後には、この発想にもとづいた「2050年のメニュー」が紹介されています）。

では、持続可能性を備えた料理とはどのようなものでしょうか。ダン・バーバーは、世界の伝統料理に注目します。そしてやむにやまれぬ好奇心から、極上の素材が育てられている現場を訪れ、本物の料理には歴史的背景があり、地域の人びとや文化に支えられていることを学びます。特にスペインでは、地域住民が昔から丁寧に管理してきた自然環境で豚やガチョウが自由にのびのびと育っている様子に感動し、帰国後はそれを見倣って自分でも優れた食材づくりに挑戦します。

著者のダン・バーバーは「ファーム・トゥ・テーブル」を掲げるレストラン〈ブルーヒル〉の総料理長であり共同経営者で、ニューヨーク市内に一号店、郊外のストーンバーンズ農場内に二号店を持っています。ニューヨーク店にはオバマ大統領夫妻がお忍びで訪れるそうで、環境と生産者と消費者の結びつきを大切にする姿勢が話題を呼び、二〇〇九年には、「タイム」誌によって「世界で最も影響力のある一〇〇人」に選ばれました。ちなみに彼は料理界のアカデミー賞と呼ばれるジェームズ・ビアード賞を複数回受賞しており、二〇一五年は本書の舞台になっている〈ブルーヒル・ストーンバーンズ〉が最も傑出したレストランに、そしてなんと本書『食の未来のためのフィールドノート（*The Third Plate*）』が、書籍部門で受賞の栄誉に輝きました。

このようにダン・バーバーはシェフとしての評価が高く、食に関する啓発活動にも積極的に関わっていますが、それだけでなく、トークの能力も抜群です。スペインでの体験を語ったTEDトーク「魚と恋に落ちた僕」「驚くべきフォアグラ物語」（日本ではNHK Eテレで紹介）は、大きな評判になりました。おまけに本を書いて賞までとってしまうのですから、実に多才なシェフです。

本書は、第Ⅰ部　土、第Ⅱ部　大地、第Ⅲ部　海、第Ⅳ部　種子、という四部構成で、持続可能な食の実現に真摯に取り組む魅力的な人たちとダン・バーバーとの交流が、四つの異なる角度から紹介されています。冒頭では、オープンして間もない〈ブルーヒル・ストーンバーンズ〉に、ある育種家から伝統種のトウモロコシの穂軸が送られてきます。その種から収穫したトウモロコシで作った料理は驚くほどおいしく、「これこそ本物のトウモロコシの味だ」とダン・バーバーは感激します。彼は本物の料理を探究する旅先のいたるところで、このような驚きを体験します。本書の第Ⅰ部は〈ブルーヒル・ストーンバーンズ〉が主な舞台となり、第Ⅱ部と第Ⅲ部ではスペインに場所を移し、第Ⅳ部ではふたたびアメリカに舞台が戻ります。登場人物の数も多いのですが、どの人も例外なくユニークで、持続可能性の維持に地道に取り組む姿勢は強く印象に残ります。

穀物の有機栽培に取り組むクラース・マーテンズ、スペインで天然フォアグラづくりに挑戦し続けるエドゥアルド・スーザ、スペインのレストラン〈アポニエンテ〉のシェフ、アンヘル・レオンの存在は特に魅力的です。「子育ては子どもの生まれる一〇〇年前から始まる」というメノナイトの教えに共感するクラース・マーテンズは、有機栽培を土づくりから始めますが、そのやり方は独創的で、雑草は土の状態を知るためのバロメーターだという視点に立っています。雑草を目のかたきにするのではなく、クラースはどの雑草もきちんと名前で呼んで愛情を注ぎ、土づくりに役立ててしまいます。

一方、エドゥアルド・スーザは、ガチョウに決して無理強いすることはありません。ガチョウたちが広いデエサ（放牧地）でのびのびと自由に活動し、最後は生き物としての命をまっとうすることが、おいしいフォアグラづくりの秘訣だと信じています。フォアグラと言えば、餌を無理やり詰め込む強制肥育の残酷さがクローズアップされますが、彼のガチョウたちはそんなものとはまったく無縁です。ダン・バーバーとのやりとりは愉快で、エドゥアルドの発言にダン・バーバーは何度もびっくりさせられます。これに対し、シーフードの素材にとことんこだわるアンヘル・レオンは天才肌のシェフで、創作した料理は名前に工夫が凝らされているだけでなく、インターネットで確認してみると、繊細な美しさに感動しないわけにはいきません。

そして、こうした個性的な人物たちが展開するストーリーは、美しい自然に支えられています。〈ブルーヒル・ストーンバーンズ〉のまわりには緑の牧草地が広がり、かわいらしい子羊たちが走り回っています（食べられてしまうと思うとかわいそうなのですが）。スペインのデエサは広大な緑地のところどころに樫の木の森が茂り、イベリコ豚やガチョウはその木に実ったドングリを食べて成長します。そして同じくスペインの養殖場〈ヴェタ・ラ・パルマ〉は、広い敷地に運河網が張り巡らされ、人工的に造られた豊かな自然のなかで養殖魚が餌をたっぷり食べて育ち、あざやかなピンク色のフラミンゴなど、多くの鳥の立ち寄り先になっています。どの場所も豊かな自然に手を加えることによって、さらに豊かな自然が創造され、そこからおいしい食材が提供されています。

本書で強く印象に残った箇所のひとつが、穀物の品種改良の専門家であるウェス・ジャクソンの発言です。クラース・マーテンズの有機栽培がいかに素晴らしいか熱心に説明するダン・バーバーに対し、「クラースのやり方は評価できるけれど、結局のところ長続きしないよ」と言い放つのです。ダン・バーバーはこの言葉になかなか素直に納得できませんが、スペインで薄くスライスされたハモンイベリコを見たとき、その真意を理解します。ハモンイベリコが素晴らしいのは、一枚のハムに歴史と伝統が凝縮されており、スペイン人の文化の一部になっているからです。残念なことに、クラースが有機栽培する穀物には、文化的な裏付けがありません。どんなに丁寧に栽培されても、その素晴らしさが人びとから評価され、それが文化として定着しないかぎり、壁にぶつかってしまうでしょう。

では、どうすればいいのでしょうか。ダン・バーバーはシェフが優れた素材を積極的に取り上げ、それが評判を呼べば、やがては一般社会で文化として受け入れられるという結論に達し、自分はそのために貢献していこうと決心します。

本書でおいしい料理を表現するとき、「素材の味がする」という言い方をします。実はわが家には家庭菜園があり、いまの季節（夏）ならナス、キュウリ、ズッキーニ、インゲンなどが毎日収穫できるのですが、市販されている野菜とはやはり味が違います。味がしっかりしているのです。といっても、わが家では有機栽培をしているわけではなく、合成肥料も使っているのですが、それでもおいしさは格別です。では、味のしっかりした食材の普及に私たち消費者がどのように貢献できるかと言えば、まずは、丁寧に作られた食材を購入することでしょう。日本でも「道の駅」では産地直送のおいしい農産物を購入できますし、最近ではスーパーマーケットでも栽培農家の写真が沿えられて有機野菜が販売されています。またインターネットを使えば全国各地からおいしいものを取り寄せられます。このように、環境に配慮した食材を手に入れる選択肢は、確実に広がっているのです。

ただしよく気をつけなければ、私たちは無意識のうちに環境を破壊しています。たとえば第Ⅲ部には、ダン・バーバーが絶滅危惧種のマグロを料理に使って大失敗する場面がありますが、それをきっかけに、彼はマグロをどのように守るべきか悩みます。個体数がある程度回復するまで、マグロ漁は全面的に禁止するべきか、マグロ漁という伝統文化が失われないように漁獲高に上限を設けて細々継続させるべきか、あるいは養殖技術を発達させるべきか。正解はひとつではありませんが、寿司でマグロの人気を世界的に広めた日本人は、固有の文化を途絶えさせないための対策について真剣に考えるべきでしょう。同じことは、やはり絶滅危惧種であるニホンウナギにも言えます。土用の丑の日にウナギが食べられなくなったら、やはり寂しいのではないでしょうか。

本書は厨房内の場面が多く、料理関係の方々からお話をうかがって助けていただきました。この場をかりて、心から感謝いたします。そして、今回の長丁場を一貫して支えてくださったスタッフの方々、特にＮＴＴ出版の編集者の宮崎志乃さん、本当にありがとうございました。多くの方々に支えられて完成した本書を、読者の皆さまに楽しんでいただけますように。

二〇一五年夏

小坂恵理

*

W. Adamchak, *Tomorrow's Table: Organic Farming, Genetics, and the Future of Food* (New York: Oxford University Press, 2008);and Josh Schonwald, *The Taste of Tomorrow: Dispatches from the Future of Food* (New York: HarperCollins, 2012).
★30 ランドグラント機関についての詳細は以下を参照。Jim Hightower, *Hard Tomatoes, Hard Times* (Cambridge, MA: Schenkman Publishing Company, 1973); George R. McDowell, *Land-Grant Universities and Extension into the 21st Century: Renegotiating or Abandoning a Social Contract* (Ames: Iowa State Press, 2001); and Roger L. Geiger and Nathan M. Sorber, eds., *The Land-Grant Colleges and the Reshaping of American Higher Education* (New Brunswick, NJ: Transaction Publishers, 2013).
★31 Fowler and Mooney, *Shattering*, 138.
★32 Food and Water Watch, "Public Research, Private Gain: Corporate Influence on University Agricultural Research" (Washington, DC: Food and Water Watch, April 2012); P. W. Heisey et al., *Public Sector Plant Breeding in a Privatizing World* (Washington, DC: US Dept. of Agriculture, Economic Research Service, 2001); and Jorge Fernandez-Cornejo, "The Seed Industry in U. S. Agriculture: An Exploration of Data and Information on Crop Seed Markets, Regulation, Industry Structure, and Research and Development," US Dept. of Agriculture, Economic Research Service, Agriculture Information Bulletin No. 786 (2004).
★33 Kevin M. Murphy, Philip G. Reeves, and Steve S. Jones, "Relationship Between Yield and Mineral Nutrient Content in Historical and Modern Spring Wheat Cultivars," *Euphytica* 163,issue 3 (October 2008): 381-90.
★34 Gabe Ulla, "Pizzaiolo Jim Lahey on Fire, Craft, and Tactile Pleasure," Eater Online, May 8, 2012, http:// eater. com/ archives/ 2012/ 05/08/pizzaiolo-jim-lahey-on-fire-craft-and-tactile-pleasure.php#more.
★35 George Bernard Shaw, *Too True to Be Good* (New York: Samuel French Inc., 1956), 118.
★36 Anka Muhlstein, *Balzac's Omelette: A Delicious Tour of French Food and Culture with Honore de Balzac* (New York: Other Press, 2011), 7.

おわりに

★1 Aldo Leopold, "Conservation," in *Round River: From the Journals of Aldo Leopold* (1953; repr., New York: Oxford University Press, 1993), 147.

Last?（New York: W. W. Norton & Company, 1999）.
★19　Vandana Shiva, "The Green Revolution in the Punjab," *The Ecologist* 21, no. 2（March–April 1991）.
★20　Fowler and Mooney, *Shattering*,60.
★21　Donald L. Plucknett, "Saving Lives Through Agricultural Research," Issues in Agriculture no. 1（Washington, DC: Consultative Group on International Agricultural Research, May 1991）.
★22　Stuart Laidlaw, "Saving Agriculture from Itself," in *Food and Fuel: Solutions for the Future*, 10–11. レイドローは以下のように書いている。「何十年にもおよぶ単一栽培は土壌から栄養分を奪い取った。いまでは生産性を保つため、窒素を定期的に補給しなければならない。その一方、窒素を補給すると土壌の酸性度が高まるため、生物の活動が阻害され、その結果、土壌が食べものを育てる能力が衰える。そうなると、さらに窒素を補給する必要が生じる。要するに土地は窒素中毒に陥る」
★23　スーザン・ドウォーキンとのインタビュー。*Acres U.S.A.*, February 2010.
★24　ヴァンダナ・シヴァ『食糧テロリズム』（明石書店、2006年、浦本昌紀監訳）（Cambridge, MA: South End Press, 2000）, 12.
★25　Colin Tudge, *Feeding People Is Easy*（Grosseto, Italy: Pari Publishing, 2007）, 75–6.
★26　Fowler and Mooney, *Shattering*, 139. ヴァヴィロフについての詳細は以下を参照。Gary Paul Nabhan, *Where Our Food Comes From: Retracing Nikolay Vavilov's Quest to End Famine*（Washington, DC: Island Press, 2009）.
★27　シヴァ『食糧テロリズム』79. を参照。シヴァは以下のような顕著な例をいくつか紹介している。「インドの農民は何千種類ものコメを進化させた。アンデスの農民は3000種類以上のジャガイモを生み出した。パプアニューギニアでは、5000種類以上のサツマイモが栽培されている」。
★28　マウンテンマジック・トマトは、ノースカロライナ州立大学のマウンテン園芸作物研究普及センターのランディ・ガードナー博士によって開発された（それで名称にマウンテンという単語が加わった）.
★29　遺伝子操作食品を巡る論争についての詳細は以下を参照。Daniel Charles, *Lords of the Harvest: Biotech, Big Money, and the Future of Food*（Cambridge, MA: Perseus Publishing, 2001）; Brian J. Ford, *The Future of Food: Prospects for Tomorrow*（London: Thames & Hudson, 2000）; Craig Holdrege and Steve Talbott, *Beyond Biotechnology: The Barren Promise of Genetic Engineering*（Lexington: University Press of Kentucky, 2008）; Peter Pringle, *Food, Inc.: Mendel to Monsanto—The Promises and Perils of the Biotech Harvest*（New York: Simon & Schuster, 2003）; Pamela C. Ronald and Raoul

umbia:University of South Carolina Press, 1992), 3.

★9　南部の実験的農業の時代についての詳細は以下を参照。Burkhard Bilger, "True Grits," *The New Yorker*, October 31, 2011, 40–53; Interview with Glenn Roberts, "Old School," *Common-place* 11, no. 3 (April 2011); David Shields, "The Roots of Taste," *Common-place* 11, no. 3 (April 2011); and David Shields, ed. *The Golden Seed: Writings on the History and Culture of Carolina Gold Rice* (Charleston: The Carolina Gold Rice Foundation, 2010).

★10　Hess, *The Carolina Rice Kitchen*, 20; and Richard Schulze, *Carolina Gold Rice: The Ebb and Flow History of a Lowcountry Cash Crop* (Charleston, SC: The History Press, 2005).

★11　植物育種の歴史についての詳細は以下を参照。 Noel Kingsbury, *Hybrid: The History and Science of Plant Breeding* (Chicago: University of Chicago Press, 2009); Jonathan Silvertown, *An Orchard Invisible: A Natural History of Seeds* (Chicago: University of Chicago Press, 2009); and Jack R. Kloppenburg, *First the Seed: The Political Economy of Biotechnology*, 2nd ed. (Madison: The University of Wisconsin Press, 2004).

★12　スーザン・ドウォーキン『地球最後の日のための種子』(文藝春秋、2010年、中里京子訳) (New York: Walker & Company, 2009); Cary Fowler and Patrick Mooney, *Shattering: Food, Politics, and the Loss of Genetic Diversity* (Tucson: University of Arizona Press, 1990); Richard Manning, *Against the Grain: How Agriculture Has Hijacked Civilization* (New York: North Point Press, 2004); Peter Thompson, *Seeds, Sex & Civilization*; and Roberts, *The End of Food*.

★13　Gregg Easterbrook, "Forgotten Benefactor of Humanity," *The Atlantic Monthly*, January 1, 1997; and Henry W. Kindall and David Pimentel, "Constraints on the Expansion of the Global Food Supply," *Ambio* 23, no. 3 (May 1994).

★14　Roberts, *The End of Food*, 148–9.

★15　Easterbrook, "Forgotten Benefactor of Humanity."

★16　Maximina A. Lantican et al., "Impacts of International Wheat Breeding Research in the Developing World, 1988–2002," Impact Studies 7654 (Mexico City: International Maize and Wheat Improvement Center [CIMMYT], 2005), 30.

★17　Knut Schroeder et al., *Sustainable Healthcare* (Chichester, West Sussex: John Wiley & Sons, 2013).

★18　レスター・ブラウン『プランB4.0』(ワールドウォッチジャパン、2010年、環境文化創造研究所、日本語版編集協力) (New York: W. W. Norton & Company, 2009); and Sandra Postel, *Pillar of Sand: Can the Irrigation Miracle*

★42　このアイデアについての詳細は以下を参照。Taras Grescoe, *Bottom-feeder: How to Eat Ethically in a World of Vanishing Seafood*（New York: Bloomsbury, 2008）.
★43　サフィナ『海の歌』13.
★44　Alan Davidson, *North Atlantic Seafood: A Comprehensive Guide with Recipes*（New York: Ten Speed Press, 2003）, 115.

第Ⅳ部　種子

★1　Jim Hinch, "Medium-Size Me," *Gastronomica: The Journal of Food and Culture* 8, no. 4（Fall 2008）, 72.
★2　中規模農家についての詳細は以下を参照。Frederick Kirschenmann et al., "Why Worry About the Agriculture of the Middle? A White Paper for the Agriculture of the Middle Project"（n. d.）, http:// grist. files. Wordpress.com/ 2011/ 03/ whitepaper2. pdf.
★3　ダニエル・C・デネット『解明される宗教――進化論的アプローチ』（2010年、青土社、阿部文彦訳）（New York: Viking, 2006）, 59.
★4　白いパンの社会文化的な歴史についての詳細は、以下を参照。Aaron Bobrow-Strain, *White Bread: A Social History of the Store-Bought Loaf*（Boston: Beacon Press, 2012）; H. E. Jacob and Peter Reinhart, *Six Thousand Years of Bread*（New York: Skyhorse Publishing, 2007）; Steven Laurence Kaplan, *Good Bread Is Back: A Contemporary History of French Bread, the Way It Is Made, and the People Who Make It*（Durham, NC: Duke University Press, 2006）; Harold McGee, *On Food and Cooking: The Science and Lore of the Kitchen*（New York: Scribner, 2004）;マイケル・ポーラン『人間は料理をする』（ＮＴＴ出版、2014年、野中香方子訳）（New York: The Penguin Press,2013）; ウィリアム・ルーベル『パンの歴史』（原書房、2013年、堤理華訳）（London: Reaktion Books, 2011）.
★5　Theodore Roszak, *The Making of a Counter Culture: Reflections on the Technocratic Society and Its Youthful Opposition*（Berkeley: University of California Press, 1969）, 13.
★6　Warren J. Belasco, *Appetite for Change: How the Counterculture Took on the Food Industry*（Ithaca, NY: Cornell University Press, 2006）, 46–50.
★7　Jeffrey Steingarten, "The Whole Truth: Jeffrey Steingarten Searches for Grains That Taste as Good as They Are Good for You," *Vogue*, November 2005.
★8　Karen Hess, *The Carolina Rice Kitchen: The African Connection*（Col-

The European Estate (Brussels: Friends of the Countryside, 2003), 701.
★28 Carlo Petrini, Report from the European Conference on Local and Regional Food, Lerum, Sweden, September 2005.
★29 Robin McKie, "How EU Farming Policies Led to a Collapse in Europe's Bird Population," *The Observer*, May 26, 2012.
★30 Jeremy Hance, "Easing the Collateral Damage That Fisheries Inflict on Seabirds," *Yale Environment 360*, August 9, 2012.
★31 Christopher Cokinos, *Hope Is the Thing with Feathers: A Personal Chronicle of Vanished Birds* (New York: Penguin 2009), 53. コキノスは以下のように論じている。「先史時代、太平洋の島民はおよそ2000種の鳥を絶滅させた。生息地破壊など様々な行為を通じて世界の個体数を５分の１も減少させた」.
★32 コリン・タッジ『鳥――優美と神秘、鳥類の多様な形態と習性』（シーエムシー出版、2012年、黒沢令子訳）(New York: Random House, 2010), 400.
★33 Alasdair Fotheringham, "Is This the End of Migration?" *The Independent*, April 18, 2010.
★34 Jonathan Rosen, *The Life of the Skies: Birding at the End of Nature* (New York: Picador, 2008), 94.
★35 Alan Lowther, ed., *Fisheries of the United States 2011* (Silver Spring, MD: National Oceanic and Atmospheric Administration, 2012).
★36 Carl Safina, "Cry of the Ancient Mariner: Even in the Middle of the Deep Blue Sea, the Albatross Feels the Hard Hand of Humanity," *Time*, April 26, 2000.
★37 Sally Fallon Morell, "Very Small Is Beautiful" (lecture, Twenty-eighth Annual E. F. Schumacher Lectures, New Economics Institute, Stockbridge, MA, October 2008).
★38 Thomas Cowan, *The Fourfold Path to Healing: Working with the Laws of Nutrition, Therapeutics, Movement And Meditation in the Art of Medicine* (Washington, DC: Newtrends Publishing, 2004): Cowan discusses Steiner's understanding of the heart in chapter 3.
★39 Rudolf Steiner, "Organic Processes and Soul Life" (1921), in *Freud, Jung, and Spiritual Psychology*, 3rd ed. (Great Barrington, MA: Anthroposophic Press, 2001), 124–5.
★40 Rudolf Steiner, "The Question of Food" (1913), in *The Effects of Esoteric Development: Lecures by Rudolf Steiner* (Hudson, NY: Anthroposophic Press, 1997), 56.
★41 Frederick Kirschenmann, "Spirituality in Agriculture" (academic paper, Concord School of Philosophy, Concord, MA, October 8, 2005).

Runoff Prime Source of Ocean Pollution," *Morning Edition*, National Public Radio, January 15, 2002.

★15 植物プランクトンについての詳細は以下を参照。Sanjida O'Connell, "The Science Behind That Fresh Seaside Smell," *The Telegraph*, August 18, 2009; I. Emma Huertas et al., "Warming Will Affect Phytoplankton Differently: Evidence Through a Mechanistic Approach," *Proceedings of the Royal Society B—Biological Sciences* 278, no. 1724 (2011): 3534–43; and John Roach, "Source of Half Earth's Oxygen Gets Little Credit," *National Geographic News*, June 7, 2004,http:// news. nationalgeographic. com/news/ 2004/ 06/ 0607_ 040607_ phytoplankton .html.

★16 Daniel G. Boyce, Marlon R. Lewis, and Boris Worm, "Global Phytoplankton Decline over the Past Century," *Nature* 466, no. 7306 (July 29, 2010): 591–6.

★17 Mike Bettwy, "El Nino and La Nina Mix Up Plankton Populations," NASA, June 22, 2005, www. nasa. gov/ vision/ earth/ lookingatearth / plank ton_ elnino. html.

★18 Barbel Honisch et al., "The Geological Record of Ocean Acidification," *Science* 335, no. 6072 (March 2012): 1058–63.

★19 *The Marketplace for Sustainable Seafood: Growing Appetites and Shrinking Seas* (Washington, DC: Seafood Choices Alliance,2003), 9.

★20 Phillip S. Levin and Aaron Dufault, "Eating up the Food Web," *Fish and Fisheries* 11, issue 3 (September 2010):307–12.

★21 クローバー『飽食の海』189.

★22 養殖に関する統計については、国連食糧農業機関水産養殖局の以下の資料を参照。*The State of World Fisheries and Aquaculture 2012*; and R. L.Naylor et al., "Effects of Aquaculture on World Fish Supplies," *Nature* 405 (2000): 1017–24.

★23 Emiko Terazono, "Salmon Farmers Go for Veggie Option," *Financial Times*, January 21, 2013.

★24 J. Miguel Medialdea, "A New Approach to Ecological Sustainability Through Extensive Aquaculture: The Model of Veta la Palma," Proceedings of the 2008 TIES Workshop, Madison, Wisconsin; and J. Miguel Medialdea, "A New Approach to Sustainable Aquaculture," *The Solutions Journal*, June 2010.

★25 レイチェル・カーソン『海辺——生命のふるさと』(平河出版社、1987年、上遠恵子訳)(1955; repr., New York: Mariner Books, 1998), xiii.

★26 Sue Hubbell, introduction to *The Edge of the Sea*,(『海辺』) xvi–xviii.

★27 Carlos Otero and Tony Bailey, *Europe's Natural and Cultural Heritage:*

注

第Ⅲ部　海

★1　Jeffrey Steingarten, *It Must Have Been Something I Ate* (2002; repr., New York: Vintage, 2003), 11–2.
★2　カール・サフィナ『海の歌——人と魚の物語』(共同通信社、2001年、鈴木主悦訳) (New York: Henry Holt and Co., 1998), 8.
★3　Caroline Bates, "Sea Change," *Gourmet,* December 2005.
★4　サフィナ『海の歌』440.
★5　同上.
★6　同上. 435.
★7　トーマス・ヘンリー・ハクスリー「開会講演」(水産博覧会、ロンドン、1883年).
★8　世界の魚資源の減少に関する情報と統計については、国連食糧農業機関水産養殖局の以下の資料を参照。*The State of World Fisheries and Aquaculture 2012* (Rome: Food and Agriculture Organization of the United Nations, 2012); and Wilf Swartz et al., "The Spatial Expansion and Ecological Foot-print of Fisheries (1950 to Present)," *PLOS ONE* 5, no. 12 (December 2010).
★9　W. Jeffrey Bolster, *The Mortal Sea: Fishing the Atlantic in the Age of Sail* (Cambridge, MA: Belknap Press, 2012). ボルスターは一部の水産業の質の低下について中世まで遡って明らかにしている。
★10　Carl Safina and Carrie Brownstein, "Fish or Cut Bait: Solutions for Our Seas," in *Food and Fuel: Solutions for the Future*, ed. Andrew Heintzman and Evan Solomon (Toronto: House of Anansi Press, 2009), 75.
★11　チャールズ・クローバー『飽食の海——世界からSUSHIが消える日』(岩波書店、2006年、脇山真木訳) (Berkeley: University of California Press, 2008), 1.
★12　Dayton L. Alverson et al., *A Global Assessment of Fisheries Bycatch and Discards*, FAO Fisheries Technical Paper no. 339 (Rome: Food and Agriculture Organization of the United Nations, 1994).
★13　R. J. Diaz and R. Rosenberg, "Spreading Dead Zones and Consequences for Marine Ecosystems," *Science* 321, no. 5891 (August 15, 2008): 926–9.
★14　Nancy Rabalais, quoted in Allison Aubrey, "Troubled Seas: Farm Belt

Halweil, Brian, *Eat Here: Reclaiming Homegrown Pleasures in a Global Supermarket* (New York: W. W. Norton, 2004).
Jackson, Dana L., and Laura L. Jackson, ed., *The Farm as Natural Habitat Reconnecting Food Systems with Ecosystems* (Washington, D.C.: Island Press, 2002).
Jackson, Louise E., ed., *Ecology in Agriculture* (San Diego: Academic Press, 1997).
Kirschenmann, Frederick, *Cultivating an Ecological Conscience: Essays from a Farmer Philosopher* (Lexington, KY: University Press of Kentucky, 2010).
Lopez, Barry, ed., *The Future of Nature: Writing on a Human Ecology from Orion Magazine* (Minneapolis, MN: Milkweed Editions, 2007).
ビル・マッキベン『自然の終焉』(開文社出版、1995年、森裕司訳) (New York: Anchor Books, 1989).
McNeely, Jeffrey A., and Sara J. Scherr, *Ecoagriculture: Strategies to Feed the World and Save Wild Biodiversity* (Washington, D.C.: Island Press, 2003).
Meine, Curt, *Aldo Leopold: His Life and Work* (Madison, WI: University of Wisconsin Press, 1988).
Patel, Raj, *Stuffed and Starved: The Hidden Battle for the World Food System* (London: Portobello Books, 2007).
Smith, J. Russell, *Tree Crops: A Permanent Agriculture* (New York: Harcourt, Brace and Company, 1929).
Sokolov, Raymond, *Why We Eat What We Eat: How Columbus Changed the Way the World Eats* (New York: Touchstone, 1991).
Soule, Judith, and Jon Piper, *Farming in Nature's Image: An Ecological Approach to Agriculture* (Washington, D.C.: Island Press, 2009).
トリストラム・スチュアート『世界の食料ムダ捨て事情(地球の未来を考える)』(日本放送出版協会、2010年、中村友訳) (New York: W. W. Norton, 2009).
レイ・タナヒル『食物と歴史』(評論社、1980年、小野村正敏訳) (New York: Stein and Day Publishers, 1973).
Taubes, Gary, *Good Calories, Bad Calories: Fats, Carbs, and the Controversial Science of Diet and Health* (New York: Anchor Books, 2007).
Tudge, Colin, *So Shall We Reap: What's Gone Wrong with the World's Food—and How to Fix It* (London: Allen Lane, 2003).
Wilson, Edward O., *The Future of Life* (New York: Vintage Books, 2002).
Wirzba, Norman, ed., *The Essential Agrarian Reader: The Future of Culture, Community, and the Land* (Lexington, KY: University Press of Kentucky, 2003).

Manning, Richard, *Food's Frontier: The Next Green Revolution* (New York: North Point Press, 2000).
Nabhan, Gary Paul (ゲイリー・ポール・ナブハン), *Coming Home to Eat: The Pleasures and Politics of Local Food* (New York: W. W. Norton, 2002).
——, 『辛いもの好きにはわけがある——美食の進化論』(ランダムハウス講談社、2005年、栗木さつき訳) (Washington, D.C.: Island Press,2006).
Pfeiffer, Dale Allen, *Eating Fossil Fuels: Oil, Food and the Coming Crisis in Agriculture* (Gabriola Island, BC: New Society Publishers, 2006).
Ruffin, Edmund, *Nature's Management: Writings on Landscape and Reform, 1822–1859*, Jack Temple Kirby, ed. (Athens, GA: University of Georgia Press, 2000).
Solbrig, Otto, and Dorothy Solbrig, *So Shall You Reap: Farming and Crops in Human Affairs* (Washington, DC: Island Press, 1994).

その他

Ackerman-Leist, Philip, *Rebuilding the Foodshed: How to Create Local, Sustainable, and Secure Food Systems* (White River Junction, VT: Chelsea Green Publishing, 2013).
Berry, Wendell, *The Gift of Good Land: Further Essays Cultural and Agricultural* (San Francisco: North Point Press, 1981).
Capra, Fritjof, *The Hidden Connections: Integrating the Biological, Cognitive, and Social Dimensions of Life into a Science of Substainability* (New York: Doubleday, 2002).
——, *The Web of Life* (New York: Anchor Books, 1996).
ジャレド・ダイアモンド『銃・病原菌・鉄』(草思社、2012年〈文庫〉、倉骨彰訳) (New York: W. W. Norton, 1997).
Dubos, Rene, *The Wooing of the Earth: New Perspectives on Man's Use of Nature* (New York: Charles Scribner's Sons, 1980).
Dumanoski, Dianne, *The End of the Long Summer: Why We Must Remake Our Civilization to Survive on a Volatile Earth* (New York: Three River Press, 2009).
Fraser, Caroline, *Rewilding the World: Dispatches from the Conservation Revolution* (New York: Metropolitan Books, 2009).
Freidberg, Susanne, *Fresh: A Perishable History* (Cambridge, MA: Harvard University Press, 2009).
Goleman, Daniel, *Ecological Intelligence: How Knowing the Hidden Impacts of What We Buy Can Change Everything* (New York: Broadway Books, 2009).

参考文献

第Ⅲ部　海

Bowermaster, Jon, ed., *Oceans: The Threats to Our Seas and What You Can Do to Turn the Tide*（New York: PublicAffairs, 2010）.
レイチェル・カーソン『海――その科学とロマンス』（文藝春秋新社、1952年、日高孝次訳、絶版）（New York: Oxford University Press, 1951）.
Danson, Ted, *Oceana: Our Endangered Oceans and What We Can Do to Save Them*（Emmaus, PA:Rodale Books, 2011）.
Ellis, Richard, *The Empty Ocean*（Washington, D.C.: Island Press, 2003）.
Greenberg, Paul, *Four Fish: The Future of the Last Wild Food*（New York: Penguin Press, 2010）.
Jacobsen, Rowan, *The Living Shore: Rediscovering a Lost World*（New York: Bloomsbury, 2009）.
Molyneaux, Paul, *Swimming in Circles: Aquaculture and the End of Wild Oceans*（New York: Thunder's Mouth Press, 2007）.
Whitty, Julia, *The Fragile Edge: Diving and Other Adventures in the South Pacific*（New York: Houghton Mifflin, 2007）.

第Ⅳ部　種子

Brown, Lester, *Full Planets, Empty Plates: The New Geopolitics of Food Scarcity*（New York: W. W. Norton, 2012）.
Conway, Gordon, *The Doubly Green Revolution: Food for All in the Twenty-first Century*（London: Penguin Books, 1997）.
ジュリアン・クリブ『90億人の食糧問題――世界的危機を回避するために』（シーエムシー出版、2011年、片岡夏実訳）（Berkeley: University of California Press, 2010）.
Eldredge, Niles, *Life in the Balance: Humanity and the Biodiversity Crisis*（Princeton, NJ: Princeton University Press, 1998）.
Kunstler, James Howard, *The Long Emergency: Surviving the End of Oil, Climate Change, and Other Converging Catastrophes of the Twenty-first Century*（New York: Atlantic Monthly Press, 2005）.

*

マ行

ヤ行

ナ行

ハ行

タ行

サ行

索　引

(㊤＝上巻、㊦＝下巻のページ数)

本書は『食の未来のためのフィールドノート　下』（２０１５）の改題新装版です。内容に異同はありません。

著者略歴

ダン・バーバー（Dan Barber）

1969年ニューヨーク州生まれ。タフツ大学卒業。ニューヨーク・ウェストビレッジの〈ブルーヒル〉、ニューヨーク郊外の農場直結型レストラン〈ブルーヒル・ストーンバーンズ〉シェフ・共同経営者。「ファーム・トゥ・テーブル（農場から食卓へ）」をうたい、食材への徹底したこだわりと美しい料理で知られる。食や農業に関する教育活動家としても活躍。本書および〈ブルーヒル・ストーンバーンズ〉は料理界のアカデミー賞と呼ばれる「ジェームズ・ビアード賞」を受賞（2015年）。「世界で最も影響力のある100人」（「タイム」誌）、「ニューヨーク市のベストシェフ」、「米国のトップシェフ」（ジェームズ・ビアード財団）に選ばれている。

訳者略歴

小坂恵理（こさか・えり）

翻訳家。慶應義塾大学文学部英米文学科卒。主な訳書にＩ・パラシオス＝ウエルタ編『経済学者、未来を語る』（NTT出版）、B・スティル『ブレトンウッズの闘い』（日本経済新聞出版社）、T・カリアー『ノーベル経済学賞の40年』（上・下　筑摩選書）他多数。

サードフード　下
――エシカルな食の未来を探して

2015年９月25日　初　版第１刷発行
2023年12月９日　新装版第１刷発行

著　者　ダン・バーバー
訳　者　小坂恵理
発行者　東 明彦

発行所　NTT出版株式会社
〒108-0023 東京都港区芝浦3-4-1　グランパークタワー
営業担当　TEL03(6809)4891　FAX03(6809)4101
編集担当　TEL03(6809)3276
https://www.nttpub.co.jp

装　幀　小口翔平＋畑中 茜（tobufune）

印刷・製本　精文堂印刷株式会社

ISBN 978-4-7571-6087-3 C0098